R 27623

Paris
1850

Barni, Jules-Romain

Philosophie de Kant. Examen de la
"Critique du jugement"

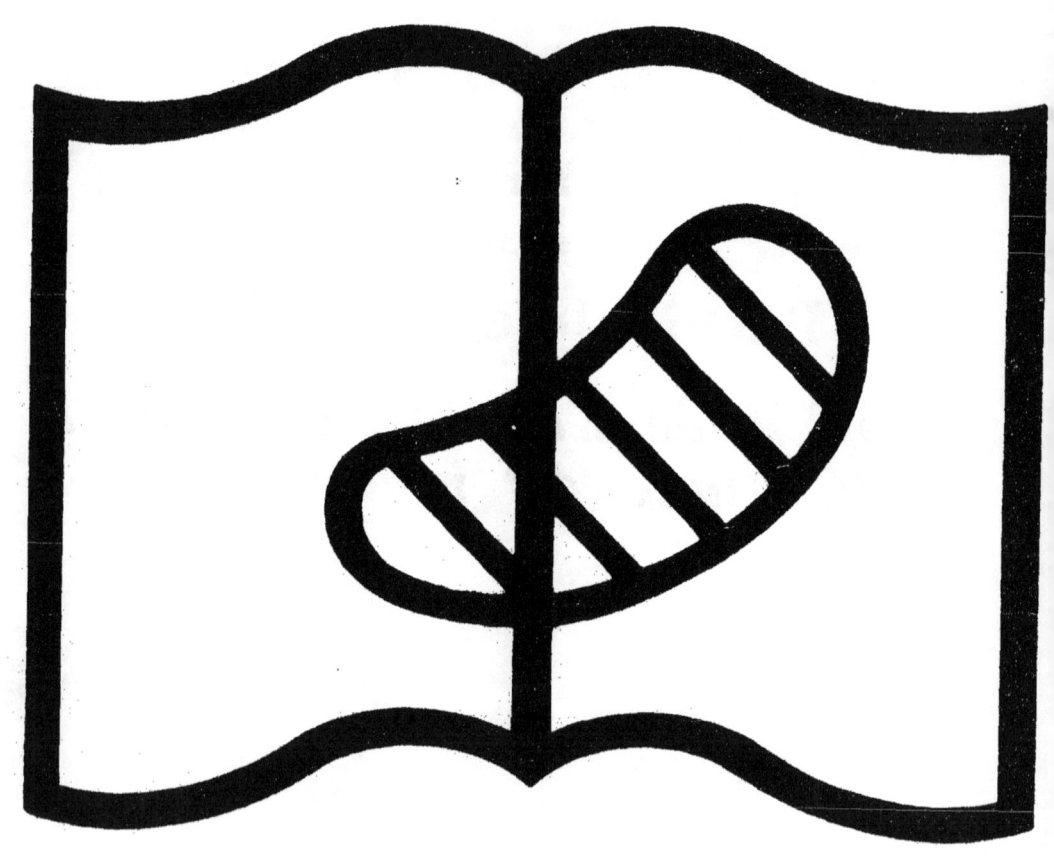

Symbole applicable
pour tout, ou partie
des documents microfilmés

Original illisible

NF Z 43-120-10

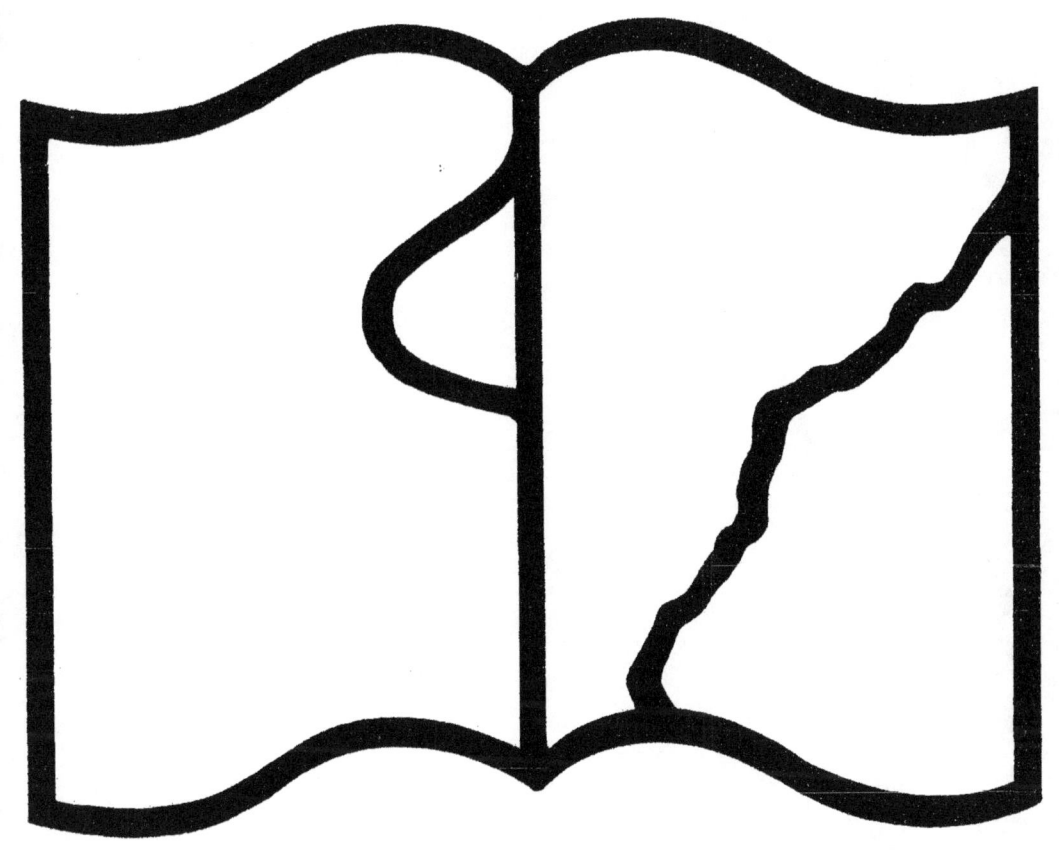

Symbole applicable
pour tout, ou partie
des documents microfilmés

Texte détérioré — reliure défectueuse

NF Z 43-120-11

27623

EXAMEN

DE LA

CRITIQUE DU JUGEMENT.

De l'Imprimerie de BEAU, à Saint-Germain-en-Laye.

PHILOSOPHIE DE KANT.

EXAMEN

DE LA

CRITIQUE DU JUGEMENT

PAR

JULES BARNI,

Professeur agrégé de philosophie au lycée Bonaparte.

PARIS,

LIBRAIRIE PHILOSOPHIQUE DE LADRANGE,

51, RUE SAINT-ANDRÉ-DES-ARCS.

1850
1851

EXAMEN

DE LA

CRITIQUE DU JUGEMENT.

OBJET ET PLAN DE CE TRAVAIL.

La *Critique du Jugement* est un des plus importants ouvrages de Kant et de la philosophie allemande. Elle complète celles de la raison spéculative et de la raison pratique, auxquelles elle est destinée à servir de lien dans l'ensemble du système critique. Elle examine d'abord les jugements que nous portons sur le beau et le sublime, ou les jugements *esthétiques*, et par suite la question des beaux-arts; puis ceux par lesquels nous attribuons à la nature un rapport de *finalité* (1), ou les jugements *téléologiques*, et par suite certaines questions déjà discutées dans les précédentes criti-

---

(1) Je me sers de cette expression, que j'ai adoptée dans ma traduction, quoiqu'elle ne soit pas consacrée par un usage général, parce qu'elle exprime supérieurement une idée capitale, que la langue allemande désigne d'un seul mot, *Zweckmæssigkeit*, et pour laquelle il faudrait sans cela employer une périphrase.

ques, celle des preuves de l'existence de Dieu qui se fondent sur la considération des causes finales de la nature, et celle de la preuve morale, la seule, comme on sait, que Kant veuille reconnaître. Tels sont les graves sujets dont il s'occupe dans cet ouvrage. Il y apporte cette critique sévère et profonde dont il a si bien donné l'exemple à la philosophie, qu'il n'est plus possible aujourd'hui d'aborder les mêmes questions, sans le suivre, antagoniste ou partisan, sur le terrain nouveau où il les a placées. La première partie de la *Critique du Jugement* occupe, par sa date (1) et son prix, le plus haut rang dans l'histoire de cette science que l'Allemagne a créée sous le nom d'*Esthétique* (2) ; un de ses plus grands poëtes, Schiller, en a adopté, développé et pratiqué les principes (3). La nouvelle philosophie allemande s'est plue à voir dans la seconde le germe même de l'idée dont elle s'est emparée pour détrôner la philosophie critique, et Schelling n'a pas assez d'admiration pour certains chapitres de la *Critique du Jugement téléologique*. Je n'examine pas et ne cherche pas même à expliquer ici l'opinion de la nouvelle philosophie allemande sur le caractère de cet ouvrage ; c'est un point curieux que je discuterai plus tard. Ce qu'il y a de certain, c'est qu'il contient sur l'origine, la valeur et les applications du principe des causes finales des idées originales et profondes, dont la discussion intéresse au plus haut degré la philosophie. Le peu de mots que je viens de dire suffit pour montrer d'avance toute l'importance de la *Critique du Jugement*.

(1) La première édition de la *Critique du Jugement* est de 1790.
(2) C'est, à ce qu'il paraît, Baumgarten qui a le premier employé cette expression dans le sens que je lui donne ici (voyez la note de Kant sur ce sujet dans la *Critique de la raison pure, Esthétique transcendantale*) ; Kant ne s'en est servi nulle part pour désigner d'un seul mot l'étude du beau et des beaux-arts, quoiqu'il applique l'épithète d'esthétique à nos jugements sur le beau.
(3) Voyez le 10me volume des Œuvres complètes de Schiller, publiées à Stuttgard chez Cotta. On y a réuni plusieurs écrits de ce poëte sur l'*Esthétique*, où l'on retrouve l'esprit, les idées et jusqu'aux expressions du philosophe allemand. Dans son *Histoire de la Philosophie allemande*, M. Willm en a traduit quelques fragments (tom. II, p. 597).

Après l'avoir traduit littéralement, j'ai voulu joindre à ma traduction un travail d'analyse et d'examen, qui pût servir au moins à en rendre l'étude plus facile aux lecteurs français (1).

J'ai longtemps hésité entre deux méthodes. L'une consistait à analyser d'abord tout entière l'œuvre de Kant, en exposant dans toutes leurs complications la marche de l'auteur et la forme de ses idées, et à reprendre ensuite les principaux résultats de l'ouvrage ainsi étudié, pour en discuter la valeur. Cette méthode, en séparant entièrement de l'appréciation l'analyse de l'ouvrage, en n'en laissant pas interrompre l'exposition, en n'y mêlant aucune idée étrangère, avait l'avantage d'en offrir d'abord au lecteur une connaissance exacte et complète, dont il pût se servir comme d'un utile commentaire, sans en avoir rien à retrancher. Mais elle avait l'inconvénient d'être excessivement longue, compliquée, et peut-être peu intéressante. La seconde méthode consistait à réunir les deux choses, en parcourant successivement les diverses questions qui ont occupé Kant, et en joignant immédiatement à l'exposition des solutions, auxquelles il est arrivé sur chacune d'elles, l'examen critique de ces solutions. C'est cette dernière méthode que j'ai préférée comme plus simple et plus capable de soutenir l'intérêt. J'ai voulu d'ailleurs la varier autant que possible, tantôt confondant ou mêlant tour à tour, sur les divers points d'une question, l'exposition et la critique, tantôt les séparant entièrement sur un autre ; mais,

---

(1) Il y a bien longtemps déjà que j'ai annoncé ce travail, en publiant ma traduction de la *Critique du Jugement*. Mais les soins qu'il m'a coûté, quelque imparfait qu'il soit encore ; la traduction de la *Critique de la raison pratique*, à laquelle j'ai travaillé en même temps et que j'ai publiée depuis ; enfin les événements politiques, qui nous ont tous, petits ou grands, arrachés à ces *templa serena*, où les philosophes mêmes ont bien de la peine à demeurer en des temps comme ceux-ci : tout cela, je l'espère, me servira d'excuse auprès de ceux qui ont bien voulu s'intéresser à ma traduction, et auprès de MM. les professeurs de la Faculté des lettres de Paris, à l'examen desquels je voulais soumettre d'abord ce fruit de mes études. Je me reprocherai moins de le leur avoir fait si longtemps attendre, si je suis parvenu par là à le rendre un peu plus digne de leur suffrage.

dans tous les cas, j'ai fait en sorte que le lecteur pût toujours distinguer aisément l'exposition de la pensée de Kant de mes propres réflexions, et trouver dans mon travail une reproduction fidèle, quoique plus simple et plus claire, de toute l'œuvre de l'auteur (1).

Dans l'introduction de la *Critique du Jugement*, Kant commence par poser avec une remarquable précision la distinction essentielle qu'il établit entre la raison théorique et la raison pratique et entre les deux espèces de connaissances qui en dérivent; et il y fonde la division de la philosophie, et par suite de la critique, en deux parties essentiellement distinctes, qu'il réunit par le lien de la *Critique du Jugement*. Ensuite il s'attache à déterminer la nature propre, d'abord en général des jugements dont l'examen constitue cette nouvelle critique, c'est-à-dire des jugements *réfléchissants* (2), et puis des deux espèces de jugements, esthétiques et téléologiques, dans lesquelles il subdivise la classe des jugements réfléchissants, et par suite la *Critique du Jugement*. Enfin il termine en marquant la place qu'occupe dans l'ensemble de la connaissance et des facultés humaines le Jugement, tel qu'il le considère dans cet ouvrage. Tels sont le sujet et le plan de l'introduction de Kant, qui contient ainsi sur les divisions de la philosophie et l'ensemble de nos facultés des vues générales, précieuses à recueillir et à examiner (3). Il semblerait d'abord naturel de commencer par l'étude de cette introduction notre exposition et notre examen de la *Critique du Jugement*. Mais, comme les résultats qu'elle contient

(1) J'ai même poussé le scrupule jusqu'à en faire connaître, sinon dans le corps même de mon travail, au moins dans des notes, les formes extérieures et les détails les plus techniques.

(2) Je demande grâce pour cette expression, dont je me suis servi dans ma traduction, pour rendre littéralement le mot allemand *reflectirend*.

(3) On trouvera les mêmes idées longuement développées dans un petit écrit de Kant, intitulé : *De la Philosophie en général*, qui avait été composé pour servir d'introduction générale à une exposition de la philosophie critique, entreprise par le professeur Sigismond Beck (voyez le 1er vol. de la belle édition que MM. Rosenkranz et Schubert ont donnée des œuvres de Kant). J'ai fait, de ce petit écrit, une traduction que je publierai quelque jour.

dominent et résument en quelque sorte tout l'ouvrage, et même, à certains égards, la critique tout entière, l'intelligence et la discussion de ces résultats précéderaient difficilement celles de l'ouvrage même ; elles en ressortiront plutôt comme conclusion (1). Je laisserai donc de côté l'introduction de la *Critique du Jugement*, pour aborder immédiatement cette critique même, sauf à revenir plus tard, sous forme de conclusion, sur les résultats généraux qui servent ici de prolégomènes.

L'introduction mise à part ou renvoyée à la conclusion, voici quels sont les points de l'ouvrage de Kant sur lesquels doit porter l'examen que j'entreprends :

PREMIÈRE PARTIE.

CRITIQUE DU JUGEMENT ESTHÉTIQUE.

I. Du beau.
II. Du sublime.
III. Des beaux-arts.

DEUXIÈME PARTIE.

CRITIQUE DU JUGEMENT TÉLÉOLOGIQUE.

I. De la finalité de la nature.
II. Des preuves de l'existence de Dieu tirées de la finalité de la nature.
III. De la preuve morale de l'existence de Dieu.

Telles sont les diverses questions successivement agitées et résolues par Kant dans la *Critique du Jugement*, et sur lesquelles il nous faut interroger et examiner ce grand ouvra-

---

(1) J'engage tous ceux qui voudront étudier la *Critique du Jugement* à renvoyer de même la lecture de l'introduction après celle de l'ouvrage : ils comprendront alors plus aisément ce morceau, qui pourrait les arrêter et les rebuter au début.

ge. Telles seront donc, avec la conclusion qui le doit résumer, les divisions de mon travail.

Ai-je besoin d'ajouter que je n'ai pas du tout la prétention de traiter moi-même ces hautes et vastes questions, et que je dois me borner à exposer et à examiner les idées et les solutions de Kant? C'est la seule tâche qui convienne ici, et elle est encore assez grande pour effrayer ma faiblesse.

PREMIÈRE PARTIE.

CRITIQUE DU JUGEMENT ESTHÉTIQUE.

I.

DU BEAU.

Il n'y a pas en philosophie de question plus attrayante et plus haute que celle du beau. Le beau regarde à la fois l'esprit et les sens, l'entendement et l'imagination, la raison et le sentiment. Il met également en jeu ces éléments divers de notre nature complexe, et tout ensemble nous élève et nous charme. Par là aussi la question du beau touche aux problèmes les plus intéressants et les plus élevés, de notre nature, de la nature des choses extérieures, des rapports de l'une avec l'autre, et de toutes deux avec leur cause suprême. Aussi cette question n'a-t-elle jamais manqué d'attirer l'attention des philosophes, et l'ont-ils diversement résolue suivant les principes de leurs systèmes psychologiques et métaphysiques.

Malheureusement il n'y a pas non plus de question plus délicate et plus difficile. Une première difficulté naît de la diversité infinie des objets auxquels peut s'appliquer la qualification de la beauté : tout, depuis Dieu jusqu'à la pierre, peut être ainsi qualifié. La même théorie conviendra-t-elle à tous les cas? une si large explication courrait le risque de ne rien expliquer du tout. Que si l'on restreint la question, et par conséquent la difficulté, en cherchant le beau uniquement dans les choses sensibles, ou qui ont un côté sensible, et non point dans les choses purement intelligibles, la complexité même et la diversité des éléments constitutifs, soit du beau, soit des jugements auxquels il donne lieu, en rendent l'analyse et l'explication difficile. Quelle est la part des sens ? quelle est celle de l'esprit ? Le sentiment aussi n'y joue-t-il pas son rôle ? Or, on sait combien est obscur tout ce qui touche au sentiment. Puis les jugements sur le beau sont-ils absolus, ou sont-ils relatifs ? ou, pour parler comme Kant, sont-ils objectifs, ou sont-ils subjectifs ? En d'autres termes, la beauté est-elle une chose existant en soi, indépendamment de nous-mêmes ? ou bien n'existe-t-elle que relativement à nous ? Mais comment le beau peut-il être quelque chose d'absolu, si les sens et le sentiment entrent nécessairement dans les jugements que nous en portons ? Et, d'un autre côté, s'il est quelque chose de relatif, quelle est la valeur de ces jugements ? Ou bien participe-t-il à la fois de ces deux caractères ? et alors en quel sens est-il absolu d'un côté, relatif de l'autre ? Voilà bien des difficultés (1).

Aussi ne doit-on pas s'étonner que les travaux des philosophes qui ont traité cette question laissent tant à désirer. Mais, quelque imparfaits et insuffisants qu'ils soient, il faut bien se garder de les rejeter ; car, ici comme presque partout, si nul n'a réussi à fonder une théorie complète et définitive, chacun d'eux a du moins apporté sa pierre à l'édifice qu'il s'agit de construire, et leurs analyses ont amassé des trésors d'observations, que la philosophie doit recueillir et mettre à profit.

Au premier rang des tentatives qu'a suscitées la question du beau, il faut placer la *Critique du Jugement esthétique*. Où trouver en effet une méthode plus sévère, une précision plus savante, une pénétration plus subtile, des solutions plus originales ? Quoi qu'on y puisse reprendre, le travail de Kant aura

(1) Je ne fais qu'indiquer quelques-unes des faces du problème, sans prétendre l'épuiser. On consultera utilement sur ce sujet le *Cours d'Esthétique* de M. Jouffroy, publié il y a quelques années par M. Damiron comme la rédaction rapide d'un cours particulier que ce grand esprit, dont les lettres et la philosophie portent encore le deuil, avait professé devant quelques hommes d'élite, à une époque où le Jésuitisme étouffait la liberté de la parole et persécutait les philosophes. Chacun sait combien M. Jouffroy excellait à poser et à décomposer les questions. (Voyez la première Leçon.)

toujours rendu à la philosophie un grand service, en lui donnant l'exemple d'une sévérité de méthode et d'une rigueur d'analyse jusqu'alors inusitées, en l'enrichissant de nouvelles observations, en lui ouvrant de nouvelles voies. Essayons d'en relever, par un examen impartial, les mérites et les défauts, les côtés solides et les côtés faibles (1).

Il y a deux manières d'aborder et de traiter la question du beau : l'une consiste à chercher quels sont les caractères de la beauté ; l'autre, quels sont ceux des jugements que nous portons sur le beau. La première méthode est ontologique, ou, comme dirait Kant, objective ; la seconde, psychologique, ou, pour parler encore comme Kant, subjective. Mais il est aisé de voir que la première, qu'elle le sache ou l'ignore, s'appuie toujours sur la seconde, à laquelle il en faut toujours revenir, et que c'est par celle-ci que l'on doit débuter, si l'on veut procéder directement et se garder des hypothèses (2). C'est aussi celle que devait suivre le père de la critique. Les résultats auxquels il aboutit peuvent être contestables ; la méthode, considérée en elle-même, n'en reste pas moins bonne.

(1) Un élève illustre, mais dissident, du fondateur de la philosophie critique, Herder, qui, une année auparavant, avait déjà publié une *Métacritique de la Critique de la raison pure*, que j'appellerais presque un brillant pamphlet philosophique, lança en 1800 contre la *Critique du Jugement* un ouvrage intitulé : *Calligone*. Dans cet ouvrage, comme dans le précédent, il se montre l'adversaire passionné et parfois amer d'une philosophie, devenue alors dominante et partant tyrannique, où trop souvent l'abstraction prenait la place de la réalité, et qui rebutait l'esprit par l'abus du langage et des formules techniques, encore exagéré par les disciples. Mais, il faut le dire, si, dans sa lutte contre Kant, Herder représente ce que celui-ci a trop négligé, la réalité, la vie, le sentiment, il l'attaque souvent avec plus de vivacité que de justice : souvent il s'arrête aux mots ou aux formules, sans chercher à en pénétrer le vrai sens, et à discerner ce qu'il y a de juste et de profond dans les théories de ce grand philosophe. Aussi sa critique est-elle en général superficielle et sans portée. — Je n'ai lu le travail de Herder qu'après avoir achevé le mien ; mais on trouvera dans les notes quelques rapprochements ou quelques indications qu'il m'a paru bon de relever.

(2) M. Jouffroy a très-nettement distingué ces deux méthodes dans le *Cours* déjà cité. — Voyez aussi, sur ce sujet, dans le *Cours de l'histoire de la philosophie moderne* (Ire série, t. II) la première des leçons de M. Cousin sur le beau.

Avant d'examiner son analyse des jugements sur le beau, il faut remarquer que Kant établit une distinction essentielle entre les jugements sur le beau et les jugements sur le sublime. C'est là en effet l'un des points les plus neufs et les plus solides de la *Critique du Jugement esthétique*. Sans doute, avant cet ouvrage, on avait plus d'une fois entrepris de déterminer les différences qui existent entre le beau et le sublime, ou entre les deux espèces de jugements et les deux sortes de sentiments auxquels ils correspondent. Kant lui-même, vingt-six ans avant la *Critique du Jugement*, dans un petit écrit sur les sentiments du beau et du sublime (1), avait signalé la distinction ; mais, n'ayant d'autre but que de présenter un recueil d'observations sur la nature humaine, il ne l'avait pas poussée bien avant, et ne s'était pas montré fort sévère. Je ne crains pas de le dire, avant la *Critique du Jugement*, jamais la distinction du beau et du sublime n'avait été approfondie à ce point et aussi savamment traitée (2). Au lieu de s'arrêter à ces généralités banales dont on s'était trop longtemps contenté, Kant porta dans l'examen de cette distinction la sévérité et la rigueur de la science ; et, là où d'autres n'avaient vu que des différences superficielles, il en signala de radicales, tout en rattachant les deux espèces de jugements à une seule et même classe, à la classe des jugements esthétiques. Quand bien même la distinction qu'il établit entre le beau et le sublime ne serait pas solide de tous points, il aurait toujours le mérite d'avoir montré une précision et une profondeur incon-

---

(1) Voyez la traduction de ce petit écrit à la suite de celle de la *Critique du Jugement* (t. II, p. 232).

(2) Dans sa *Recherche philosophique sur l'origine de nos idées du beau et du sublime*, ouvrage qui date de 1757 (voyez la traduction française, *Paris*, 1803), Burke distingue soigneusement le beau et le sublime, et il indique bien quelques-unes de leurs différences principales, mais sans les approfondir. En général, quoique rempli d'ingénieuses et justes observations, cet ouvrage manque absolument de profondeur. — L'antiquité nous a légué un traité spécial sur le *sublime* ; mais l'ouvrage de Longin n'est pas de nature à éclairer beaucoup la question dont il s'agit ici : c'est plutôt un excellent chapitre de rhétorique ou de poétique qu'une étude philosophique sur la nature et les caractères du sublime.

nues dans une question trop souvent restée vague ou livrée aux banalités.

Mais laissons de côté, en ce moment, nos jugements sur le sublime et la distinction reconnue par Kant entre ces jugements et ceux que nous portons sur le beau, pour ne nous occuper que de ces derniers.

Si l'on considère les divers jugements qui attribuent aux choses la qualification de la beauté, il est bien évident qu'ils ne sont pas tous de la même nature et ne peuvent s'expliquer de la même manière. D'un acte de dévouement, dont je suis témoin ou que j'entends raconter, par exemple de la conduite d'un homme qui expose sa vie pour sauver celle de son semblable, je dis : voilà une belle action. D'une fleur, d'un jardin, je puis dire aussi : voilà une belle fleur, un beau jardin. Le premier de ces jugements est aisé à expliquer. Je reconnais dans une action un caractère moral très-élevé, et ce jugement détermine en moi une satisfaction particulière, qui n'est autre chose que le sentiment moral. Je dis alors que cette action est belle. On voit qu'il n'y a là autre chose que le jugement et le sentiment moral. Mais qu'est-ce que le second jugement? C'est un de ceux qu'on désigne proprement sous le nom de jugements de goût. Cette expression lui convient en effet; car d'un homme qui trouve une pomme de terre plus belle qu'une rose, je dirai qu'il n'a pas de goût. Mais elle ne convient pas au précédent; car on ne peut parler de goût, là où il s'agit du caractère moral des actions; et, si quelqu'un trouvait que l'égoïsme est plus beau que le dévouement, je ne lui reprocherais pas de manquer de goût, mais de moralité. Il y a donc des jugements où entre la qualification de la beauté, mais qu'on ne peut considérer comme des jugements de goût. Dès-lors il faut distinguer au moins, parmi nos jugements sur le beau, ceux auxquels convient et ceux auxquels ne convient pas l'expression de goût; et, si l'on veut désigner sous le nom de goût la faculté de juger du beau, il faut déjà restreindre la sphère de la beauté. En même-temps il faut chercher quelle est la nature propre de ces jugements auxquels la langue donne le nom de jugements de goût, et comment ils se distinguent des autres jugements, qui parlent aussi de beauté, mais auxquels ne convient pas la même dénomination; ou, en d'autres termes, quelle est la nature propre de la beauté qui est l'objet de ces jugements, et comment elle se distingue des autres espèces de beauté, par exemple, de la beauté morale proprement dite. Peut-être ces jugements sont-ils les seuls qui aient besoin d'une explication particulière; et la beauté, qui en est l'objet, la seule qui ne se résolve pas dans quelque autre idée.

Or, en soumettant à son examen nos jugements sur le beau, la *Critique du Jugement esthétique* n'a en vue que les jugements de goût, non point par conséquent toute espèce de jugements où peut entrer la qualification de la beauté; et, en parlant du beau, Kant entend seulement celui qui est l'objet du goût.

S'il est vrai, comme la langue vulgaire semble elle-même l'indiquer, que, parmi les jugements par lesquels nous attribuons aux choses le caractère de la beauté, il en est d'une nature spéciale, ceux qu'elle désigne sous le nom de jugements de goût, et, si ces jugements ont seuls besoin d'une explication particulière, les autres rentrant dans d'autres jugements, par exemple, dans les jugements moraux, il faut louer Kant d'en avoir fait l'objet d'un examen spécial, et même d'y avoir restreint d'abord la question du beau. C'était le seul moyen d'apporter dans cette question un peu de rigueur et de précision; car les théories, qui veulent tout embrasser à la fois et tout expliquer de la même manière, peuvent séduire l'esprit par l'apparence de l'étendue et de la profondeur; mais elles laissent ordinairement les questions dans de vagues généralités, qui sont loin de répondre aux difficultés particulières.

Quelle est donc la nature spéciale, quels sont les caractères des jugements sur le beau, auxquels on donne le nom de jugements de goût, et de la beauté qui en est l'objet?

La langue vulgaire, en leur appliquant le nom de *goût*, indique qu'ils ne sont pas, pour employer ici ces expressions familières au Kantisme, purement objectifs, mais qu'ils ont au moins un côté subjectif; et la langue philosophique, en les désignant sous le nom de jugements *esthétiques*, consacre cette indication du sens commun. Suivant ces expressions, les jugements auxquels elles s'appliquent ne désigneraient pas seulement certaines qualités existant dans les choses, mais un certain état, une certaine disposition de notre âme ou de nos facultés en présence de ces choses. Qui parle de goût et de jugements esthétiques n'entend pas seulement une connaissance objective des choses et de leurs qualités, mais un certain *effet* subjectif, déterminé en nous par le rapport de ces choses ou de ces qualités avec notre nature. Qu'on trace un cercle devant moi : autre chose assurément est de le considérer au point de vue de la connaissance, de la connaissance mathématique, par exemple ; autre chose, au point de vue du goût, ou au point de vue esthétique. Dans le premier cas, ce que je considère, c'est l'objet lui-même, afin d'en déterminer les propriétés, et d'en acquérir ainsi une connaissance plus approfondie et plus précise ; et les jugements que je porte en conséquence sont objectifs. Dans le second, je ne considère pas seulement l'objet en lui-même, mais l'effet que la contemplation de cet objet produit sur moi : j'ai moins en vue la connaissance que j'en puis acquérir, que l'effet qui en résulte, et par conséquent les jugements que je porte à ce point de vue sont, en partie du moins, subjectifs. Or c'est là ce que Kant a bien observé (1), et, dans les termes généraux où je tiens jusqu'ici sa pensée à dessein, je la crois incontestable. Que les jugements esthétiques ou de goût, qui ont le beau pour objet, ne soient pas de la même nature que les jugements purement logiques (2) ou de

---

(1) § 1. *Le jugement de goût est esthétique.* Trad. franç. t. I, p. 65.
(2) Le sens, dans lequel je prends ici cette expression, est celui que lui donne Kant dans la *Critique du Jugement*.

connaissance ; que les premiers indiquent un certain état, une certaine disposition de notre âme en présence des choses que nous jugeons belles, et en ce sens soient subjectifs, tandis que les seconds se rapportent exclusivement aux choses mêmes, indépendamment de l'effet qu'elles peuvent produire sur nous, et en ce sens sont exclusivement objectifs ; c'est ce qu'il est impossible de nier, et jusque là la doctrine de Kant me paraît inattaquable. Reste seulement à savoir quelle est cette disposition, cet état intérieur, qui, d'une manière ou d'une autre, entre dans les jugements de goût, ou dans nos jugements esthétiques sur le beau, quelle en est l'origine, la nature, et quel rôle il joue dans ces jugements.

Une chose non moins incontestable, et que Kant a également bien vue, c'est que, si les jugements de goût sont subjectifs en un sens, ils ne sont pas pour cela de purs jugements de sensation, et que la beauté, qui en est l'objet, ne se résout pas dans l'agréable. Comme on va le voir, il a réfuté admirablement cette doctrine étroite et grossière, qui confond le beau avec l'agréable, le plaisir qui s'attache au premier avec celui qu'exprime le second, les jugements esthétiques qu'on appelle des jugements de goût avec ceux qui se fondent uniquement sur la sensation. C'est encore là une des parties les plus solides de la *Critique du Jugement esthétique*.

Mais, si les jugements de goût ne sont ni de simples jugements de connaissance, ni de simples jugements de sensation, que sont-ils donc ? Indiquons, pour les examiner, les caractères que Kant attribue à la satisfaction et aux jugements du goût (1).

---

(1) Kant examine ces jugements sous les quatre points de vue que lui fournissent ses catégories de l'entendement, la quantité, la qualité, la relation, la modalité, et il obtient ainsi autant de définitions du beau, qui ensemble en constituent une explication générale. Sauf les expressions que je laisse de côté, je le suivrai dans cette méthode, recueillant, suivant l'ordre même où il les présente, les résultats de son ingénieuse et savante analyse. — Herder (*OEuvres complètes*, Stuttgart et Tubingen, 1830, *Calligone*, t. I, p. 36 et suiv.) se mo-

1. Le premier caractère de la satisfaction propre au goût, ou au beau qui en est l'objet, c'est d'être pure de tout intérêt (1). Voyons comment Kant entend ce premier caractère, et comment il distingue par là le plaisir du beau de tout autre, et cherchons en même temps ce que son opinion peut avoir de fondé et ce qu'elle peut avoir de contestable.

Selon Kant, les plaisirs du goût sont entièrement indépendants de l'intérêt qui pourrait ou non s'attacher pour nous à l'existence même de leurs objets : ils nous veulent et nous laissent parfaitement libres et indifférents à cet égard. « Quelqu'un me demande-t-il, dit Kant (2), si je trouve beau le palais qui est devant moi, je puis bien dire que je n'aime pas ces sortes de choses faites uniquement pour étonner les yeux, ou imiter ce Sachem iroquois à qui rien dans Paris ne plaisait plus que les boutiques de rôtisseurs ; je puis encore gourmander, à la manière de Rousseau, la vanité des grands qui dépensent la sueur du peuple en choses aussi frivoles;... ce n'est pas de cela qu'il s'agit ici. » La question est de savoir si le goût trouve dans la contemplation de cet objet une véritable satisfaction, indépendamment de toute espèce d'intérêt que pourrait exciter l'existence même de la chose à laquelle il s'applique.

Par là Kant distingue la pure satisfaction du goût de toute autre espèce de satisfaction, de celle que cause l'agréable et de celle qui s'attache au bon, soit à l'utile, soit au bon en soi. Il rapproche donc successivement la première des suivantes, afin de mettre parfaitement en lumière le caractère distinctif qu'il lui attribue et qui pour lui est un point capital.

Le plaisir de l'agréable (3) n'est autre chose que la sensa-

que beaucoup des divisions et des expressions dont Kant se sert dans sa théorie du beau ; et peut-être n'a-t-il pas tout-à-fait tort ; mais il y avait aussi quelque chose de mieux à faire que de se moquer, c'était de chercher les idées ingénieuses ou profondes qui se cachent sous cet appareil scolastique, et c'est ce que Herder néglige beaucoup trop.

(1) § 1 à vi. — (2). Trad. franç. t. I, p. 67.
(3) § iii.

tion produite par un objet qui flatte les sens immédiatement, indépendamment de tout jugement de l'esprit (1). Or ce plaisir que j'éprouve, quand une chose affecte agréablement mes sens, ne me laisse pas désintéressé ou indifférent à l'endroit de l'existence de cette chose. Au contraire il excite en moi le désir de m'approprier cet objet ou des objets de la même nature, pour continuer ou renouveler le plaisir que j'en reçois. Ainsi naît l'inclination, ou ce mouvement de notre sensibilité qui nous porte vers l'objet agréable. Il n'en est pas de même de la satisfaction du beau. Lorsqu'en présence d'une chose que je déclare belle, j'éprouve dans toute sa pureté la satisfaction propre aux jugements de goût, je me sens libre, à l'égard de cette chose, de tout désir, de toute inclination. C'est qu'ici la satisfaction suppose autre chose qu'une simple affection produite sur les sens; comme on le verra tout-à-l'heure, elle s'attache uniquement à la contemplation de la forme, et c'est pourquoi elle est et me laisse entièrement libre.

Cette première différence établie par Kant entre le plaisir de l'agréable et celui du beau n'est pas sans fondement ; mais il ne faut pas l'exagérer, au point de la rendre fausse par trop de subtilité. Ce qu'il y a de certain, c'est que, pour éprouver dans toute sa pureté le plaisir du beau, il faut que l'esprit soit libre de tout désir sensible, et que la moindre inclination de ce genre a pour effet de l'altérer ou de le détruire entièrement. Le plaisir qu'éprouve un homme qui a faim, devant une table chargée de mets délicieux, n'est pas le pur plaisir du beau, celui qu'il pourra ressentir tout-à-l'heure, lorsque, après avoir rassasié son appétit, il s'arrêtera

(1) Herder (Voy. *Calligone*, t. I, p. 22 et suiv. et p. 106 et 107) chicane Kant sur l'acception qu'il donne au mot *agréable*, et il lui objecte le langage vulgaire, qui emploie souvent ce mot dans un sens beaucoup plus large, même pour désigner le plaisir du beau, comme par exemple quand on dit : Quelle agréable musique! Mais, de quelque expression que l'on se serve, il faut bien se garder de confondre le plaisir du beau avec la pure sensation, et il importe de bien marquer cette distinction dans le langage philosophique. C'est ce que fait Kant en distinguant l'agréable et le beau, et en cela d'ailleurs il ne s'éloigne pas tant de la langue vulgaire elle-même.

à contempler la beauté du service qu'il a devant les yeux. Ce dernier est d'abord chassé ou tout au moins altéré par le premier. Mais, si le plaisir du beau veut ainsi un esprit libre de toute inclination sensible à l'égard de l'objet auquel il s'attache, est-ce à dire qu'il nous laisse entièrement indifférents à l'endroit de cet objet même? N'a-t-il pas lui-même pour effet de déterminer en nous une inclination particulière pour l'objet qui le produit? J'ai sous les yeux un jardin magnifique : est-ce que le plaisir que me cause sa beauté ne m'y attache pas, et ne serais-je pas désolé, si on venait à le détruire? Sans doute cette inclination et cet intérêt que j'éprouve pour une chose vraiment belle sont fort différents de l'inclination et de l'intérêt qu'excite en moi une chose simplement agréable : ici les sens seuls sont en jeu; là il faut remonter à une source plus haute et plus pure; mais enfin le plaisir du beau engendre aussi une inclination et un intérêt qui lui sont propres. Kant a reconnu lui-même, dans une autre partie de son ouvrage, que, si les jugements de goût n'attachaient directement aucun intérêt à l'existence de leurs objets, ils étaient liés à certains intérêts, par exemple, à celui que nous trouvons dans la société, ou à celui qu'excite la moralité; mais cela ne suffit pas, et il aurait fort bien pu, sans compromettre en rien la pureté du plaisir du beau, reconnaître que, si ce plaisir doit être dans son origine indépendant de toute inclination sensible pour l'objet auquel il s'attache, il peut produire par lui-même une inclination et un intérêt particuliers. Quoi qu'il en soit, il reste que le plaisir du beau, à la différence de celui de l'agréable, est une satisfaction pure, libre de tout désir sensible.

Le caractère que Kant attribue ici au plaisir du beau distingue, selon lui, ce plaisir de celui que donne l'utile, comme elle le distingue de l'agréable (1).

Si nous avons pu contester ou restreindre cette assertion,

(1) § IV.

que le plaisir du beau ne détermine en nous aucune inclination pour l'objet qui le produit et nous laisse indifférents à son égard, nous ne pouvons nier qu'il ne soit éminemment désintéressé, c'est-à-dire indépendant de toute considération d'intérêt personnel, et que toute satisfaction qui résulte d'une considération de ce genre n'en altère la pureté ou ne le chasse entièrement. Certes il y a loin de la satisfaction qu'éprouve le spéculateur en parcourant une forêt qu'il s'apprête à défricher et dont il calcule le produit, à celle du promeneur qui ne songe qu'à en admirer la beauté. Le premier se montrera peut-être tout autant émerveillé que le second de ce qu'il appellera aussi la beauté de cette forêt; mais prenez garde que la satisfaction intéressée qu'il ressent ne lui tienne lieu de celle du beau, ou ne l'altère profondément. Que si l'esprit mercantile n'a pas étouffé ou altéré en lui tout amour du beau, il sentira en lui-même combien sont différentes ces deux espèces de plaisir, et peut-être se reprochera-t-il intérieurement de détruire une si belle chose.

Au lieu du plaisir égoïste que donne la considération de l'utilité personnelle, supposera-t-on celui qu'on peut éprouver, sans aucun retour égoïste, à la vue de l'utilité générale. Kant dira que ce plaisir a toujours pour caractère d'exciter en nous un intérêt pour l'objet que nous jugeons généralement utile, tandis que le plaisir du beau n'attache aucun intérêt à son objet. J'ai déjà indiqué ce qu'il y a de subtil et de contestable dans ce caractère attribué par Kant au plaisir du beau. Mais ce que l'on peut affirmer, c'est que l'intérêt qui s'attache à une chose, en raison de son utilité, même générale, est fort différent de celui qui s'y attache, en raison de sa beauté; et cela vient de ce que ces deux sortes de considérations ou de jugements sont elles-mêmes fort différentes.

Enfin Kant se sert du même caractère pour distinguer le plaisir du beau de celui du bien moral (1). Le premier, en tant que plaisir du goût, ne suppose ni ne détermine en nous

---

(1) Ibid. et § v.

aucun attachement pour la chose qui l'excite, et par conséquent pour la moralité elle-même, lorsqu'il a pour objet les choses morales. Le second, au contraire, implique un véritable attachement au bien moral. Autre chose, dit Kant (1), est montrer du goût dans sa conduite ou dans l'appréciation de de celle d'autrui; autre chose montrer une véritable moralité. Aussi voit-on « qu'il y a des mœurs sans vertu, de la politesse sans bienveillance, de la décence sans honnêteté, etc. » Dans tous ces cas, le goût est satisfait, mais non point la morale. Cette satisfaction est donc distincte et indépendante de tout solide attachement à la moralité elle-même, ou de cet intérêt suprême qu'inspire la pratique du bien, l'accomplissement du devoir, l'obéissance à la loi morale. Elle s'évanouit même devant celui-ci, dès qu'il est sérieusement en jeu, et elle fait place alors à un sentiment d'un tout autre ordre, au sentiment moral.

Il y a quelque chose de vrai dans cette différence établie par Kant entre la satisfaction du goût et la satisfaction morale proprement dite. Sans aucun doute, autre est la satisfaction de celui qui juge sa conduite ou celle d'autrui au point de vue du goût; autre celle d'un homme, qui, dans une circonstance grave, a conscience d'avoir rempli son devoir, ou reconnaît une haute moralité dans une action dont il est témoin. La première dérive d'une certaine disposition, d'un certain jeu d'esprit, qui a plutôt pour objet l'apparence que la réalité, et qui disparaît devant la cause même qui produit la seconde, c'est-à-dire, s'il est permis de parler ainsi, devant la moralité en personne. J'irai jusqu'à accorder à Kant que, même dans les choses morales, on peut être très-sensible à la beauté que le goût apprécie, et beaucoup moins à la moralité considérée en elle-même; et que réciproquement on peut avoir un sentiment moral très-vif, et en même temps trouver peu de plaisir et montrer peu d'aptitude dans tout ce qui est l'affaire du goût. J'accorderai encore que certaines choses

(1) Trad. franç., p. 78.

peuvent satisfaire le goût, qui ne satisferaient pas une moralité scrupuleuse et sévère. Mais il ne faut rien exagérer. On ne voit pas que la satisfaction du goût exclue nécessairement l'intérêt que nous prenons au bien lui-même. Il semble au contraire que cet intérêt peut très-bien s'y mêler, sans en altérer la nature. En effet, Kant l'a parfaitement vu, et c'est là un des côtés les plus profonds et les plus vrais de sa doctrine, la nature du plaisir esthétique est de dériver, en partie du moins, de l'imagination. Or l'imagination peut très-bien mettre en jeu l'intérêt que nous attachons aux choses morales. A la vérité elle en change par là le caractère, ou, de purement moral qu'il était, elle le fait esthétique; mais elle ne le détruit pas pour cela. Je pourrais d'ailleurs reproduire ici l'objection que j'ai déjà deux fois adressée à Kant. Ce qui est pour le goût un objet de satisfaction ne devient-il pas par là même intéressant pour nous, et pouvons-nous y rester indifférents? Que l'intérêt qu'excitent les choses qui plaisent au goût soit distinct de tout autre, je l'accorde; qu'elles n'en excitent aucun, je le nie. Mais ici je vais plus loin, et je dis que l'intérêt moral lui-même n'est pas incompatible avec la satisfaction propre au goût. S'il y a des cas où devant cet intérêt suprême l'imagination doit s'effacer, et où le sentiment que nous éprouvons ne peut plus avoir aucun caractère esthétique, et n'est autre chose que le sentiment moral dans toute sa sévérité; si même il en doit être ainsi, toutes les fois que nous voulons juger les actions humaines au point de vue de la moralité; en général le goût moral n'exclut nullement l'intérêt moral. A force de subtiliser le goût, Kant arrive à en faire quelque chose d'abstrait, où l'on ne retrouve plus la réalité. Ce défaut apparaît déjà ici, et nous aurons plus d'une fois l'occasion de le signaler.

Ainsi, pour conclure sur le premier caractère attribué par Kant à la satisfaction du beau ou aux jugements du goût, il n'est pas exact de dire que cette satisfaction nous laisse entièrement indifférents à l'endroit de ses objets mêmes: elle nous les rend au contraire particulièrement intéressants (1). Mais, et c'est là ce qu'il y a de vrai sur ce point dans la doctrine de Kant, l'intérêt qu'elle contient n'est ni l'intérêt purement sensible qui s'attache à l'agréable, ni l'intérêt que trouve l'égoïsme dans l'utilité personnelle, ni celui que l'on peut prendre à l'utilité générale, sans aucun retour égoïste ; et, si elle n'exclut pas nécessairement l'intérêt qui s'attache au bien moral lui-même, elle ne le suppose pas non plus nécessairement, et même dans certains cas elle disparaît devant lui. Si Kant veut dire simplement que, pour éprouver la satisfaction propre au goût dans toute sa pureté, il faut un esprit libre à tous ces égards, il a raison ; et en ce sens la satisfaction du beau, de celui du moins qui est l'objet du goût, est une *libre* satisfaction. C'est que, comme nous l'expliquerons tout-à-l'heure, en nous appropriant la pensée de notre philosophe, elle dérive elle-même d'un *libre jeu* de l'imagination et de l'esprit, qui n'est plus possible ou perd son caractère naturel, dès que quelqu'intérêt réel se trouve en cause. En ce sens aussi on peut appeler avec Kant les jugements du goût des jugements *contemplatifs*.

Ce premier caractère lui fournit une première définition du goût et du beau : « Le *goût* est la faculté de juger d'un objet ou d'une représentation par une satisfaction *libre de tout intérêt*. L'objet d'une satisfaction de ce genre s'appelle *beau* (2). » Cette définition est juste dans le sens et avec les restrictions que j'ai déjà eu occasion d'indiquer ; je n'ai plus besoin d'y insister.

II. Passons au second caractère, lequel nous conduira à une

---

(1) Rien ne peut plaire, dit Herder (*Calligone*, t. I, p. 38), qui n'excite de l'intérêt, et la beauté a pour ceux qui la sentent le plus haut intérêt. (Voyez aussi plus loin, p. 113.) »

(2) P. 78. — On trouvera dans le *Cours d'Esthétique* de M. Jouffroy (voyez particulièrement la 4me leçon) quelques idées analogues à celles que résume cette définition, mais qui corrigent heureusement l'exagération que nous venons de reprocher à Kant. — Sur le caractère libre et désintéressé du plaisir du beau, voyez aussi les leçons de M. Cousin déjà indiquées, leçon XII, p. 139.

seconde définition (1), et en même temps nous fera pénétrer plus avant dans la théorie kantienne des jugements du goût. Ce caractère en effet la résume pour ainsi dire tout entière ; l'expliquer, ce sera faire connaître le fond même de la pensée de Kant.

Ce qui constitue, pour le dire tout de suite, le nouveau caractère assigné par ce philosophe à la satisfaction du beau, c'est qu'elle est universelle, mais sans dépendre d'aucune idée déterminée.

Il y a ici deux choses à distinguer : d'une part, l'universalité de la satisfaction du goût ; de l'autre, le principe subjectif de cette universalité. Par la première, Kant distingue encore la satisfaction du beau de celle de l'agréable, et par la seconde, de celle du bien.

Reconnaissons d'abord avec lui que la satisfaction du beau, à la différence de celle de l'agréable, a essentiellement un caractère universel. La satisfaction de l'agréable n'étant autre chose qu'une manière dont les sens sont immédiatement affectés par un objet, il suit que cette satisfaction est particulière et qu'on n'y peut fonder des jugements universels. Si je dis, par exemple, que le vin de tel pays est agréable, je souffre volontiers qu'on me rappelle que je dois dire seulement qu'il est agréable pour moi. Je n'entends pas en effet imposer ici mon goût et mon jugement à autrui. En matière d'agréable, il faut donc admettre ce principe, que « chacun a son goût. » Mais en est-il de même en matière de beau ? Quand je reconnais qu'une chose me plaît comme belle, je juge qu'elle doit plaire à quiconque a du goût, comme à moi. Aussi ne puis-je dire que telle chose est belle pour moi ; car dire qu'une chose est belle, c'est dire qu'elle l'est pour tout le monde, et admettre ici que chacun a son goût serait admettre qu'il n'y a pas de goût et confondre le beau avec l'agréable. Ainsi, tandis que la satisfaction de l'agréable est particulière, celle du beau est universelle. La première peut sans doute avoir dans quelques cas une cer-

(1) § vi à x.

taine généralité ; mais cette généralité, c'est l'expérience qui nous l'enseigne. Au contraire, nous proclamons la seconde universelle, avant même d'avoir constaté en fait cette universalité, que d'ailleurs l'expérience ne nous montre peut-être jamais. Nous n'avons pas besoin ici de recueillir et de compter les suffrages ; mais, en même temps que nous éprouvons la satisfaction du beau, nous jugeons qu'en présence du même objet tout homme qui a du goût l'éprouvera comme nous (1).

Mais, tout en déclarant universelle la satisfaction du beau, Kant n'admet pas qu'elle ait son principe dans l'idée déterminée de l'objet auquel elle s'applique, et par là il la distingue de celle du bon, soit de l'utile, soit du bon en soi. Le sentiment de satisfaction qui s'attache à la considération d'une chose utile ou bonne en soi peut être universel ; mais il a sa source dans une idée déterminée, dans l'idée de la fin de cette chose. Les jugements par lesquels nous déclarons certaines choses utiles ou bonnes en soi supposent en effet certaines idées déterminées de la nature et de la destination de ces choses ; aussi sont-ils en ce sens des jugements objectifs. Mais la satisfaction du beau, tout universelle qu'elle est, ne repose pas sur quelque idée déterminée de la chose que nous jugeons belle ; car, pour juger belle cette chose, cette fleur par exemple, nous n'avons besoin d'avoir aucune idée de sa destination ; il suffit qu'elle plaise au goût, et ainsi le jugement que nous portons n'est pas objectif, mais subjectif, n'est pas logique, mais esthétique. D'où vient donc pour Kant cette satisfaction dont le principe est tout subjectif ; et comment se forment, selon lui, ces jugements qu'il déclare esthétiques et universels tout à la fois ? C'est ce qu'il nous faut tâcher d'expliquer. Nous entrons ici dans le cœur même de sa théorie ; mais c'est maintenant aussi que vont paraître les difficultés et les objections. Efforçons-nous d'abord de bien faire comprendre la pensée de notre philosophe, en l'exposant aussi fidèlement

---

(1) P. 80-83.

et aussi clairement qu'il nous sera possible. Cela même n'est pas sans difficulté. En effet, comme on va le voir, cette théorie est, par sa nature même, difficile à saisir. A cette difficulté, qui vient du caractère de la doctrine, ajoutez celles qui résultent des défauts de l'exposition kantienne. Ici, comme partout, Kant ne sort guère de l'abstrait, et ne songe pas à expliquer sa pensée, en la développant sur des exemples. J'essaierai au moins de remédier à cette dernière difficulté.

J'ai devant les yeux un jardin. La destination de ce jardin a exigé certaines dispositions particulières dans l'arrangement de ses parties. Je pourrais chercher si ces dispositions, si cet arrangement répond parfaitement au but qu'on s'est proposé. Mais je néglige cette considération, et me livre à la contemplation de ce jardin, sans aucune idée à laquelle je puisse ramener et soumettre la forme qui est devant moi. Or, supposez qu'en la contemplant ainsi j'y trouve de telles dispositions, un tel arrangement, que je puisse, pour ainsi dire, promener mon imagination sur ses diverses parties, et en même temps les ramener aisément à un certain ensemble qui contente mon entendement, sans remplir pourtant aucune condition préalablement déterminée par lui, et qu'ainsi cette contemplation soit comme un libre champ où se jouent harmonieusement mon imagination et mon entendement : la conscience de ce jeu à la fois libre et harmonieux de ces deux facultés de connaître détermine en moi une satisfaction particulière, qui est précisément celle du beau, et le jugement même par lequel je déclare beau ce jardin. Comme on le voit, ce jugement n'est pas logique, en ce sens qu'il ne détermine ni ne suppose aucune connaissance de l'objet, et qu'il n'est assujetti à aucune condition déterminée ; mais il est esthétique, en ce sens qu'il a son principe en nous-mêmes, dans le libre jeu de nos facultés de connaître.

Tel est le jugement de goût, selon Kant. Le principe qui le détermine n'est autre chose que la libre concordance de l'imagination et de l'entendement, ces deux facultés de connaître qui entrent nécessairement dans tout jugement (1), mais qui s'exercent ici librement, c'est-à-dire indépendamment de toute idée déterminée.

Kant se pose ici (2) une question qu'il résout fort simplement, celle de savoir si, dans le jugement de goût, le sentiment du plaisir précède le jugement porté sur l'objet, ou si c'est le contraire. Le jugement de goût n'est pas un pur jugement de sensibilité, comme le jugement sur l'agréable; et le sentiment de plaisir, qui l'accompagne, est déterminé lui-même par la conscience de la libre harmonie de l'imagination et de l'entendement. Cette libre harmonie, voilà le vrai et unique principe du jugement de goût; le sentiment du plaisir ne fait lui-même qu'exprimer la conscience que nous en avons, et par conséquent il en est l'effet et la suppose. Autrement le jugement de goût se confondrait avec le jugement sur l'agréable.

On comprend aussi comment la satisfaction du beau et les jugements du goût peuvent être universels. En effet, si le principe en est subjectif, il ne consiste pas, comme celui de l'agréable, dans la manière dont la sensibilité est immédiatement affectée par les objets, mais dans un certain état de nos facultés de connaître, lesquelles, étant soumises chez tous aux mêmes conditions ou aux mêmes lois, doivent, en présence du même objet, reproduire le même état et déterminer la même satisfaction. Nous verrons plus tard Kant discuter longuement le principe sur lequel il fonde le caractère universel qu'il attribue aux jugements de goût et à la satisfaction qui s'y attache; car il réserve pour une autre partie de son analyse ce qu'il appelle la *déduction* des jugements de goût, c'est-à-dire

(1) On sait quelle fonction Kant assigne à ces deux facultés dans la formation de nos jugements : l'imagination associe et reproduit les intuitions particulières fournies par la sensibilité; et l'entendement, au moyen de ses lois ou de ses catégories, nous permet de les ramener à l'unité qu'exige toute connaissance en général. Voyez la *Critique de la raison pure, logique transcendentale*.
(2) § IX. — p. 89.

la vérification de leur titre à l'universalité (1). Allons tout de suite à la conclusion à laquelle il arrive ici, et qui contient une nouvelle définition du beau : « Le beau est ce qui plaît universellement sans concept. »

On vient de voir en quoi consistent pour Kant les jugements de goût. Si l'on a bien compris l'explication qu'il en donne, on connaît, pour ainsi dire, toute sa théorie du goût et du beau, car tout est là. Arrêtons-nous donc sur cette explication pour en examiner la valeur, et en démêler les mérites et les défauts.

Il est très-vrai que les jugements de goût ne sont pas des jugements logiques ou de connaissance, comme ceux, par exemple, que nous portons sur la moralité des actions; mais qu'ils ont un caractère esthétique, quoique ce ne soient pas non plus des jugements purement sensibles, comme ceux que nous portons sur l'agréable. Il est très-vrai encore que la source de ces jugements est dans un certain jeu de l'imagination et de l'entendement; telle est, en effet, l'origine de ces jugements et de ces plaisirs que les philosophes désignent sous le nom d'*esthétiques*. J'ajouterai même que ce jeu est, dans beaucoup de cas, sinon toujours, indépendant de toute idée déterminée de la nature ou de la destination de son objet, et en ce sens entièrement libre ; et que, dans tous les cas, la liberté est un de ses caractères distinctifs. Voilà ce qu'il y a de vrai au fond de l'explication que Kant nous donne des jugements de goût. Mais, pour y trouver ce fond de vérité, il la faut prendre dans un sens beaucoup plus large que ne l'a fait son auteur. Telle qu'il nous la présente, elle a sans doute un caractère plus original, et, en apparence du moins, plus rigoureux ; mais elle offre aussi plus d'un côté faible.

Kant place dans la libre concordance de l'imagination et de l'entendement le principe des jugements de goût et du sentiment du beau ; mais que signifie cette concordance, et quelle

---

(1) J'expliquerai plus bas les divisions techniques introduites par Kant dans son étude du beau, et les expressions par lesquelles il les désigne.

est la raison du plaisir particulier qui s'y attache? Par exemple, ne signifie-t-elle autre chose que le jeu libre et facile de l'imagination et de l'entendement? et ce plaisir n'a-t-il d'autre cause que le sentiment même de ce jeu? Le plaisir du beau serait alors tout simplement celui que trouve notre esprit dans la contemplation d'un objet qui lui offre un ensemble facile à saisir, et où il aperçoit aisément le lien des parties entre elles et avec le tout. Dans ce cas, le principe des jugements et des plaisirs du goût ne serait autre chose que le sentiment d'un certain exercice de nos facultés. Ou bien, si nous aimons à contempler un ensemble harmonieux, et si nous le jugeons beau, n'est-ce pas que cette harmonie signifie pour nous quelque chose de plus que le jeu libre et facile de nos facultés? N'est-ce pas qu'elle éveille en notre esprit une idée dont elle est comme le symbole ou la manifestation sensible? Le plaisir du beau serait alors beaucoup moins le sentiment d'un jeu libre et facile de nos facultés, que celui qu'excite en nous la manifestation sensible d'une certaine idée. Dans ce cas, le principe des jugements et des plaisirs qu'il s'agit d'expliquer serait supérieur à celui que nous supposions tout-à-l'heure; puisqu'il faudrait le chercher, au moins en partie, en certaines idées de notre esprit, non pas, si l'on veut, du moins toujours, en des idées déterminées, mais dans la conception de quelque chose dont l'apparence sensible serait pour nous la manifestation extérieure. De ces deux explications, qui d'ailleurs ne s'excluent pas, la première semble être celle de Kant (1), quoiqu'il ne repousse pas absolument la seconde (2); mais il faut convenir qu'il est loin d'avoir traité les questions que j'indique ici avec toute la précision et toute la clarté désirables, et que, sous ce

(1) C'est ce que l'on verra plus loin.
(2) Voyez, entre autres passages, celui-ci où Kant, passant du beau à la finalité de la nature, et résumant en quelque sorte sa pensée, parle de ces formes « qui, comme si elles étaient faites tout exprès pour notre faculté de juger, servent, par leur variété et leur unité, comme à fortifier et à entretenir les forces de l'esprit (qui sont en jeu dans l'exercice de cette faculté), ce qui leur a valu le nom de belles formes. » *Critique du Jugement.* Trad. franç. t. II, p. 3.

rapport au moins, sa théorie a le défaut d'être passablement obscure.

Ce qu'il y a de certain, c'est que cette théorie a un caractère exclusivement subjectif, c'est-à-dire qu'elle explique uniquement les jugements de goût et la beauté qui en est l'objet par le jeu de nos facultés. Or, si ces jugements supposent en effet un certain jeu intérieur de nos facultés, et s'ils sont subjectifs en ce sens, ce jeu n'est-il pas déterminé lui-même par un objet réel, c'est-à-dire par une certaine qualité de choses mêmes. On dira : Cette qualité que vous appelez la beauté n'est pour vous ce qu'elle est qu'en vertu d'une certaine relation existant entre la nature extérieure et votre propre nature, soit; mais elle a au moins une réalité objective analogue à celle de ces qualités de la matière, la couleur et le son par exemple, que certains philosophes ont désignées sous le nom de qualités secondes, et qui sont elles-mêmes des éléments de beauté. Or, en quoi consiste cette qualité des choses qui devient pour nous la beauté en vertu d'une certaine relation entre les choses et nous ? Voilà au moins ce qu'il aurait fallu chercher, et c'est ce que Kant n'a point fait, ou ce qu'il n'a fait que d'une manière insuffisante. Il n'a guère vu qu'un côté de la question, le côté subjectif; aussi sa théorie est-elle tout au moins incomplète. Il est évident pour tout le monde que la beauté désigne un certain *caractère* des choses mêmes. Pour expliquer les jugements que nous en portons, il faut sans doute tenir compte des conditions de notre nature, de nos facultés et des rapports qui existent entre elles et les choses; mais qu'est-ce que ce caractère ? en quoi consiste-t-il ? Voilà aussi ce que l'on doit chercher et mettre en lumière. Est-ce par exemple, comme l'ont prétendu certains philosophes, l'unité dans la variété, l'harmonie, la convenance des parties entre elles et avec le tout, ou quelque autre chose ? C'est là ce que j'appelle le côté objectif de la question, dont Kant n'a guère vu, je le répète, que le côté subjectif (1).

(1) La troisième explication du beau, à laquelle nous arriverons tout-à-

Il est curieux de remarquer qu'il a retourné en quelque sorte la vieille théorie qui fait consister la beauté dans l'harmonie. Cette théorie considérait l'harmonie dans les choses mêmes; il la considère dans nos facultés, et ce qui était pour la première une qualité réelle des choses n'est plus pour lui que la concordance de ces facultés. Kant fait ici ce qu'il a fait souvent : il renouvelle une idée ancienne en la revêtant d'une forme originale.

Poursuivons : c'est un fait que nous reconnaissons des degrés dans la beauté, même dans celle qui est l'objet du goût. Les choses que nous jugeons belles à l'aide de cette faculté, nous les jugeons plus ou moins belles. Or la théorie de Kant explique-t-elle ce fait? Si le goût est uniquement déterminé par cette concordance de l'imagination et de l'entendement dont nous parlions tout à l'heure, et qui doit être indépendante de toute sensation d'une part et de tout concept de l'autre : toutes les fois que cette concordance aura lieu et qu'elle remplira la double condition que Kant lui assigne, l'objet qui l'occasionnera sera jugé beau, et toujours également beau. Que si nous jugeons certaines choses plus belles que d'autres au point de vue du goût, ce sera tout simplement que nos jugements sur les unes seront plus purs de toute sensation et de toute idée déterminée que nos jugements sur les autres; car ce plus ou moins de pureté par rapport à toute sensation et à toute idée est, dans la théorie de Kant, la seule chose qui puisse rendre compte du plus ou moins de beauté que le goût peut attribuer aux objets. Mais, je le demande, cette explication tout abstraite est-elle suffisante? Si nous jugeons certaines choses plus ou moins belles, n'est-ce pas que nous les jugeons plus ou moins conformes à certaines idées ou même à certains sentiments, qui ne sont pas toujours déterminés, si l'on veut, ou qui ne supposent pas

l'heure, semble, il est vrai, destinée à répondre à ce côté de la question, que je reproche à Kant d'avoir négligé; mais, comme on le verra, cette explication conserve elle-même un caractère tout subjectif.

toujours la connaissance de la nature ou de la destination de leurs objets, mais qui n'en sont pas moins au fond les motifs de nos jugements? Ou, en considérant les choses elles-mêmes, n'est-ce pas que nous trouvons qu'elles expriment d'une manière plus ou moins heureuse certains sentiments et certaines idées, ou des idées et des sentiments d'un ordre plus ou moins élevé? C'est en général le défaut de Kant de ne pas tenir assez de compte de la réalité, et de donner à ses théories un caractère tellement abstrait qu'elles en deviennent à la fois obscures et insuffisantes. C'est là aussi le défaut de sa théorie du goût. Est-il vrai que les jugements du goût doivent être indépendants de tout concept? Que seraient, ou qu'expliqueraient de pareils jugements (1)? Sans doute, ces jugements ne dépendent pas toujours de l'idée déterminée que nous devons nous faire de la nature ou de la destination de leurs objets, ou même d'une idée déterminée quelconque; mais peut-on admettre qu'ils soient indépendants de tout concept? La présence d'une idée qui préside à notre jugement suffit-elle pour corrompre la pureté de notre goût? Comment prétendre que le goût ne s'appuie pas lui-même sur certaines idées, même, dans certains cas, sur des idées déterminées? Que ces idées, alors même qu'elles sont parfaitement déterminées, laissent une certaine liberté à l'imagination, au jeu de l'esprit, je l'accorde : car cette liberté est précisément le caractère des jugements esthétiques; mais, pour être libre, l'imagination n'est pas, dans les choses de goût, absolument indépendante de toute espèce d'idée. D'abord elle est assujettie en général aux conditions mêmes et aux lois de la nature humaine et de la raison. Le goût tient compte de tout cela; il fallait l'expliquer, et Kant ne l'a point fait. Ensuite il n'exclut pas, il suppose, au contraire, au moins dans beaucoup de cas, certaines idées déterminées, dont il faut tenir compte aussi dans l'explication de ses jugements. En même temps qu'il

---

(1) C'est là une des objections sur lesquelles l'auteur de *Calligone* insiste le plus vivement et revient le plus souvent. (Voyez, t. I, p. 111 et suiv. et passim.)

a fait du goût quelque chose de purement abstrait, Kant, il faut le dire, en a singulièrement restreint la sphère. Que dans une pièce de théâtre un personnage parle un langage qui ne convient ni à son caractère ni aux circonstances au milieu desquelles il se trouve, il y a là quelque chose qui choque le goût. Que ce langage soit en parfaite harmonie avec le caractère et la situation, le goût est satisfait. Pourquoi ce double jugement ne serait-il pas aussi un jugement de goût? Il faut élargir la sphère du goût, en y comprenant, avec ces jugements esthétiques que Kant n'a point suffisamment expliqués, ceux qu'il considère comme étant à la fois esthétiques et logiques. Nous reviendrons plus tard sur cette observation, lorsque nous verrons Kant s'efforcer d'établir une distinction radicale entre ces deux espèces de jugements.

Enfin la théorie kantienne présente une difficulté ou une objection, sur laquelle nous aurons aussi occasion de revenir, mais qu'il est bon d'indiquer ici, car elle a déjà dû se présenter à l'esprit. Explique-t-elle bien l'universalité, nous ajouterons tout à l'heure la nécessité, qu'elle attribue aux jugements de goût? Si ces jugements sont purement subjectifs, s'ils sont indépendants de toute espèce d'idée et de condition déterminée, comment peuvent-ils être universels et nécessaires? Sur quoi se fondent cette universalité et cette nécessité? Kant fera de grands efforts pour en découvrir le principe; mais, disons-le tout de suite, ses efforts seront impuissants, parce que ce principe ne peut sortir de sa théorie. Est ce donc qu'il faut renoncer à ces caractères? Non, quoique les jugements du goût soient d'une espèce particulière et ne rentrent pas sous la loi des jugements purement rationnels, dont l'universalité et la nécessité sont les caractères essentiels; mais, pour pouvoir leur attribuer ces caractères et en rendre compte, il faudrait modifier la théorie de Kant.

Telles sont les principales objections ou difficultés qu'elle soulève, malgré ses côtés vrais. Nous les retrouverons, et d'autres encore qu'elles contiennent, à mesure que nous continuerons notre étude ; et d'abord elles recevront un nouveau jour de la discussion plus approfondie où va nous conduire l'examen du troisième caractère, attribué par Kant aux jugements de goût. Il ne fait à la vérité que reprendre ici, sous une nouvelle forme, les résultats déjà renfermés dans ce qui précède ; mais les nouveaux développements qu'il leur donne, en nous aidant à approfondir sa théorie, nous conduiront aussi à en approfondir la discussion.

III. Exposons d'abord la pensée de Kant, telle qu'il nous la présente lui-même ; nous l'examinerons ensuite.

On a vu que les jugements de goût ne peuvent être confondus ni avec ceux qui portent sur l'agréable, ni avec ceux qui ont le bon pour objet ; puisque, à la différence des premiers, ils sont universels, et, qu'à la différence des seconds, ils ne se fondent sur aucun concept déterminé et ne sont pas des jugements de connaissance. Les jugements de goût ne reposent donc ni sur le besoin de quelque sensation agréable, ni sur la considération de l'utilité ou de la bonté absolue d'un objet. Or, c'est ce que Kant traduit dans son langage, en disant qu'ils n'ont pour principe ni une finalité subjective, ni une finalité objective.

Il appelle en général finalité ce qu'on ne peut concevoir dans une chose qu'en la rapportant à certaines fins, quand même on n'admettrait ces fins et ce rapport que comme moyen d'explication ; et, comme les fins peuvent être conçues en nous ou hors de nous, la finalité est subjective ou objective. Ainsi le rapport de moyens à fins que nous attribuons à la nature, pour expliquer ses productions, est une finalité objective. C'est cette espèce de finalité objective que Kant étudie dans la seconde partie de la *Critique du Jugement*, dans la *Critique du Jugement téléologique*. Nous verrons plus tard quelle valeur il accorde au principe qui nous la fait concevoir. Le rapport de la volonté à la loi morale est aussi une finalité objective ; car la loi morale, étant la loi de tous les êtres raisonnables, est indépendante de toute condition sensible. Kant a établi cette vérité avec la dernière précision dans les *Fondements de la métaphysique des mœurs* et la *Critique de la raison pratique*. Mais le besoin de la jouissance, la recherche du plaisir, étant la poursuite d'une fin personnelle, est une finalité subjective. Or les jugements de goût excluent tout élément, toute considération de ce genre; et, par conséquent, bien que ce soient des jugements esthétiques, ils ne supposent aucune finalité subjective, comme les jugements sur l'agréable. Mais, d'un autre côté, précisément parce que ce sont des jugements esthétiques, ils n'ont point pour objet quelque finalité objective, comme ceux dont l'objet propre est le bien ou la perfection. Ce double caractère ressort de ce qui a été établi précédemment; mais Kant le veut mettre en lumière, en rapprochant encore une fois, sous ce nouveau point de vue de la finalité, les jugements de goût des jugements sur l'agréable et de ceux qui ont pour objet le bien ou la perfection. Nous verrons en même temps comment il reconnaît dans l'objet des jugements de goût une certaine finalité, qui, n'étant ni subjective, ni objective, puisque ces jugements sont indépendants de tout attrait sensible et de tout concept, est purement formelle, c'est-à-dire n'a d'autre principe que cette pure et libre concordance de l'imagination et de l'entendement, dont il a déjà été question; et comment il tire de là une troisième définition du beau (1).

Pour distinguer d'abord les jugements de goût des autres jugements esthétiques, il suffit de remarquer qu'ils sont indépendants de tout attrait sensible et de toute émotion. Le motif d'un vrai jugement de goût n'est pas du tout l'attrait que la chose que je juge belle a pour moi, et l'émotion qu'elle peut me causer; et cela est si vrai que, toutes les fois que l'attrait ou l'émotion a quelque part au jugement par lequel une chose est déclarée belle, ce jugement ne peut plus être considéré comme un pur jugement de goût. Ainsi la vue d'une jeune femme a souvent beaucoup d'attrait pour un jeune

---

(1) § x-xviii.

homme et lui cause une profonde émotion; il la juge belle, mais son jugement est-il bien un vrai et pur jugement de goût? Non, car ce penchant naturel qui attire les deux sexes l'un vers l'autre et l'émotion qu'on éprouve, quand il commence à s'éveiller, le déterminent ou du moins y concourent. Aussi ne le peut-il faire accepter des autres, au moins tel qu'il voudrait le leur imposer ; et plus tard il y renoncera ou le modifiera lui-même, lorsque le temps aura dissipé cet attrait et cette émotion qui se mêlaient secrètement en lui aux vrais motifs du goût et en altéraient la pureté. Il en faut dire autant de toute espèce d'attrait ou d'émotion. Les jugements de goût, sous peine de descendre au rang des autres jugements esthétiques, doivent être purs de tout mélange de ce genre ; et le goût n'est vraiment pas digne de ce nom, il reste inculte et grossier, tant qu'il ne sait pas se dégager de cet alliage étranger, et qu'il a besoin de ce secours. C'est donc une erreur de croire qu'on ajoute à la beauté d'une chose, en la rendant attrayante aux sens et en cherchant à les émouvoir. Voyez les beaux-arts : dans la peinture, comme dans la sculpture et dans l'architecture, quel est le principal? Le dessin. Et dans la musique et les autres arts de la même espèce? La composition. Que si le peintre cherche à plaire surtout par l'agrément des couleurs, et le musicien par celui des sons, ils portent atteinte au goût et dégradent leur art. Ils pourront bien obtenir le suffrage de ceux qui, pour appliquer à la pensée de Kant quelques justes expressions de la *Logique* de Port-Royal (1) « ne pénètrent pas le principal, lorsque ce n'est pas le plus sensible, » et « sont plus touchés d'un tableau dont les couleurs sont vives et éclatantes que d'un autre plus sombre, qui serait admirable pour le dessin ; » mais qu'ils n'espèrent pas l'assentiment des hommes de goût (2).

Ainsi, puisque le jugement de goût exclut tout attrait et

---

(1) 3ᵐᵉ partie, chap. xx.
(2) § viii-xiv.

toute émotion, — nous verrons plus loin comment le jugement du sublime est lié au contraire à une émotion particulière, — il est vrai de dire que ce jugement n'a point de relation à ce que Kant appelle la finalité subjective. D'un autre côté, il ne repose pas d'avantage sur la considération de quelque finalité objective, ou de la conformité de l'objet à un but ou à une idée déterminée ; car il ne suppose aucun concept déterminé de l'objet sur lequel il porte. Il y a deux espèces de finalité objective : on peut considérer une chose comme appropriée à certains buts placés en dehors d'elle, comme utile ; ou comme parfaitement conforme à ce qu'elle doit être en elle-même, comme parfaite ; dans le premier cas la finalité est externe, elle est interne dans le second. Or il n'est pas besoin de montrer ici que la considération de l'utilité ne peut fonder et expliquer les jugements de goût, puisque, comme on l'a vu, ces jugements reposent uniquement sur la contemplation de la forme d'une chose, considérée indépendamment du rapport qu'elle peut avoir avec celui qui juge ou avec tout autre. Autre chose est donc considérer un objet comme utile, autre chose le considérer comme beau. Cette seconde considération exclut la première, et celle-ci ne peut se mêler à celle-là, sans altérer la pureté des jugements de goût. Reste la perfection avec laquelle certains philosophes ont confondu la beauté, en y ajoutant seulement cette condition que l'esprit n'en eût qu'une notion confuse (1). Mais il est impossible, selon Kant, d'expliquer la beauté, ou du moins celle qui est l'objet des jugements de goût par la perfection. En effet, pour juger de la perfection d'une chose, il faut que j'aie préalablement l'idée de ce que doit être cette chose, afin de comparer ce qu'elle est avec ce qu'elle doit être ; car sa perfection consiste précisément dans sa conformité avec

---

(1) C'est précisément l'opinion que, dans ses *Lettres sur les sentiments* (Berlin, 1764), Mendelsohn fait soutenir par l'un des deux philosophes entre lesquels il établit une polémique par correspondance. — La théorie qui identifie en général le beau avec la perfection est celle d'un très-grand nombre de philosophes, et particulièrement de Wolff.

cette idée. Ainsi, par exemple, sachant ce que doit être un octogone, je déclare parfaite toute figure qui remplit ou me paraît remplir les conditions exigées par la définition même de l'octogone. Or, quand le goût décide que telle forme est belle, veut-il exprimer par là uniquement qu'elle satisfait à telles ou telles conditions exigées par l'idée que nous avons de cette sorte d'objet? Nullement; je n'ai pas besoin de cette idée, et, si je la possède, j'en fais abstraction. Il y a bien dans la forme, que je juge belle au point de vue du goût, une certaine concordance de ses parties entre elles et avec le tout, et par conséquent une certaine unité dans cette variété d'éléments; mais cette concordance, cette unité, pour être jugée comme objet de goût, ne doit être déterminée par aucune idée préalable de la chose même. C'est le goût qui en décide par lui-même, c'est-à-dire, comme il a été expliqué, par le sentiment du libre accord que la contemplation de cette forme établit entre l'imagination et l'entendement; et c'est de cette manière que ses jugements sont des jugements esthétiques. Confondre la beauté avec la perfection confusément aperçue, ce serait leur enlever leur véritable caractère (1).

Cependant on ne peut nier que nous ne jugions belles certaines choses, parce qu'elles nous paraissent parfaitement conformes à l'idée que nous avons de leur destination ou de leur nature. Dans ce cas, la beauté se confond avec la perfection. Mais les jugements que nous portons alors ne sont plus simplement esthétiques, comme ceux que nous avons décrits précédemment sous le nom de jugements de goût. Il sont logiques et esthétiques à la fois : logiques, puisqu'ils se fondent sur les concepts déterminés de certains objets et sur la comparaison de ces objets avec ces concepts; esthétiques, puisque l'on suppose que la vue de la conformité des objets avec les concepts que nous en avons nous cause un sentiment de satisfaction. D'après cela il faudrait distinguer deux espèces de

---

(1) § xv.

beauté : l'une, qui est l'objet propre des jugements de goût, lesquels sont purement esthétiques ; l'autre, qui est l'objet de jugements esthétiques et logiques à la fois. Or, comme la première espèce de beauté n'est soumise à aucune condition déterminée par la nature ou la destination de l'objet que nous jugeons beau, Kant l'appelle *libre* (1) ; et, comme au contraire la seconde dépend de certaines conditions déterminées par l'idée même de la chose en qui elle réside, puisqu'elle consiste précisément dans la conformité de cette chose avec ces conditions, il la nomme *adhérente* (2).

Expliquons par des exemples cette importante distinction. Pour juger belle une fleur, je n'ai besoin d'avoir aucune idée de sa nature et de sa destination ; il me suffit de la contempler, et cette contemplation, indépendante de tout concept, en mettant en jeu mon imagination et mon entendement, me cause une satisfaction qui résulte de la libre concordance de ces deux facultés. Je dis que cela est beau : ce jugement est esthétique, comme on le voit, et la beauté, qui en est l'objet, est libre, puisqu'elle n'est astreinte à aucune idée, à aucune condition déterminée. C'est ainsi que souvent nous jugeons belle la figure d'une femme : en effet, des traits réguliers, une heureuse harmonie de la couleur du teint et de celle des yeux, toutes ces beautés qui, comme dit Kant dans ses *Observations sur le sentiment du beau et du sublime* (3), nous plaisent comme celles d'un bouquet de fleurs, ce sont là des choses dont nous pouvons juger, sans recourir le moins du monde à l'idée de ce que doit être le visage de la femme, mais par un jugement purement esthétique, c'est-à-dire par le goût. Ce sont donc des beautés libres, au moins jusqu'à un certain point. Mais s'agit-il de cette beauté qui réside dans l'expression des qualités morales qui conviennent à la femme : la douceur, la modestie, la bonté, ce n'est plus l'objet d'un pur jugement esthétique ; car le jugement que

---

(1) En all. *freie Schoenheit* ; en lat. *pulchritudo vaga.*
(2) En all. *anhangende Schoenheit* ; en lat. *pulchritudo adhærens.* — § XVI.
(3) Trad. fr. de la *Critique du Jugement*, tome II, p. 286.

nous en portons suppose certaines idées déterminées, celles des qualités morales qui conviennent à la femme; et, si nous jugeons une figure belle à ce point de vue, c'est que nous trouvons qu'elle exprime heureusement les qualités dont nous avons l'idée, et que cette vue nous donne une certaine satisfaction. Le jugement que nous formons en pareil cas est donc à la fois logique et esthétique, et la beauté n'est plus libre, comme celle qui est l'objet des jugements de goût; mais, selon l'expression de Kant, elle est adhérente, c'est-à-dire qu'elle dépend de certaines conditions déterminées par la nature ou la destination de l'être en qui elle réside. De même, pour prendre un exemple dans les beaux-arts, en musique, il y a telle fantaisie que je juge belle indépendamment de toute idée préconçue et par un jugement purement esthétique. Mais quand je dis : Voilà une belle musique religieuse, mon jugement n'est plus simplement esthétique; car je ne parle ainsi que parce que j'ai reconnu que le caractère de cette musique est parfaitement approprié à son but, et la beauté ici n'est plus libre, puisqu'elle est astreinte à certaines conditions déterminées.

La distinction de ces deux espèces de jugements et de beautés jette, selon Kant, une grande lumière sur la question du beau, et peut servir à expliquer et à terminer bien des dissentiments. On dispute souvent sans s'entendre sur la beauté d'une chose, parce qu'on la juge à des points de vue différents : celui-ci comme une beauté libre, celui-là comme une beauté adhérente. Chacun a raison à son point de vue, mais oublie que son point de vue n'est pas celui de son voisin. Ainsi, pour reprendre l'exemple de tout-à-l'heure, on peut juger beau un morceau de musique en ne le considérant que comme une fantaisie, et ne pas le juger ainsi, quand on y cherche ce qui n'y est pas, le caractère religieux. Cela est beau, dira l'un; ce n'est pas mon avis, dira l'autre; et tous deux ont raison : il suffit, pour les mettre d'accord, de leur faire remarquer qu'ils ne parlent pas de la même chose.

Cette distinction conduit Kant à l'importante question de l'idéal de la beauté (1). Les jugements qui ont la beauté libre pour objet sont seuls de véritables et purs jugements de goût, dans le sens que nous avons expliqué. Si l'on comprend bien ce que c'est que le goût, on reconnaîtra qu'il n'y a pas de règles objectives du goût, puisqu'il n'a d'autre principe que la libre concordance de l'imagination et de l'entendement. Par conséquent, dit Kant, « chercher un principe du goût qui fournisse en des concepts déterminés le criterium universel du beau, c'est peine inutile (2). » Le type du goût est en nous, dans notre faculté de juger, et en elle seule. Il suit de là qu'il ne peut y avoir d'idéal pour la beauté qui est l'objet du goût, c'est-à-dire pour la beauté libre; car qu'est-ce qu'un idéal? Quelque chose que nous concevons par la raison d'une manière déterminée, mais sans pouvoir l'atteindre ou le rencontrer dans l'expérience. La conception de l'idéal suppose donc des idées déterminées par la raison. Par conséquent il ne peut y avoir d'idéal de la beauté libre, puisque ce genre de beauté est indépendant de tout concept ou de toute idée déterminée. « On ne saurait concevoir, dit notre philosophe, un idéal de belles fleurs, d'un bel ameublement, d'une belle vue (3). » Il ne peut y avoir d'idéal que pour la beauté qui suppose des concepts déterminés, et qui n'est pas l'objet d'un pur jugement de goût, mais d'un jugement logique et esthétique à la fois; et, comme seul l'homme est capable de concevoir et de poursuivre un idéal de perfection, seule la beauté de l'homme peut avoir son idéal.

Il ne faut pas confondre d'ailleurs l'idéal de la beauté, qu'on doit chercher uniquement dans l'expression des qualités morales, par conséquent dans la figure de l'homme, avec ce qui n'est qu'une condition indispensable de la beauté, c'est-

---

(1) § XVII.
(2) P. 116.
(3) P. 118.

à-dire avec le type que doit reproduire tout individu, et que nous déterminons au moyen de l'expérience. Chaque espèce a son type, qui semble servir de principe à la nature dans la production des individus; et c'est par l'expérience, c'est-à-dire en comparant entre eux les individus d'une même espèce, et en prenant en quelque sorte la moyenne, que nous parvenons à déterminer le type de cette espèce. L'homme aussi en ce sens a son type, et nous le déterminons de la même manière; mais ce n'est là qu'une condition de la beauté, ce n'est pas la beauté même. Celle-ci réside, en partie du moins, dans l'expression de certaines idées, que la raison nous fait concevoir, et des sentiments que ces idées déterminent en nous; mais cette espèce particulière de beauté, qui réside dans l'expression de certaines qualités morales, et qu'on appelle la beauté morale, est l'objet d'un jugement à la fois intellectuel et esthétique, et non plus d'un simple jugement de goût.

On voit donc, en résumé, que les jugements de goût sont indépendants, d'une part, de tout attrait et de toute émotion, et, de l'autre, de tout concept déterminé. La beauté qui en est l'objet est donc indépendante, pour rappeler encore ce langage de Kant, de toute finalité subjective ou objective. Elle réside uniquement dans une certaine concordance de la forme d'un objet avec le libre jeu de nos facultés de connaître, l'imagination et l'entendement. Mais cette concordance peut elle-même être considérée en un sens comme une finalité : en effet, quand le goût juge beau un certain objet, on dirait que cet objet a été fait tout exprès pour nous plaire, et que c'est à dessein que la nature en a ainsi disposé les parties. Seulement, comme la concordance de cet objet avec l'imagination et l'entendement, ou, ce qui revient au même, celle de ces deux facultés est indépendante de toute idée de fin réelle, soit subjective, soit objective, puisqu'elle est indépendante de tout concept de l'objet auquel elle s'applique, et par conséquent de la question de savoir si la nature s'est en effet proposé de composer un objet capable de nous plaire ou en a ainsi disposé les parties à dessein, il n'y a ici que la forme de la finalité. Tel est le sens de cette troisième définition du beau, qui peut paraître bizarre au premier abord, mais qu'il est maintenant aisé de comprendre : « Le beau est la forme de la finalité d'un objet, en tant qu'elle y est perçue sans représentation de fin (1). » C'est la définition de la beauté libre. Quant à l'autre espèce de beauté, comme elle n'est pas l'objet propre des jugements de goût, l'auteur de la *Critique du Jugement* n'en parle que pour la distinguer de la beauté libre, car elle ne rentre pas dans l'étude du Jugement esthétique.

Reprenons maintenant, pour les examiner, les diverses idées que nous venons d'exposer avec une scrupuleuse exactitude.

D'abord est-il vrai que les jugements de goût soient indépendants de tout attrait et de toute émotion? Si Kant veut parler simplement de cet attrait purement sensible que certaines choses peuvent nous offrir, il a raison de prétendre que ce n'est pas là-dessus que se fondent les jugements de goût en matière de beauté, puisqu'en effet la beauté est autre chose qu'un attrait purement sensible; et il est très-vrai que le goût doit se dégager de tout élément de ce genre. J'approuve ce qu'il dit à ce sujet. S'il veut dire encore que, pour bien juger de la beauté d'un objet, il faut faire abstraction de l'attrait particulier que cet objet peut avoir pour nous, indépendamment de sa beauté, et qu'un jugement où entre, même à notre insu, quelque influence étrangère, n'est pas un pur et vrai jugement de goût, par cela seul qu'il n'est pas suffisamment impartial; il a encore raison. Le hibou vante la beauté de ses petits, mais c'est que ce sont ses petits ; aussi l'aigle ne les reconnaît-il pas à cette marque (2). J'ai déjà accordé tout cela. Mais est-ce à dire que le goût ne doive

---

(1) P. 123.
(2) Voyez dans Lafontaine la Fable de l'*Aigle et du Hibou* (liv. 5, xviii).

tenir compte d'aucune espèce d'attrait? Par exemple, l'unité dans la variété, l'ordre, l'harmonie (pour ne pas sortir encore du cercle tracé par Kant), ces qualités n'ont-elles pas de l'attrait pour nous, et cet attrait n'est-il pas une des causes déterminantes des jugements que nous portons sur la beauté des choses où nous les rencontrons, et de la satisfaction que nous éprouvons en leur présence? Je l'ai déjà dit : à force de raffiner sur le goût, Kant en fait quelque chose d'abstrait et d'insaisissable. D'ailleurs, quand les jugements de goût seraient, à leur origine, indépendants de tout attrait, les objets que nous jugeons beaux ne deviennent-ils pas attrayants pour nous, par cela seul que nous les jugeons tels? Qu'il faille bien se garder de confondre cet attrait que possède la vraie beauté avec celui qui ne s'adresse qu'aux sens, ou avec tout autre attrait étranger à la beauté même, à la bonne heure! et voilà ce qu'il y a de vrai dans la remarque de Kant; mais ici, comme presque partout, il exagère une idée juste, et lui donne ainsi une forme paradoxale.

Kant exclut aussi des jugements, que porte le goût sur la beauté, l'émotion, toute espèce d'émotion, et par là il distingue ces jugements et le plaisir qui les accompagne des jugements et du plaisir qui ont le sublime pour objet. Il est très-vrai qu'en général le plaisir du beau est un plaisir calme, à la différence de celui du sublime, qui ne va pas sans un certain trouble. Kant a très-bien vu et expliqué cela, et c'est là l'un des résultats les plus ingénieux à la fois et les plus solides de son esthétique. Mais il ne faut rien exagérer. Le beau n'a-t-il pas aussi son émotion? Il y a loin sans doute de cette émotion au trouble où nous jette le sublime : c'est un sentiment doux et calme, soit; mais enfin, lorsque ce sentiment atteint un certain degré, n'est-ce pas aussi une émotion? Il faut bien la distinguer aussi de cette espèce d'émotion où les sens seuls sont en jeu, comme en général de toute émotion étrangère, et nous pourrions rappeler ici ce que nous disions tout-à-l'heure; mais nous retrouvons l'exagération que nous relevions en même temps (1). Dans ses principaux résultats, la doctrine de Kant nous présente toujours le même défaut : abstraite et étroite à l'excès, elle ne répond plus à la réalité.

En même temps qu'il déclare les jugements de goût libres de tout attrait et de toute émotion, ou, comme il dit, de toute finalité subjective, Kant veut aussi qu'ils soient indépendants de toute idée de finalité objective, c'est-à-dire de toute idée de la nature et de la destination de leurs objets, de toute idée d'utilité ou même de perfection, et il repousse la théorie qui identifie le beau avec la perfection (2). Examinons ce nouveau point de sa doctrine.

Accordons d'abord à Kant que les jugements que porte le goût sur la beauté des choses sont absolument indépendants de la considération de leur utilité. Pour juger beau un objet, nous n'avons pas besoin de savoir à quoi il sert ; et, si nous le savons, nous devons faire abstraction de cette considération. Autre chose en effet est considérer un objet au point de vue de l'utilité ; autre chose, au point de vue de la beauté ; et ces deux points de vue sont si différents, que le premier ne peut que nuire au second, l'obscurcir ou l'effacer. Je sais bien qu'on dit quelquefois d'une chose qu'elle est belle, en songeant à son utilité ; mais ce n'est plus alors le goût qui parle, et celui-là se tromperait étrangement qui mettrait sur le compte du goût un jugement de ce genre. Sur ce premier point donc nous sommes parfaitement d'accord avec Kant.

(1) Herder (loc. cit., p. 114 et suiv.) s'élève aussi avec raison contre cette opinion de Kant, que les purs jugements de goût sont indépendants de tout attrait et de toute émotion. Seulement il ne voit pas ce qu'il y a de juste au fond de cette idée, et c'est pourquoi il niera plus tard la différence établie par Kant, sous ce rapport, entre le sentiment du beau et celui du sublime.

(2) Herder (l. c. p. 124) défend cette théorie contre Kant. Malheureusement, si la théorie qu'il oppose lui-même à celle de la *Critique du Jugement* est plus vivante ou moins abstraite, elle laisse souvent l'esprit dans ce vague que la science a précisément pour but de dissiper.

Maintenant on peut très-bien admettre que, pour juger belles certaines choses, par exemple cette rose, ce lys, nous n'avons pas besoin d'en connaître la nature ou la destination, et que, si par perfection il faut entendre l'exacte conformité d'une chose avec l'idée préalablement déterminée de la nature ou de la destination de cette chose, l'idée de la beauté est, souvent au moins, distincte de celle de la perfection ; en sorte que la théorie qui résout toute beauté dans la perfection, ainsi entendue, n'explique pas tous nos jugements sur le beau, par exemple ceux par lesquels j'attribue le caractère de la beauté à une fleur, à un coquillage, à un oiseau. Il est bien vrai, en effet, que je n'ai point ici à me demander ce que doivent être ces objets pour être conformes à leur nature ou remplir leur destination ; et que ce n'est point du tout en rapprochant d'une idée de ce genre la forme que j'ai devant les yeux, que je juge belle cette forme. Je la juge belle indépendamment de cette idée, que je puis ne pas avoir, que je n'ai pas ordinairement, et à laquelle je ne songe pas, quand je l'ai. Mais est-ce à dire que mon jugement soit indépendant de toute espèce d'idée antérieure, précise ou confuse, déterminée ou indéterminée, sur laquelle il s'appuierait ? Qu'est-ce alors que ce jugement ? comment se forme-t-il ? Kant, on l'a vu, l'explique par la libre concordance de l'imagination et de l'entendement. Cette explication n'est pas sans fondement. Les jugements esthétiques, et de ce nombre sont les jugements de goût, dérivent en effet d'un certain jeu d'esprit, où entrent à la fois l'imagination et l'entendement. Telle est l'origine et le caractère spécial de ces jugements. Mais comment Kant entend-il cette libre harmonie de l'imagination et de l'entendement ? Elle consiste dans la concordance du jeu de l'imagination s'exerçant sur un objet librement, c'est à-dire indépendamment de toute idée de la nature ou de la destination de cet objet, avec les règles, les lois générales de l'entendement. Mais d'abord que sont pour lui ces règles, ces lois générales ? Des concepts purement abstraits. Or, comment des concepts abstraits, tels que ceux que Kant désigne sous le nom de catégories de l'entendement, peuvent-ils servir à rendre compte de jugements, tels que les jugements de goût? Pour expliquer ces jugements, il faut sortir de l'abstraction et rentrer dans la réalité, c'est-à-dire invoquer les lois réelles de l'esprit ou en général de la nature humaine. Nous retrouvons donc encore ici ce reproche d'insuffisance et d'obscurité, que nous avions déjà adressé à la théorie de Kant, et qui tient au vice capital de cette théorie, comme en général de toute la philosophie kantienne : une excessive abstraction.

Peut-on admettre d'ailleurs que tous les jugements de goût soient indépendants de toute idée déterminée de la nature et de la destination des objets auxquels ils s'appliquent? Sans doute c'est le caractère de tout jugement véritablement esthétique, partant de tout jugement de goût, d'avoir pour principe un certain jeu d'imagination, et par conséquent de ne pas rentrer tout entier sous certaines conditions fixées d'avance par la nature ou la fin de ses objets. Mais ce jeu d'imagination ne peut-il pas s'appliquer lui-même à un objet dont la nature et le but sont parfaitement déterminés, et, sans perdre sa liberté et son caractère, être assujetti aux conditions qui dérivent de cette circonstance? Sans doute, dira Kant; seulement votre jugement n'est plus alors un pur jugement de goût, car il n'est point purement esthétique. Mais quoi! la convenance d'une chose avec sa fin n'est-elle pas aussi, dans beaucoup de cas au moins, l'un des objets ou l'une des règles du goût? Tout ce qui, dans une œuvre d'art, n'est pas d'accord avec le caractère du sujet que l'artiste a voulu traiter, n'est-il pas considéré comme une faute de goût? Ainsi, par exemple, les fioritures dans un chant qui doit être simple et sévère; cela est de mauvais goût, dit-on. C'est que l'on attribue au goût beaucoup plus que Kant ne lui accorde, lorsqu'il exclut de ses motifs toute idée déterminée, et qu'il distingue profondément de ses jugements tous ceux où entre quelque idée de la nature et de la destination de leurs objets.

Cela me conduit à examiner la distinction établie par Kant entre deux espèces de beautés, dont l'une est proprement l'objet du goût, c'est-à-dire de jugements purement esthétiques; l'autre, de jugements logiques et esthétiques à la fois. Quoique cette distinction ne soit pas non plus sans fondement, elle n'est pas, à mon sens, aussi radicale que le veut Kant, et les deux espèces de beauté qu'il distingue si profondément peuvent être également l'objet du goût.

Sans doute il y a des cas où, pour apprécier la beauté d'une chose, nous n'avons pas besoin de songer à sa nature ou à sa destination. La beauté que nous contemplons est libre alors, si l'on veut; libre en ce sens qu'elle est indépendante de toute considération de ce genre. Tels sont, dans la nature, les coquillages, les fleurs, beaucoup d'oiseaux et d'animaux; dans l'art, les dessins à la grecque, les rinceaux des encadrements, certaines fantaisies musicales. Dans d'autres cas, au contraire, si nous disons qu'une chose est belle, c'est que nous jugeons qu'elle concorde admirablement avec l'idée que nous nous sommes faite de sa nature ou de sa fin, et que la vue de cette concordance nous cause un sentiment de plaisir : la beauté de cette chose n'est plus libre, comme celle que nous supposions tout à l'heure, puisqu'elle dépend de certaines conditions déterminées par sa nature ou sa fin, et, en ce sens, elle est, comme dit Kant, adhérente. Telle est dans l'homme, dans la femme, dans l'enfant, cette espèce de beauté qu'on appelle la beauté morale; telle est la beauté d'une église, d'un presbytère. Je ne conteste pas tout cela. Mais si, dans les premiers cas, la beauté est libre dans le sens que nous venons de dire, et dans ce sens aussi le jugement que nous en portons, ce jugement ne dépend-il pas de certaines idées, quelque indéterminées qu'on les suppose; et, par conséquent, pour employer les expressions mêmes de Kant, s'il est esthétique en un sens, n'est-il pas logique en un autre? Et, dans les autres cas, si la beauté, ou si le jugement dont elle est l'objet est astreint à certaines conditions déterminées par la nature ou la destination de la chose à laquelle nous l'attribuons, les caractères de la forme, qui sert de moyen d'expression, et le rapport de cette forme avec les idées qu'elle exprime ne nous semblent-ils pas aussi l'œuvre d'un libre jeu de la nature ou de l'art? Ne sont-ils pas aussi l'objet d'un certain jeu de notre imagination et de notre esprit? Par conséquent, le jugement que nous portons alors n'a-t-il pas aussi un caractère esthétique en même temps que logique? En sorte que, entre les deux espèces de beauté et les deux espèces de jugement que Kant distingue ici, la différence serait loin d'être aussi profonde qu'il le prétend. La distinction qu'il établit entre elles ressortait de sa théorie des jugements de goût, dont il avait fait des jugements purement esthétiques, c'est-à-dire, dans le sens qu'il donne à ce mot, indépendants de toute espèce d'idée. Mais comment alors expliquer ces jugements? S'ils sont indépendants de toute idée, ils sont donc purement sensibles. Non, dira Kant. Mais que sont-ils? On l'a vu, là est le point difficile et obscur de sa théorie. En outre, pourquoi le goût ne s'appliquerait-il pas aussi à des idées déterminées? Et, s'il en est ainsi, que deviennent la théorie et la distinction de Kant?

Ce qu'il faut reconnaître, c'est que le goût, ou en général les jugements qui méritent le nom d'esthétiques impliquent un certain jeu des sens et de l'imagination, en même temps que de l'esprit et de la raison; et que la beauté, qui en est l'objet, n'est pas quelque chose de purement intelligible, mais suppose une forme sensible. Aussi les jugements esthétiques ou de goût sont-ils en effet distincts de tous les autres, par exemple, des jugements mathématiques ou des jugements moraux; et le beau, qu'ils ont pour objet est-il autre chose que ce beau métaphysique ou moral, qui ne s'adresse qu'à la raison pure, Dieu, par exemple, ou le bien moral? C'est à cette espèce de beau que songeait Kant, lorsqu'il disait que, tandis qu'il peut y avoir de l'agréable pour des êtres purement sensibles et du bien pour des êtres purement raisonnables, il n'y a de beau que pour des êtres à la fois raisonnables et sensibles, comme sont les hommes (1). Le goût et le beau, qui en est l'objet, ne vont donc pas sans un élément ou une forme sensible; telle est leur nature spéciale, leur caractère distinctif : jusque-là Kant est dans le vrai. Maintenant, que l'on distingue, si l'on veut, la beauté de la forme proprement dite de la beauté morale de la forme, c'est-à-dire de la beauté de la forme, en tant qu'elle exprime certaines qualités morales; que l'on fasse même exclusivement de la première l'objet propre du goût, en prenant ce mot dans son sens le plus restreint, soit; mais cette distinction est beaucoup moins profonde que la précédente. En effet, la forme n'est-elle pas expressive dans tous les cas (2)? Ne dit-elle rien à l'esprit; ne signifie-t-elle rien; où est alors sa beauté? La première espèce de beauté ne diffère donc pas essentiellement de la seconde? Pourquoi d'ailleurs le goût ne s'appliquerait-il pas aussi bien à la seconde qu'à la première? Ne peut-elle pas être aussi l'objet d'un jeu de l'imagination et de l'esprit, par conséquent de jugements esthétiques? Ainsi la distinction établie par Kant s'efface au sein d'une théorie plus réelle et plus large; mais elle en laisse une autre debout, qu'il ne faut pas omettre, car elle a une grande importance dans la question du beau.

Pour confirmer la distinction qu'il établit entre la beauté libre et la beauté adhérente, Kant remarque que la première n'a point d'idéal, et que la seconde seule peut en avoir un. Qu'est-ce, demande-t-il, qu'un idéal de belles fleurs, d'un bel ameublement, d'une belle vue? C'est que, selon lui, la beauté libre a pour caractère d'être indépendante de toute idée déterminée, et que la conception d'un idéal suppose l'idée déterminée d'une perfection que nous fait concevoir la raison, comme la perfection morale, qu'elle propose pour but à notre

(1) P. 77.
(2) Sur le caractère expressif des formes et des figures, voyez *Calligone*, passim, mais particulièrement le n° iv de la 1re partie.

activité. Mais est-il vrai qu'idéal signifie toujours pour nous quelque chose de déterminé? En un sens, il n'y a pas, si l'on veut, d'idéal d'une belle fleur, d'un bel ameublement, d'une belle vue ; mais ne pouvons-nous concevoir, sans être capables de le déterminer, quelque chose de plus beau encore ? Et, quand nous ne le pouvons, ne disons-nous pas que la nature a réalisé l'idéal, c'est-à-dire a produit tout ce que nous pouvons concevoir de plus beau? En outre, si l'idéal de la perfection morale est en effet quelque chose de déterminé, celui de l'expression morale ne l'est pas ; car il ne suffit pas d'interroger la raison pure, pour en tirer la conception du second, comme on en peut tirer celle du premier : l'expérience et l'imagination jouent ici un rôle nécessaire. Aussi ne saurions-nous dire au juste ce que doit être la figure d'un homme, d'une femme ou d'un enfant pour réaliser son idéal, et tout ce que nous pouvons faire, est-ce d'en indiquer les caractères généraux. On le voit donc, cette distinction entre la beauté qui est susceptible d'un idéal et celle qui ne l'est pas, n'échappe pas elle même à la critique, et par conséquent ne peut guère servir à confirmer la théorie kantienne des jugements de goût (1).

La troisième définition, que Kant donne du beau, résume les résultats que nous venons d'examiner. Le beau, dit-il, est la forme de la finalité d'un objet, en tant qu'elle y est perçue sans aucune représentation de fin. J'ai déjà expliqué le sens de cette définition, si bizarre en apparence. Kant a lui-même exprimé quelque part la même idée en termes plus simples, en disant que la nature n'est belle que quand elle nous fait l'effet de l'art (2), c'est-à-dire quand elle a l'apparence de l'art, sans pourtant éveiller en nous aucune idée de but ou de fin. Cette troisième définition nous montre mieux que la pré-

---

(1) La question de l'idéal du beau, que Kant n'a point songé d'ailleurs à traiter explicitement, est, dans l'ouvrage de Herder (t. II. p. 143-169), l'objet d'un intéressant chapitre, où il critique à la fois les principes de Kant et expose ses propres idées sur ce grand sujet.

(2) Des Beaux-Arts, § XI.

cédente ce que c'est que le beau : une certaine convenance qui semble avoir été établie tout exprès pour nous plaire, mais que nous ne rapportons à aucun but déterminé. Elle a donc l'avantage d'être plus précise ; mais elle est encore insuffisante et obscure (1). D'où vient que cette convenance nous plaît et que nous la jugeons belle? C'est qu'elle a, répond ici Kant, une apparence de finalité. Mais pourquoi cette apparence de finalité nous plaît-elle et la jugeons-nous belle? Kant répondra de nouveau : parce qu'elle satisfait à la fois l'imagination et l'entendement. Mais à quel titre les satisfait-elle? C'est ce que nous lui avons déjà demandé, et ce qu'il a négligé de nous expliquer. En outre, cette nouvelle définition est étroite et ne convient pas même à toutes les espèces de beauté auxquelles s'applique le goût. La convenance de la forme d'un monument avec sa destination est-elle une chose étrangère au goût, et ne produit-elle pas aussi un plaisir esthétique? Je n'insiste pas sur cette objection que j'ai développée tout à l'heure, et que j'avais déjà adressée à la théorie de Kant. Ainsi la nouvelle face de cette théorie, que nous venons d'examiner, ramène les mêmes difficultés ou les mêmes objections.

Au nombre de ces objections ou de ces difficultés, nous avons déjà compté celle que présente l'explication de l'universalité que Kant attribue aux jugements de goût. Nous avons ajourné le développement de cette difficulté ; mais elle va se représenter ici, et plus grande encore ; car, outre l'universalité, il attribue à ces jugements la nécessité : c'est leur dernier caractère.

IV. Voici comment il l'expose (2).

(1) Herder attaque vivement cette définition du beau ; il lui reproche d'être « à peine intelligible (l. c. p. 39), » d'être « un vain jeu d'esprit (p. 130), » et de faire consister le beau « dans une forme morte, » au lieu de le chercher « dans l'esprit qui anime toute forme (ibid.) » etc. Ces reproches ne sont pas sans fondement et confirment ceux que j'ai moi-même adressés à la théorie de Kant ; mais, ici comme presque partout, on voit que Herder ne songe guère à pénétrer le vrai sens de ce qu'il critique si durement.

(2) § XVIII-XXIII.

Quand je juge belle une certaine chose, je juge qu'elle satisfera *nécessairement* tout homme de goût, comme elle me satisfait moi-même. C'est une nécessité pour moi de juger ainsi. Or cette nécessité a un caractère particulier. Elle n'est pas théorique : elle ne repose pas sur des principes de la connaissance, puisque les jugements de goût ne sont pas des jugements logiques et ne supposent aucune idée déterminée; elle n'est pas pratique : elle ne repose pas sur des principes de la volonté, comme le sentiment moral. Pourtant elle est réelle. Mais elle n'est possible qu'à une condition, c'est que les facultés de connaître, qui entrent en jeu dans les jugements de goût, s'exercent chez tous les hommes de la même manière, ou suivant le même principe subjectif. Cette universalité des conditions subjectives suivant lesquelles peuvent s'exercer nos facultés de connaître, Kant la désigne sous le nom de *sens commun*, qu'il prend ici dans une acception différente de celle qu'on lui donne ordinairement. Mais cette condition d'un sens commun ainsi entendu peut-elle être supposée? A cela il est aisé de répondre : puisque toutes les connaissances doivent pouvoir être partagées, l'état des facultés de connaître doit être le même chez tous les hommes. La concordance ou l'harmonie de nos facultés de connaître (ici de l'imagination et de l'entendement), librement mises en jeu, doit aussi pouvoir être universelle, et avec elle le sentiment que nous en avons à l'occasion d'une représentation donnée, c'est-à-dire la satisfaction esthétique. Maintenant cette supposition de ce que Kant appelle un sens commun, nous la faisons à chaque instant, quand nous jugeons une chose belle; car, sans nous appuyer sur aucun principe objectif, ni sur l'expérience, nous exigeons que chacun soit de notre avis. Et c'est ainsi que la nécessité subjective, qui accompagne tout jugement de goût, ou le rapport nécessaire de l'objet de ce jugement à notre satisfaction, devient une nécessité objective, c'est-à-dire que nous étendons ce rapport à tous ceux qui sont capables de juger.

De là cette quatrième et dernière définition du beau : « Le beau est ce qui est reconnu sans concept comme l'objet d'une satisfaction nécessaire (1). »

Les jugements de goût sont donc, selon Kant, universels et nécessaires ; c'est ce qui résulte pour lui de l'analyse à laquelle il vient de les soumettre. Mais il ne s'en tient pas là ; et, dans une autre partie de son travail, il revient sur les caractères d'universalité et de nécessité, qu'il a précédemment attribués aux jugements de goût, dans l'exposition qu'il en a faite, afin de déduire de ces caractères le principe *à priori* qu'ils supposent. Ce principe même, il vient de nous le découvrir tout-à-l'heure ; mais ce n'était là qu'une indication, qu'il faut développer et justifier, et l'on sait jusqu'où notre philosophe pousse le luxe des procédés techniques (2).

Mais d'abord il rappelle que l'universalité, à laquelle prétendent *à priori* les jugements de goût, n'est pas fondée sur des concepts, puisqu'ils ne sont pas logiques, mais esthétiques ; et que, par la même raison, la nécessité, avec laquelle ils s'imposent à nous, ne se fonde pas sur des preuves *à priori*. Ce sont là en effet deux propriétés des jugements de goût : bien qu'ils soient esthétiques, ils prétendent à l'assentiment universel, absolument comme s'ils étaient objectifs ; et, tout en exigeant l'assentiment universel, ils ne se laissent pas déterminer par des preuves, absolument comme s'ils étaient purement subjectifs. Kant insiste sur ces deux

---

(1) P. 130.
(2) Cette nouvelle partie de son travail (§ xxx-xli), qui rentre encore dans *l'Analytique*, Kant la désigne sous le nom, usité dans ses critiques, de *Déduction*, pour la distinguer de la précédente, qu'il appelle *Exposition*, et qui n'a eu effet d'autre but que d'exposer les caractères des jugements esthétiques. La déduction des jugements esthétiques ne vient qu'après l'exposition des jugements sur le sublime ; mais, comme cette déduction, ainsi que je l'expliquerai plus tard, ne porte pas sur cette dernière espèce de jugements, mais seulement sur les jugements de goût, ou sur ceux qui ont le beau pour objet, je puis la placer ici, et faire ainsi connaître d'un seul coup tout ce que contient sur les jugements de goût l'Analytique du Jugement esthétique. — Voyez aussi la note que j'ai jointe à ma traduction, p. 201.

propriétés, avant de rechercher le principe dont il a besoin.

1° Lorsque je juge qu'une chose est belle, je déclare par la manière même dont j'énonce mon jugement qu'en présence du même objet chacun doit porter le même jugement, et je n'ai pas besoin, pour former ce jugement et pour lui attribuer ce caractère, de consulter et de compter les suffrages; car il est de l'essence du goût de décider de la beauté d'une chose par lui-même, non par l'effet qu'elle produit sur les autres, et, tout en jugeant ainsi, de réclamer pour ses jugements l'assentiment universel. Or ne semblerait-il pas d'après cela que les jugements de goût sont des jugements logiques, comme ceux par lesquels nous reconnaissons les qualités qui appartiennent aux objets mêmes; et que, par conséquent, la beauté est une qualité que chacun se borne à reconnaître et à constater dans les choses. Mais il n'en est pas ainsi. Les jugements de goût, on l'a vu, sont des jugements esthétiques : ils n'expriment pas une qualité des choses, mais le rapport de la forme des objets avec les facultés de connaître du sujet. Ce n'est donc pas la beauté qui détermine les jugements de goût, mais ce sont plutôt les jugements de goût qui déterminent la beauté. Il suit de là que le goût ne s'apprend pas et ne s'enseigne pas, et que tout ce que peuvent faire les préceptes et les exemples, c'est de l'éveiller et de le cultiver (1).

2° On vient de voir que le jugement de goût se comporte comme s'il était objectif, puisqu'il prétend à l'assentiment de chacun; mais, d'un autre côté, il se comporte comme s'il était subjectif, en ce sens qu'il ne peut être déterminé par aucune preuve, ni empirique, ni *à priori*. « Si quelqu'un, dit Kant (2), ne trouve pas beau un édifice, une vue, un poème, mille suffrages peuvent vanter la chose à laquelle il refuse son assentiment intérieur, ils ne sauraient le lui arracher. » L'assentiment d'autrui n'est donc pas une preuve en fait de jugements sur la beauté. On ne peut pas davantage invoquer

(1) § XXXII.
(2) § XXXIII, pag. 210.

comme une preuve en leur faveur telle ou telle règle, tel ou tel principe ; car il ne s'agit pas de décider si l'objet qui m'est soumis remplit telles ou telles conditions déterminées, mais s'il convient à cette singulière faculté qu'on appelle le goût ; et, pour appliquer aux règles du goût ce que nous disions tout-à-l'heure de la beauté, loin que ces règles déterminent le goût, elles le supposent et en dérivent. « Il semble, remarque Kant (1), que ce soit là une des principales raisons qui ont fait désigner sous le nom de goût cette singulière faculté du Jugement esthétique. En effet on peut bien m'énumérer tous les ingrédients qui entrent dans un certain mets, et me rappeler que chacun d'eux m'est d'ailleurs agréable, en m'assurant de plus avec vérité qu'il est très-sain, je reste sourd à toutes ces raisons ; je fais l'essai de ce mets sur *ma* langue et sur *mon* palais, et c'est d'après cela (et non d'après des principes universels) que je porte mon jugement. » Là d'ailleurs s'arrête la ressemblance entre ces deux espèces de jugements ; car, si les jugements de goût sont en un sens des jugements particuliers, ils se proclament universels et nécessaires, comme s'ils étaient objectifs.

Il résulte de ce qui vient d'être rappelé et de tout ce qui avait été dit précédemment, qu'il n'y a point de principe objectif du goût (2). Que fera donc la critique ? Ou bien elle essaiera de déterminer et d'expliquer, par des exemples, les conditions de cette concordance de l'imagination et de l'entendement, qui donne lieu aux jugements de goût, afin de cultiver et de développer cette faculté ; et alors elle sera un *art.* Ou bien elle entreprendra d'établir la nature et l'origine *à priori* du principe subjectif du goût, afin de justifier par là la prétention de ses jugements à l'universalité et à la nécessité ; et alors elle sera une *science.* Or c'est précisément cette dernière tâche que Kant s'impose ici. Encore une fois, il s'agit de savoir comment les jugements de goût, qui sont des

---

(1) P. 212.
(2) § xxxiv.

jugements esthétiques, peuvent prétendre *à priori* à l'universalité et à la nécessité, ou, selon le langage de Kant, comment sont possibles des jugements esthétiques, nécessaires et universels? La solution qu'il donne à cette question ressort de son analyse des jugements de goût : elle a déjà été indiquée; mais il faut la développer.

Les jugements de goût, qui ne sont ni des jugements de sensation ni des jugements logiques, n'expriment autre chose que la libre concordance de l'imagination et de l'entendement, mis en jeu par la représentation d'un objet, ou, si l'on veut, la concordance de cette représentation avec le libre jeu de l'imagination et de l'entendement. Or l'imagination, l'entendement, et la concordance de ces deux facultés sont les conditions mêmes sans lesquelles nous ne saurions former de jugements sur les objets sensibles ; mais, comme ces facultés s'exercent et concordent ici librement, c'est-à-dire indépendamment de tout concept, et sans avoir en vue la connaissance déterminée de l'objet auquel elles s'appliquent, on peut dire que le principe sur lequel se fondent les jugements de goût réside uniquement dans les conditions de la faculté de juger considérée en général, c'est-à-dire indépendamment de toute direction déterminée. Ainsi, par cela même que les jugements de goût sont indépendants de toute sensation et de tout concept, les conditions subjectives auxquelles ils sont soumis ne peuvent être autre chose que les conditions mêmes de la faculté de juger en général. Pour porter sur un objet un vrai jugement de goût, il faut, suivant l'opinion et le langage de Kant, en *subsumer* la représentation sous les conditions de la faculté de juger en général ; et, si cette représentation concorde avec ces conditions, indépendamment de tout concept et de toute vue logique, cette concordance détermine en nous une satisfaction particulière, et le jugement par lequel nous déclarons l'objet beau. Maintenant, ces conditions étant nécessaires à la possibilité de la connaissance en général, doivent être les mêmes chez tous les hommes ; et, par conséquent, la concordance d'un objet ou d'une représentation avec ces conditions et la satisfaction qui est attachée au sentiment de cette concordance doivent être considérées *à priori* comme universelles. Il est impossible en effet de supposer que les conditions subjectives de la faculté de juger ne soient pas les mêmes chez tous les hommes ; car autrement la connaissance, qui repose sur ces conditions, ne pourrait être la même pour tous ; et il y aurait, comme l'ont prétendu certains sceptiques, autant d'espèces de connaissance que d'individus. Et, d'un autre côté, si une certaine satisfaction est liée à ces conditions, par cela même qu'elle ne dépend pas de l'état particulier de la sensibilité de l'individu, mais qu'elle dérive d'un principe universel, quoique subjectif, elle doit être aussi la même pour tous. Par conséquent, lorsque je porte un vrai jugement de goût et que j'éprouve la vraie satisfaction du goût, j'ai le droit d'attendre de chacun *à priori*, c'est-à-dire avant d'en avoir fait l'expérience, le même jugement et la même satisfaction. Seulement il faut pour cela que mon jugement soit un vrai jugement de goût, et ma satisfaction une vraie satisfaction du goût ; car, si ma sensibilité y mêle ses sensations particulières, et mon esprit ses idées, je pourrai bien encore réclamer pour mon jugement et ma satisfaction l'assentiment universel ; mais aussi ma prétention pourra n'être plus légitime. On doit donc bien prendre garde de faire ici ce que Kant appelle une subsomption inexacte, c'est-à-dire de prendre pour un pur et vrai jugement de goût un jugement de sensation ou un jugement de connaissance. Il n'est que trop facile et trop commun de faire cette confusion, et de là naissent les méprises et les dissentiments en matière de goût et de beauté ; mais le droit des vrais jugements de goût et de la satisfaction qui y est liée à l'universalité n'en subsiste pas moins. Toute la question est de les savoir discerner.

Tel est, selon Kant, le principe *à priori* de l'universalité et de la nécessité des jugements de goût et de la satisfaction qui leur est propre. Et ce principe, ou, si l'on veut, la faculté que nous avons de subsumer certaines représentations, abstraction faite de toute sensation et de tout concept, sous les conditions subjectives, mais universelles, de la faculté de juger en général, et de trouver une satisfaction, qui doit aussi être universelle, dans le sentiment de la concordance de ces représentations avec ces conditions, Kant, on se le rappelle, la désigne sous un nom ordinairement appliqué à l'intelligence : il la regarde comme une espèce de *sensus communis* (1). Tout vrai jugement de goût, ou toute vraie satisfaction du goût en dérive, et ne peut avoir une autre origine.

Mais le principe invoqué ici explique-t-il bien l'universalité et la nécessité attribuées aux jugements de goût et à la satisfaction qui leur est propre?

Et d'abord Kant a-t-il raison d'attribuer à ces jugements ces caractères?

Il est certain que, quand le goût prononce sur la beauté, il prétend à l'assentiment universel, et que ses jugements se distinguent par là de ceux qui portent simplement sur l'a-

(1) Kant détourne ici, comme on le voit, l'expression de *sens commun* de son acception ordinaire; car elle sert ordinairement à désigner l'emploi que tous les hommes font naturellement de leur intelligence. Mais il pose en passant quelques maximes du sens commun entendu dans cette dernière acception, lesquelles d'ailleurs peuvent aussi s'appliquer au goût; et ces maximes méritent d'être notées. La première est de penser par soi-même; c'est la maxime de tout esprit libre de préjugés, c'est-à-dire de tout esprit philosophique. Abdiquer sa raison entre les mains d'autrui, recevoir passivement ce qu'on admet sans le soumettre à son propre examen, admettre ainsi et défendre comme vraies des opinions fausses que dissiperait un libre et impartial examen, ou accepter et maintenir en soi-même le joug des préjugés, quoi de plus contraire au sens commun et à la philosophie? mais aussi quoi de plus fréquent? Au premier rang des préjugés, Kant place la superstition, qui a pour caractère de méconnaître les lois de la nature, et qui, en aveuglant l'homme et en lui faisant même de cet aveuglement un devoir, lui impose la nécessité de se laisser guider par d'autres. Le moyen de dissiper ce préjugé, comme tous les autres en général, c'est d'éclairer l'esprit. — La seconde maxime est de se placer par la pensée au point de vue d'autrui, afin de s'élever ainsi au-dessus de toutes les circonstances particulières qui peuvent égarer et fausser le jugement, et de s'assurer par ce moyen qu'il est conforme au jugement universel et au sens commun. C'est la maxime de tout esprit étendu. — La troisième maxime est de penser de manière à être toujours d'accord avec soi-même; c'est celle de tout esprit conséquent. Elle est difficile à pratiquer, mais on y peut arriver à l'aide des deux autres et par un long exercice (p. 229-251).

gréable. Aussi, comme nous l'avons déjà remarqué d'après Kant lui-même, tandis que je souffre volontiers qu'on me reprenne, quand je dis d'une chose qu'elle est agréable, au lieu de dire tout simplement qu'elle l'est pour moi, me répugne-t-il absolument d'admettre une pareille restriction, quand il s'agit de goût et de beauté (1). Mais, si les jugements de goût exigent l'assentiment universel, il est certain aussi que l'universalité, à laquelle ils prétendent, ne se fonde point sur une nécessité purement rationnelle, comme celle de ces jugements : « tout ce qui commence d'être a une cause; il ne faut pas nuire à autrui, » etc. Car ce ne sont point des jugements purement rationnels, comme ces derniers : aussi la langue vulgaire les désigne-t-elle sous le nom de jugements de goût, et la langue philosophique, sous celui de jugements esthétiques ; deux expressions qui signifient quelque autre chose qu'un simple exercice de la raison pure. Aussi bien faut-il reconnaître qu'en exigeant pour eux l'assentiment universel, on n'entend que celui des hommes qui ont du goût, non de tous les hommes en général : c'est qu'en effet le goût n'est point, comme la raison, une faculté essentielle, commune à tous et tout entière en chacun, mais une faculté spéciale, qui peut manquer à quelques-uns, et qui, chez ceux-là même que la nature en a doués, a nécessairement besoin d'une certaine culture.

Il y a donc ceci de vrai dans l'opinion de Kant, que les jugements de goût prétendent à l'assentiment universel, quoique ce ne soient pas des jugements rationnels, ni même de sim-

---

(1) « La beauté la plus pure, objecte Herder (p. 39) n'est connue et aimée comme elle veut l'être que d'un très-petit nombre ; la foule ne comprend que ce qui est bas et commun. » « Le vrai artiste, dit-il plus loin (p. 125), ne travaille pas pour le goût *commun* ;.... il préfère le suffrage d'*un* connaisseur à celui de la foule. » On pourrait admettre tout cela en un sens; mais il n'en reste pas moins que, quand je déclare une chose belle, je n'entends pas prononcer un jugement purement individuel, comme quand je dis simplement qu'elle m'est agréable. Herder a raison de reprocher à Kant de n'avoir pas suffisamment expliqué le caractère d'universalité qu'il attribue aux décisions du goût, ou de la faculté de juger du beau ; mais il a le tort de ne pas voir ce qu'il y a de vrai ici dans la pensée de ce philosophe.

ples jugements de connaissance, mais des jugements, en un sens ou en partie du moins, esthétiques. Seulement il faudrait bien s'entendre sur le caractère esthétique de ces jugements. Qu'il y ait une véritable difficulté à expliquer comment des jugements, tels que ceux du goût, peuvent prétendre à l'assentiment universel, je suis le premier à le reconnaître ; mais l'explication que Kant donne de ces jugements est-elle de nature à lever cette difficulté ?

Quoiqu'ils prétendent à l'assentiment universel, les jugements de goût, dit-il, ne sont point du tout des jugements objectifs, et la beauté n'est nullement une qualité des choses mêmes. Tout cela peut être vrai en un sens ; mais, encore une fois, il faut bien s'entendre et ne rien exagérer. Sans doute le goût considère plutôt l'effet que les choses produisent sur nous ou sur nos facultés que ce qu'elles sont en soi ; et, lorsqu'il les juge belles, c'est que cet effet est de nature à satisfaire ces facultés. Le goût n'est donc pas une simple faculté de connaître, se bornant à discerner certaines qualités dans les choses mêmes ; mais, supposant un effet particulier produit sur le sujet et ses facultés, il a ainsi un caractère essentiellement subjectif ou esthétique. C'est en ce sens qu'on peut dire que ses jugements ne sont point des jugements purement objectifs. Dans le même sens on peut accorder que la beauté, en tant du moins qu'objet de goût, n'est pas quelque chose qui existe en dehors et indépendamment de nous ; car, comme elle réside en partie dans une certaine convenance entre les choses extérieures et notre propre nature, si l'on supprime ce dernier terme, on supprime le rapport et par conséquent la beauté même (1). Mais Kant n'a-t-il point exagéré le caractère subjectif du goût, et par suite de la beauté, en en excluant

(1) J'indique ici en passant une question fort importante dans une théorie du beau : il ne s'agit pas seulement de savoir si tous les hommes doivent porter les mêmes jugements sur la beauté, mais si celle-ci est quelque chose d'absolu, c'est-à-dire d'existant en dehors et indépendamment de nous. Ce sont là deux questions bien distinctes. Kant résout affirmativement la première, et négativement la seconde.

toute connaissance, toute idée, tout principe objectif ; et n'en a-t-il pas fait une chose tellement abstraite qu'elle ne représente plus la réalité? C'est le reproche que nous lui avons déjà adressé, et auquel nous sommes toujours ramenés.

On ne peut, selon lui, apporter en faveur d'un jugement de goût aucune preuve, soit empirique, soit *à priori*. Il est vrai qu'en matière de beauté il s'agit beaucoup moins de prouver que de sentir; il est vrai encore que, pour me faire trouver une chose belle, il ne suffit pas d'invoquer l'assentiment d'autrui, ou de me montrer qu'elle est parfaitement conforme à telles ou telles règles déterminées. Si mon goût n'en juge pas ainsi par lui-même, je reste, comme dit fort bien Kant, sourd à toutes ces raisons. Cela résulte de ce que nous avons reconnu précédemment. Mais, pour expliquer nos jugements de goût, il faut s'adresser, soit aux lois de la nature humaine, soit aux idées de la raison, soit aux unes et aux autres à la fois. Qu'il s'en rende compte ou non, le goût dépend toujours de là ; c'est dans les lois de la nature humaine ou de la raison que sont en définitive les motifs de ses jugements. On peut même jusqu'à un certain point les déduire, et en former des règles, des préceptes ; c'est ce que l'on a souvent entrepris, mais le malheur est qu'on a aussi trop souvent donné pour des règles du goût ou pour des préceptes de l'art des règles arbitraires ou des préceptes de convention. Le goût a donc aussi des lois, qui ne sont autres que celles de la nature humaine ou de la raison, et qui sont ainsi ou empiriques ou rationnelles. Que l'on ajoute, si l'on veut, que, sous ces lois, il faut laisser une certaine place au libre jeu de l'esprit, à l'imagination, au sentiment; que par conséquent il y a là quelque chose qui échappe à toute prescription, comme à toute explication déterminée, et que le goût est ainsi une faculté toute spéciale, je l'accorde ; mais il n'en est pas moins vrai que d'une manière générale les lois qui servent à former les jugements de goût peuvent servir aussi à les expliquer et à les justifier.

Kant a donc tort aussi de prétendre qu'il n'y a point de principe objectif du goût. Qu'il n'y ait point de principe objectif auquel on puisse ramener et par lequel on puisse expliquer tous les jugements de goût, cela est vrai ; mais il est vrai aussi qu'il y a des principes objectifs qui servent de règles au goût, et de ce nombre sont les lois de la raison.

Selon notre philosophe, la critique du goût ne peut faire que l'une de ces deux choses : ou bien montrer par des exemples cette libre convenance de l'imagination et de l'entendement qui sert de principe aux jugements de goût, et en déterminer ainsi par l'expérience même les conditions ; ou bien rechercher le principe *à priori*, mais subjectif, que suppose leur caractère universel et nécessaire.

Mais d'abord cette convenance de l'imagination et de l'entendement est-elle une simple rencontre, qu'on ne saurait expliquer autrement qu'en la constatant ? Ou bien ne dépend-elle pas elle-même de certaines conditions, qui dérivent soit des lois de la nature humaine en général, soit des principes ou des idées de la raison, et que dès-lors il est possible de déduire ou d'exposer, au moins en partie, de manière à rendre compte d'une manière générale des jugements que nous formons ?

Ensuite voyons quel pourra être, à défaut de tout autre principe, empirique ou objectif, ce principe subjectif *à priori* auquel Kant nous renvoie, pour expliquer l'universalité et la nécessité qu'il attribue aux jugements de goût. Il finit par invoquer ici une sorte de *sensus communis*. On a vu tout-à-l'heure ce qu'il entend par là. Mais ce principe a le défaut de toute sa théorie du beau, comme en général de toute sa philosophie : il est tellement abstrait qu'il en devient insaisissable, et qu'en définitive il n'explique rien du tout. Aussi, loin de jeter quelque lumière sur la question, ne fait-il que l'obscurcir. En retranchant des jugements de goût toute sensation et tout concept, Kant veut en écarter tout élément différentiel ; mais il ne s'aperçoit pas que ces conditions universelles et nécessaires auxquelles il les ramène ne sont plus elles-mêmes que de vaines abstractions (1).

En résumé, l'explication qu'il donne de l'universalité et de la nécessité des jugements de goût me paraît tout aussi insuffisante que celle qu'il nous avait déjà donnée de leur nature ; du moins a-t-elle le tort d'être beaucoup trop abstraite. Sans doute il faut bien admettre avec lui que le goût se fonde lui-même sur une sorte de *sensus communis*, c'est-à-dire qu'il suppose en nous les mêmes facultés s'exerçant sous les mêmes conditions, ou la propriété d'être affecté de la même manière par les mêmes objets : je parle de ceux qui s'adressent à la fois à l'esprit et aux sens ; mais il fallait chercher, soit dans les lois réelles de la nature humaine, soit dans les idées de la raison, les principes des jugements de goût et de l'universalité à laquelle ils prétendent ; car, encore une fois, avec des abstractions on n'explique rien.

Dans la *Dialectique* du Jugement esthétique (2), Kant revient sur le principe des jugements de goût, pour en pousser l'investigation plus avant, mais sans réussir à le rendre plus clair. Il y est conduit par l'examen et la solution d'une *antinomie*, qu'il élève entre deux propositions contradictoires en apparence, lesquelles correspondent à ces deux propriétés, attribuées aux jugements de goût par l'*Analytique*, à savoir :

---

(1) On pourrait d'ailleurs objecter à Kant que ce *sensus communis* lui-même n'est toujours qu'un fait ; mais je suis tout disposé à ne pas me montrer trop sévère sur ce point ; car je crois qu'en définitive beaucoup des principes déterminants du goût ne sont autre chose que des faits, des conditions de notre nature, et que, si ces jugements sont universels, c'est que nous avons tous les mêmes facultés et qu'elles sont soumises aux mêmes conditions.

(2) — § LIV. On sait qu'en général Kant donne le nom de *Dialectique* à cette partie de ses critiques qui a pour but d'exposer les contradictions où tombe, selon lui, l'esprit humain sur certaines questions, et de dissiper ces contradictions en montrant qu'elles ne sont qu'apparentes et en découvrant l'illusion qui y donne lieu. Or, comme il trouve partout des contradictions de ce genre, dans la connaissance théorique, dans la connaissance pratique, dans le Jugement esthétique, dans le Jugement téléologique, il suit que chacune des branches de sa Critique a sa dialectique.

1° que ces jugements réclament l'assentiment universel, comme s'ils étaient objectifs, et 2° qu'ils ne peuvent être déterminés par des preuves, comme s'ils étaient subjectifs.

Voici d'abord l'antinomie à laquelle donne lieu, selon Kant, le Jugement esthétique (1).

On ne peut décider des jugements de goût par des preuves, c'est là un fait que l'*Analytique* a exposé, et qu'exprime cette locution proverbiale : « On ne peut pas disputer des goûts. » Mais elle a aussi établi que ces jugements exigeaient l'assentiment universel, et que, par conséquent, il était impossible d'admettre cette maxime : « Chacun a son goût, » invoquée par ceux qui n'en ont pas; c'est-à-dire qu'il est possible de contester en matière de goût. Or, s'il est vrai qu'on ne peut pas disputer des jugements de goût ou en décider par des preuves, il suit qu'ils ne se fondent pas sur des concepts. Mais, d'un autre côté, s'il n'est pas vrai que chacun ait son goût, ou s'il faut reconnaître que le jugement de goût a droit à l'assentiment universel, il suit qu'il se fonde sur des concepts; car autrement il n'y aurait pas ici lieu à contestation, et il en serait des jugements de goût comme des jugements sur l'agréable. Telle est donc l'antinomie que soulève le principe du goût : le jugement de goût ne se fonde pas sur des concepts, voilà la thèse ; il se fonde sur des concepts, voilà l'antithèse.

Cette antinomie n'est pas, il faut bien l'avouer, tout-à-fait artificielle, ou du moins y a-t-il là une véritable difficulté. Les jugements de goût ne sont pas de simples jugements de connaissance, et en un sens Kant a raison de dire qu'on n'en décide pas par des preuves, comme on fait ailleurs, en mathématiques par exemple; mais en même temps ils prétendent à l'universalité et à la nécessité, comme si c'étaient des jugements rationnels. Aussi dit-on souvent qu'en matière de beau il ne s'agit pas de discuter, mais de sentir ; et en même temps ne veut-on pas admettre que chacun puisse avoir son goût. Il

(1) § LV.

semble d'un côté que les jugements de goût soient purement esthétiques, et que le beau ne soit qu'une affaire de sentiment ; et de l'autre, que ces jugements viennent uniquement de la raison, ou en général de la faculté de connaître.

Comment Kant se tirera-t-il de cette difficulté, qu'il exprime sous la forme de l'antinomie que je viens d'exposer; ou comment résoudra-t-il cette antinomie elle-même?

En montrant que les deux propositions ne sont contradictoires qu'en apparence et ne le sont pas en réalité ; et que, si l'on entend chacune selon son vrai sens, elles peuvent fort bien aller ensemble (1).

En effet, quand on dit que le jugement de goût ne se fonde pas sur des concepts, il faut entendre sur des concepts déterminés ; et cette proposition, ainsi restreinte, est incontestable, puisqu'autrement le jugement de goût se confondrait avec le jugement logique. Et, d'un autre côté, quand on dit qu'il se fonde sur des concepts, il faut entendre sur un concept indéterminé. Il ne s'agit pas ici d'ailleurs d'un concept vague et obscur, comme pourrait être celui de la perfection, car dans ce cas les jugements de goût ne seraient autre chose au fond que des jugements logiques. Il s'agit du concept de quelque chose qui échappe aux prises de notre connaissance, et que nous devons cependant donner pour fondement à nos jugements sur la beauté, puisqu'autrement ils ne sauraient prétendre à l'universalité ; je veux dire le concept du principe intelligible de cette concordance de la nature avec nos facultés de connaître qui détermine les jugements de goût, ou ce que Kant appelle l'idée indéterminée du supra-sensible. Dans ce sens, la thèse et l'antithèse sont également vraies, et par conséquent l'antinomie est résolue. Il est vrai de dire que les jugements de goût ne se fondent pas sur des concepts; et il est vrai aussi de dire qu'ils se fondent sur un concept, à savoir sur le concept indéterminé

(1) § LVI.

de l'intelligible. Au fond, il n'y a point de contradiction entre
ces deux propositions; mais, comme elles nous sont également
suggérées par les propriétés des jugements de goût,
et que nous ne découvrons pas tout d'abord en quel sens et
à quelle condition elles peuvent être conciliées, il en résulte
une illusion naturelle et inévitable, qui ne trompe plus,
mais qui subsiste toujours, après que nous en avons expliqué
l'origine. Que si cette idée indéterminée du supra-sensible,
que nous trouvons au terme de notre investigation, et que
nous devons invoquer ici comme dernier principe d'explication,
ne satisfait pas entièrement l'esprit, il faut bien s'y
résigner, car vouloir aller plus loin, et prétendre déterminer
ce concept indéterminable, c'est une vaine prétention.

On ne manquera pas de trouver obscur ce que je viens
de dire du principe sur lequel Kant fonde les jugements
de goût et leur droit à l'universalité, et de la solution qu'il
essaie de donner, à l'aide de ce principe, de l'antinomie
qu'il élève au sein du goût. Kant lui-même a reconnu dans
la préface de la *Critique du Jugement* (1), et il avoue ici de
nouveau (2) l'obscurité qui entoure cette partie de ses recherches;
mais il s'en excuse par la nature du sujet. Il est certain
que le principe, auquel il vient de remonter, est loin d'expliquer
clairement l'origine et les propriétés du goût et du
beau (3).

Toutefois l'explication qu'il vient de tenter cache une vérité
profonde, mais qui revêt les formes de la philosophie kantienne
et s'adapte à ses conclusions. C'est que la beauté réside
dans l'expression de quelque chose d'intelligible, manifesté
par des formes sensibles, et qu'ainsi le principe suprême du
beau est en effet dans l'intelligible. Kant a entrevu cette vérité;
mais le principe intelligible qu'il donne pour fondement aux
jugements de goût devient dans sa doctrine tellement abstrait

---

(1) P. 8.— (2) P. 323.
(3) Voyez la critique que fait Herder de cette antinomie du goût et de la
solution qu'en donne Kant. *Calligone*, t. 2 p. 27-32.

et insaisissable, que, loin de jeter quelque lumière sur la question, il ne fait que la couvrir de sa propre obscurité.

Je me borne à cette remarque, et je ne rapprocherai pas, à l'exemple de Kant, l'antinomie du goût de celles de la raison spéculative et de la raison pratique. Je n'examinerai pas non plus la conclusion commune qu'il tire de toutes ces antinomies, à savoir que les objets sensibles ne doivent pas être considérés comme des *choses en soi*, mais comme de simples *phénomènes*, et qu'ainsi il faut supposer au-delà quelque chose de supra-sensible, mais qu'il nous est interdit, à nous autres hommes, de pénétrer et de connaître (1). Je dirai seulement

---

(1) Voyez la *deuxième Remarque* du § LVI, p. 320. — Voyez aussi la *première Remarque*, p. 315 ; elle contient sur les *concepts de l'entendement*, les *idées de la raison*, et ce que Kant appelle ici les *idées esthétiques*, des éclaircissements qui ne sont pas sans importance pour l'intelligence de la pensée et de la langue kantiennes ; et c'est pourquoi je prends le parti de l'analyser ici, malgré sa longueur. On connaît déjà la distinction établie par Kant entre les concepts de l'entendement et les idées de la raison. Les concepts de l'entendement ont ce caractère qu'on peut toujours les appliquer à une intuition sensible, soit pure ou *à priori*, comme celle de l'espace, soit *empirique*, comme celle du corps, et qu'ils constituent par là de véritables connaissances ; c'est ainsi, par exemple, que le concept de la quantité peut être donné dans l'intuition *à priori* de l'espace, par exemple d'une ligne droite ou de toute autre figure ; le concept de la causalité, dans l'impénétrabilité, le choc des corps, etc. Au contraire, il n'y a pas d'intuition pure ou empirique qui puisse correspondre aux idées de la raison, car leurs objets ont précisément pour caractère d'échapper à toutes les conditions du monde sensible ; aussi ne peuvent-elles nous donner une véritable connaissance. Les concepts de l'entendement, pouvant être appliqués à des intuitions sensibles, et prouver par là leur réalité objective, sont en ce sens *démontrables*, si l'on veut donner à cette exhibition le nom de démonstration ; car ce qu'on nomme ordinairement démontrable ou indémontrable, c'est-à-dire les propositions qui sont ou ne sont pas susceptibles de preuves, serait mieux désigné sous le nom de propositions médiatement ou immédiatement certaines. Les concepts de l'entendement sont donc démontrables en ce sens qu'on en peut assurer la réalité objective, en les appliquant à l'intuition sensible : autrement ils seraient vides et sans objet. Or, lorsque l'intuition, à laquelle on applique ces concepts, par exemple, celui de la quantité, est pure ou *à priori*, comme l'espace, l'exhibition de ce concept en est la *construction*; lorsqu'elle est empirique, cette exhibition en est l'*exposition*. Pour les idées de la raison, comme on ne peut leur trouver d'intuition correspondante, pure ou empirique, on n'en peut pas assurer la réalité objective, et, en ce sens, ce sont des concepts *indémontrables*. Dans le même sens, on peut dire que ces idées sont des concepts *transcendants*, tandis que ceux de l'entendement sont *imma-*

que, sans entendre cette conclusion dans le sens tout idéaliste que lui donne Kant, et en considérant les choses d'un point de vue plus vulgaire, mais aussi plus conforme au sens commun, il faut accorder que la beauté a en effet pour caractère de nous élever au-dessus du monde des sens, et sinon, comme le veut Kant, de nous conduire à n'y voir plus qu'un pur phénomène, du moins de nous faire concevoir au-delà quelque chose, dont il est la manifestation, et sans quoi lui-même ne serait rien, ou du moins ne serait pas beau. Cette vérité, dont Platon avait fait le principe de sa théorie du beau (1), mais en l'exagérant dans le sens de son idéalisme objectif, Kant ne la méconnaît pas non plus; mais à son tour il l'accommode à son propre système, c'est-à-dire à son idéalisme subjectif.

C'est dans le même sens qu'il résout une autre question, qui, dit-il, même après l'explication qu'il a donnée des jugements de goût et de leur principe, peut encore se présenter à l'esprit (2).

Pour juger belle par le goût une production de la nature, je

---

nents. Maintenant il faut distinguer des *idées rationnelles* les *idées esthétiques*. Ces dernières ont cela de commun avec les premières, qu'elles ne nous donnent point une connaissance de l'objet, auquel on les rapporte. Mais il y a cette différence, que les idées esthétiques sont des représentations de l'imagination qu'on ne peut ramener d'une manière adéquate à un concept, tandis que les idées rationnelles sont des concepts auxquels on ne peut trouver d'intuition correspondante. Or, dans ce sens, si les idées rationnelles peuvent être appelées des concepts *indémontrables* de la raison, on peut dire que les idées esthétiques sont des représentations *inexponibles* de l'imagination, puisque ces idées sont des représentations de l'imagination qu'on ne peut ramener à des concepts de l'entendement, et que, comme on l'a vu tout-à-l'heure, on ne peut *exposer* ces concepts qu'en les appliquant à des intuitions empiriques. Telles sont donc les idées esthétiques, et l'on peut définir le génie, la faculté des idées esthétiques, puisque le génie est en effet la faculté de trouver dans l'imagination des représentations qui, tout en s'accordant en général avec l'entendement, ne peuvent être ramenés exactement à des concepts déterminés. — Nous retrouverons plus bas les mêmes pensées à propos des beaux-arts et du génie.

(1) Voyez dans le *Banquet* le discours de Diotime, qui, selon la juste remarque de M. Cousin, nous montre « la pensée platonicienne arrivée à son développement le plus parfait et revêtue elle-même de toute la beauté du langage humain, »

(2) § LVII.

ne rapporte pas sans doute la forme de cette production à un concept déterminé, auquel elle devrait être conforme, ou à un certain but que s'y proposerait la nature ; je la juge ainsi par l'effet qu'elle produit sur mes facultés de connaître, l'imagination et l'entendement, c'est-à-dire à cause de la concordance qui s'établit entre cette forme et ces facultés. Mais on peut demander encore si la nature, en produisant ces formes que nous trouvons belles de cette manière, a eu en réalité pour but de produire en nous cet effet, et les a ainsi disposées tout exprès pour cela ; ou bien si, dans la production de ces formes, elle n'a fait que suivre ses propres lois, indépendamment de ce but. Dans le premier cas, il faudrait attribuer à la nature une finalité *réelle;* dans le second, cette finalité serait purement *idéale.* Le rationalisme (1), auquel Kant a recours pour expliquer les jugements de goût, peut donc être réaliste ou idéaliste à l'égard de la finalité de la nature. Or, de ces deux opinions, le *réalisme* ou l'*idéalisme* de la finalité de la nature dans les belles formes, laquelle est la vraie, ou tout au moins la plus vraisemblable ?

A voir les belles formes de la nature organique ; l'élégance de certaines plantes et de certains animaux ; la richesse et l'harmonie des couleurs qui y éclatent ; toute cette apparence, qui n'a point de rapport aux fins intérieures de ces êtres ni à notre utilité, mais qui est si bien faite pour nous plaire ; ne semble-t-il pas que la nature, en la produisant, se soit en effet proposé ce but, et qu'elle l'ait choisie dans ce dessein ?

Mais, d'un autre côté, c'est une maxime de la raison de ne pas multiplier inutilement les principes. Or, nous trouvons dans le monde inorganique des figures qui semblent aussi

---

(1) En appelant ainsi sa théorie des jugements de goût, Kant veut la distinguer de cette explication purement empirique, qui fonde ces jugements sur la sensation et confond le beau avec l'agréable, et il indique qu'il les rattache à un principe *à priori;* mais, comme il repousse également celle qui les fonde sur des concepts déterminés, fournis par la raison, et confond ainsi le beau avec le bien, et que, tout en reconnaissant un principe *à priori,* il ne veut pas qu'on le cherche en quelque idée déterminée ; si sa théorie est rationaliste, elle ne l'est pas dans le sens ordinaire, mais dans un sens particulier et nouveau.

avoir été faites tout exprès pour satisfaire notre goût, et dont nous expliquons néanmoins la production par des lois purement mécaniques, c'est-à-dire indépendantes de toute espèce de but. Telles sont les figures produites par la cristallisation ; telles sont, en particulier, les stalactites (1). Il est donc bien permis de supposer qu'il en est de même de ces formes du monde organique, qui nous semblent avoir été faites exprès pour nous plaire ; et que la nature les a produites ainsi d'une manière toute mécanique, c'est-à-dire en vertu de ses propres lois et indépendamment de ce but.

On peut d'ailleurs résoudre directement la question. S'il fallait admettre que la nature, dans la production des formes qui satisfont notre goût, a eu en réalité cette satisfaction pour but, elle nous enseignerait alors ce que nous aurions à trouver beau, et les jugements du goût seraient soumis à des principes empiriques. Or, dans cette sorte de jugements, il ne s'agit pas, selon Kant, de savoir ce qu'est la nature, ou même quelle fin elle se propose par rapport à nous, mais quel effet elle produit sur nous. Nous y devons faire abstraction de tout concept de ce genre; et, puisque ce n'est pas la nature, mais notre goût qui détermine la beauté, il n'est pas nécessaire ici d'attribuer à la nature quelque fin particulière. Il faut donc suivre la solution idéaliste.

Fidèle à son système, Kant remarque que cette solution idéaliste de la question du beau est la seule qui permette à la critique d'expliquer la possibilité des jugements de goût, c'est-à-dire de jugements, qui, sans s'appuyer sur des concepts, réclament pourtant *à priori* une validité universelle. C'est de même, selon lui, que la seule manière d'expliquer comment les formes des objets sensibles peuvent être déterminées *à priori*, est de regarder ces objets comme de purs phénomènes, et d'avoir recours à l'idéalisme.

Je ne cherche pas ici quelle est la valeur de cette dernière

---

(1) Voyez les savants détails donnés par Kant à ce sujet, p. 327-331.

explication; mais il résulte de tout ce qui a été dit jusqu'ici que celle qui regarde les jugements sur le beau est extrêmement insuffisante. Il est vrai que les jugements de goût sont distincts des jugements téléologiques, ou de ceux qui se bornent à reconnaître dans la nature un rapport de moyens à fins. Il est vrai aussi que nous pouvons juger beaux certains objets de la nature, que nous rapportons à une origine toute mécanique. Mais l'idée d'un art, qu'à tort ou à raison nous attribuons à la nature, ne peut-elle intervenir aussi dans nos jugements de goût, et servir même à les expliquer en partie? Kant lui-même, on l'a vu, a eu recours à cette idée; mais en lui donnant un caractère abstrait et subjectif. Or, pourquoi le goût exclurait-il toute idée déterminée et réelle d'une fin de la nature et de l'appropriation de certains moyens à cette fin? Un tel jugement, dira Kant, n'est plus un vrai jugement de goût; mais n'est-ce pas, comme nous le lui avons reproché, qu'il restreint beaucoup trop la sphère des jugements de goût? Et d'ailleurs, si l'on ne tient pas pour chimérique toute espèce de finalité de la nature, ne peut-on pas supposer que la nature, en produisant certaines formes, s'est proposé en effet de produire de belles formes, c'est-à-dire des formes propres à satisfaire notre goût? Kant en conviendra encore dans la *Critique du Jugement téléologique*, du moins à sa manière. J'avoue que les jugements de goût ne suffisent point par eux-mêmes à rendre cette supposition légitime; et que, s'ils supposent en effet l'idée d'un certain art que nous attribuons à la nature, ils n'en supposent pas nécessairement la réalité objective. Mais ils ne repoussent pas non plus cette supposition, et dans certains cas ils s'y appuient. Enfin est-il vrai qu'en matière de beau nous n'ayons pas de leçon à recevoir de la nature, et que nous n'apprenions point d'elle, au moins en partie, en quoi consiste la beauté? La nature ne fournit-elle pas ses lois au goût; et, si nous avons la faculté d'idéaliser la beauté, ne nous en montre-t-elle pas les premiers exemplaires?

Kant veut qu'on juge les beautés de l'art, comme celles de la nature. Il ne faut pas traiter les beaux-arts, comme s'ils étaient uniquement destinés à exciter en nous d'agréables sensations, ce serait les rabaisser au rang des arts agréables; mais il ne faut pas non plus les subordonner à certaines fins déterminées, ce serait en faire des arts mécaniques. Ils sont essentiellement libres et doivent leur origine, non à la science, mais au génie; c'est le génie qui leur donne leur règle et leur but. Il faut donc les juger, comme nous jugeons les beautés de la nature, indépendamment de tout but imposé et de toute règle prescrite (1).

Mais, à prendre à la lettre ce que Kant dit du goût dans son application aux beaux-arts, leur domaine serait celui de la pure fantaisie. Or, n'est-ce pas là une autre manière de les abaisser, et n'est-ce pas aussi restreindre arbitrairement la sphère du goût? Les beaux-arts ne peuvent-ils, ne doivent-ils pas même, dans certains cas, avoir en vue certains buts déterminés; et le goût ne doit-il pas tenir compte de cette considération pour en bien juger?

Achevons notre examen de la théorie de Kant sur le beau. D'après ce philosophe, quoique la beauté de la nature n'exige pas que nous attribuions à celle-ci quelque finalité réelle, nous pouvons néanmoins la considérer comme le symbole de la moralité, et cette manière de l'envisager, loin d'être contraire à l'explication qui en a été donnée, en dérive au contraire tout naturellement. Mais, avant de montrer comment Kant arrive à faire du beau le symbole de la moralité, comme ce n'est pas la première fois qu'il aborde cette grande question des rapports du beau et du bien, il faut indiquer le lien qu'il a déjà essayé d'établir entre ces deux choses, d'ailleurs si profondément distinctes à ses yeux.

On se rappelle comment il distingue la satisfaction du beau

---

(1) Voyez plus bas l'exposition critique de la théorie de Kant sur les beaux-arts et le génie. Je montrerai ce qu'il y a de vrai dans cette théorie et ce qu'il faut en admettre.

et le jugement du goût de toutes les autres espèces de satisfaction et de jugement, particulièrement du sentiment et du jugement moral. La satisfaction du beau est libre dans le sens que nous avons expliqué ; celle du bien ou le sentiment moral ne l'est pas. Mais de ce que le goût nous laisse par lui-même entièrement indifférents à l'égard de l'existence même de ses objets, il ne s'ensuit pas qu'il ne puisse être lié à aucune espèce d'intérêt ; et de ce que le beau est autre chose assurément que le bien moral, il ne s'ensuit pas qu'il ne puisse y avoir entre eux aucune liaison, et que le premier ne puisse recevoir du second un intérêt, que le goût n'y attacherait pas par lui-même. Or, c'est cette liaison et l'intérêt qui en rejaillirait sur le beau lui-même, que Kant a précédemment entrepris de déterminer (1).

Il signale d'abord un intérêt particulier que nous attribuons indirectement au beau, par cela même que nous trouvons, dans la propriété qu'a le sentiment du beau de pouvoir être universellement partagé, la satisfaction d'un besoin inhérent à notre nature, le besoin de sympathie, lequel a son principe dans la sociabilité. Nés pour la vie de société, c'est pour nous un besoin et un plaisir de voir nos sentiments partagés par les autres. Le plaisir perd presque tout son prix pour moi, dès que je suis seul à le goûter. Or, le sentiment du beau a précisément pour caractère de pouvoir être universellement partagé. Le goût est comme un nouveau lien que la nature établit entre les hommes. Il satisfait donc un besoin et favorise un penchant de notre nature. De là cet intérêt que prend le beau à nos yeux, lorsque nous le considérons comme l'objet d'une satisfaction universelle. Mais cet intérêt est tout empirique, puisqu'il repose sur un besoin et un penchant de notre nature ; et sous ce rapport le goût ne se distingue pas de tous les autres principes de la nature humaine, qui favorisent aussi notre penchant pour la société, en même temps que celle-ci

---

(1) § XLI et suivants.

les excite et les développe. Si l'intérêt du beau, dit Kant, n'avait pas d'autre principe, il ne pourrait fournir qu'un passage douteux de l'agréable au bien. Il va donc, s'élevant au-dessus des inclinations de la nature humaine, s'adresser à la raison, et voir si elle ne peut pas communiquer un intérêt à ce qui plaît d'ailleurs par soi-même et indépendamment de tout intérêt; car il n'y a qu'un intérêt de ce genre qui puisse lui offrir le passage qu'il cherche.

« Il faut rendre hommage, dit-il (1), aux excellentes intentions de ceux qui ont regardé comme un signe d'un bon caractère moral de prendre un intérêt au beau en général. Mais d'autres leur ont opposé, non sans raison, l'exemple des virtuoses du goût, qui sont ordinairement vains, fantasques, livrés aux passions désastreuses; et, par conséquent, il semble que le sentiment du beau n'est pas seulement différent du sentiment moral, mais aussi que l'intérêt qu'on y peut attacher s'accorde difficilement avec l'intérêt moral, et qu'il n'y a point entre eux d'affinité intérieure. »

Mais Kant veut que l'on distingue ici entre les œuvres de l'art et celles de la nature. Sans doute le goût qu'un homme peut montrer dans l'appréciation des œuvres de l'art et l'intérêt qu'il y peut prendre ne sont pas des signes certains de la moralité de son caractère. Tel, pour être un véritable amateur en fait d'objets d'art, n'en vaut pas mieux moralement. Mais que quelqu'un attache un intérêt immédiat à la contemplation des beautés de la nature; qu'il s'y plaise habituellement; et que, pour en jouir, il abandonne volontiers les plaisirs de l'art et de la société, ne lui attribuerons-nous pas certaines qualités morales, que nous ne nous croirons pas fondés à accorder à un connaisseur ou à un amateur, uniquement parce qu'il éprouve de l'intérêt pour les objets d'art? D'où vient cette différence?

Il est certain que les beautés de la nature ont pour nous un

---

(1) § XLII, p. 236.

intérêt qui se fonde immédiatement sur cette idée, que ces beautés sont des œuvres ou des productions de la nature. Aussi cet intérêt disparaît-il, quand nous nous apercevons que ce que nous avions pris pour l'ouvrage de la nature est celui de l'homme? Supposez qu'on me montre des fleurs artificielles qui me fassent illusion, ou que quelqu'un, caché dans un bocage, imite le chant du rossignol, au point de me tromper; l'intérêt que j'attachais à ces fleurs ou à ce chant, quand je les attribuais à la nature, s'évanouira aussitôt que je découvrirai la ruse, ou il fera place à un intérêt d'un tout autre genre. Or, cet intérêt que nous attachons immédiatement à la contemplation des beautés de la nature vient de ce que nous supposons dans la concordance de la nature avec nos facultés de connaître, et dans cet art admirable qu'elle nous montre en quelques-unes de ses productions, comme un principe supérieur, auquel elle semble subordonnée. Nous voyons là une sorte d'accord entre la nature même et quelque chose que conçoit notre raison, et l'on comprend comment l'idée de cet accord peut nous intéresser immédiatement. Mais comment cet intérêt immédiat est-il, comme dit Kant, moral par alliance, et annonce-t-il en celui qui l'éprouve des dispositions morales? C'est que celui-là seul est capable de le ressentir, qui est capable de s'intéresser aux idées de la raison, particulièrement aux idées morales. L'intérêt qu'elles lui inspirent rejaillit en quelque sorte sur la contemplation des beautés de la nature, où il trouve comme une manifestation sensible de la concordance de la nature même avec ces idées. Au contraire, celui qui est indifférent aux idées morales le sera aussi au spectacle des beautés de la nature : quel intérêt y trouverait-il, lui qui ne s'intéresse pas aux choses morales; et que lui importe cet accord de la nature et de la raison, dont ces beautés peuvent éveiller en lui l'idée? Aussi voyons-nous que cet intérêt n'est pas commun, et que les âmes livrées aux appétits et aux intérêts matériels en sont incapables. Et puis le spectacle de ces productions, où la nature montre un art qui semble n'être pas l'effet du hasard, mais celui d'une cause agissant avec intention et suivant un ordre régulier, ce spectacle, en nous révélant dans la nature une finalité dont nous ne trouvons pas en elle le but final, nous conduit à chercher ce but final en nous-mêmes (1), et par là il excite et entretient en nous l'idée de notre destination morale. On voit par là comment c'est le signe d'une âme accessible aux idées morales, de trouver un intérêt immédiat dans la contemplation des beautés de la nature.

Maintenant il est aisé de comprendre pourquoi la satisfaction attachée aux beaux-arts n'est pas liée à un intérêt immédiat, comme celle qui s'attache aux beautés de la nature. En effet, ou bien une œuvre d'art est une imitation de la nature, qui va jusqu'à faire illusion, et alors elle produit le même effet qu'une beauté naturelle, puisqu'on la prend pour telle; ou bien on la prend pour ce qu'elle est, pour une œuvre destinée à nous plaire, et alors l'intérêt que nous y pouvons prendre n'est pas immédiat, comme dans le premier cas, mais indirect, c'est-à-dire que l'art que nous y trouvons ne nous intéresse pas par lui-même, mais par le but qu'il se propose. « On dira peut-être, ajoute Kant (2), que c'est aussi le cas des objets de la nature, qui ne nous intéressent par leur beauté qu'autant que nous leur associons une idée morale; mais ce ne sont pas ces objets mêmes qui intéressent immédiatement, c'est la qualité qu'a la nature d'être propre à une association de ce genre et qui lui appartient essentiellement. »

C'est ainsi que Kant traite d'abord la question des rapports du beau et du bien. Comme je l'ai annoncé tout-à-l'heure, il y revient à la fin de la *Dialectique*, et fait de la beauté un symbole de la moralité. C'est par là qu'il couronne toute sa théorie du beau (3).

(1) Voyez sur ce point la *Critique du Jugement téléologique*, et la seconde partie de ce travail.
(2) P. 242. — (3) § LVIII.

Il distingue d'abord le *symbole* du *schème*. On sait que, selon lui, nul concept ne peut prouver sa réalité objective sans une intuition qui lui corresponde, et qu'il appelle *schèmes* les intuitions sensibles correspondant aux concepts purs de l'entendement. On sait aussi qu'il refuse aux idées de la raison toute réalité objective, au point de vue théorique, parce qu'il ne peut y avoir d'intuitions qui leur correspondent. Mais, s'il n'y a point d'intuitions correspondant aux idées de la raison, on peut néanmoins trouver certaines représentations sensibles, qui sans doute ne leur sont pas adéquates, mais qui nous servent à y réfléchir, en vertu de l'analogie existant entre la réflexion que nous pouvons faire sur ces représentations et celle que nous pouvons faire sur ces idées. Ainsi, dans un autre ordre d'idées, quoiqu'il n'y ait assurément aucune ressemblance entre un corps animé et un état monarchique, entre un moulin à bras et un état despotique, à cause de l'analogie qui existe entre les règles au moyen desquelles nous réfléchissons sur ces choses si distinctes, nous pouvons nous servir de ces représentations sensibles, un corps animé, un moulin à bras, pour guider notre réflexion, par analogie, sur ces idées, un état monarchique, un état despotique. Or, toute représentation sensible de ce genre est symbolique, ou est un symbole; et, comme les idées de la raison ne trouvent point dans la réalité sensible d'intuitions qui leur correspondent, elles ne peuvent être représentées par des schèmes, mais seulement par des symboles. Telle est en particulier l'idée de Dieu; toute la connaissance que nous en pouvons avoir, s'il est permis de se servir ici du mot de connaissance, est purement symbolique. En effet les attributs d'entendement, de volonté, etc., par lesquels nous le déterminons, c'est en nous-mêmes et en nous seuls, c'est-à-dire dans les seuls êtres du monde, que nous les trouvons et les connaissons véritablement; et par conséquent, si nous les transportons à Dieu, ce ne peut être qu'à la condition de n'y voir autre chose qu'une représentation symbolique de sa nature supra-sensible, c'est-à-dire une manière de la considérer par analogie, pour la mettre en harmonie avec les exigences de la raison pratique. Convertir cette connaissance symbolique en une connaissance schématique, ce serait de *l'anthropomorphisme;* nous refuser même cette connaissance, ce serait du *déisme*. Mais laissons cette redoutable question de la connaissance de Dieu, que nous retrouverons plus tard, et revenons au beau. On peut le considérer comme le symbole de la moralité, à cause de l'analogie qui existe entre le mode de réflexion propre au goût et celui de la raison morale. Voici les principaux traits de cette analogie, avec les différences qui séparent les deux choses : 1° Le beau, comme le bien, plaît immédiatement; seulement le premier nous plaît par le moyen d'une intuition, le second par le moyen d'un concept : 2° Il plaît, comme le bien, indépendamment de tout intérêt; celui-ci est, il est vrai, nécessairement lié à un intérêt, dans le sens que nous avons vu Kant donner à ce mot; mais la satisfaction morale a cela de commun avec celle du beau qu'elle est absolument désintéressée. 3° Le jugement du beau suppose et représente l'accord de la liberté de l'imagination avec les lois de l'entendement, de même que le jugement moral suppose et représente l'accord de la liberté de la volonté avec les lois universelles de la raison; seulement ce dernier accord implique de plus l'idée d'obligation, et il est exactement déterminé par les idées morales. 4° Enfin le principe des jugements sur le beau est conçu comme universel, de même que celui des jugements moraux; seulement le premier est subjectif, le second objectif; celui-là ne réside point, celui-ci réside au contraire en des concepts déterminés.

C'est en vertu de cette espèce d'analogie que l'on désigne souvent certains objets, de la nature ou des beaux-arts, par des noms qui paraissent avoir pour principe des jugements moraux; c'est ainsi, par exemple, que l'on qualifie de majestueux ou de magnifiques des arbres ou des édifices; qu'on parle de campagnes riantes, de couleurs modestes, etc. On veut dire par là que ces choses excitent en nous des sentiments analogues à ceux qu'y produisent les jugements moraux.

En général le goût, comme la moralité, nous élève au-dessus des conditions du monde sensible ; il tend à *l'intelligible*: s'il ne nous le fait pas saisir, il nous le fait au moins concevoir, en nous apprenant à trouver dans les objets des sens une satisfaction libre et indépendante de tout attrait sensible, et par conséquent à ne pas nous en tenir à la pure sensibilité, mais à chercher quelque chose au-delà ; et il nous permet ainsi de passer, sans un saut trop brusque, de l'attrait sensible à l'intérêt moral, et en général du monde sensible au monde intelligible.

Tels sont les rapports du beau et du bien, du goût et du sentiment moral ; et, comme le premier nous dispose au second, le second à son tour nous dispose au premier. Aussi n'y a-t-il pas de meilleure préparation pour la culture du goût et des beaux-arts, que la culture du sentiment moral. Kant reproduit la même idée dans le court appendice qu'il joint à la *Critique du Jugement esthétique*, sous le titre de *Méthodologie du goût* (1). Ainsi, après avoir

(1) On connaît les divisions ordinaires de la critique kantienne. La *Théorie élémentaire*, laquelle comprend l'*Analytique* et la *Dialectique*, analyse et discute les principes *à priori* qui constituent ou dirigent la connaissance ou la volonté; et la *Méthodologie*, partant de ce travail, en coordonne les résultats acquis et cherche à déterminer le système des règles et la méthode, où s'appuiera la science, qui doit succéder à la critique. La méthodologie conduit donc l'esprit de la critique à la science; elle s'appuie sur la première et prépare la seconde. Or, comme il résulte de la *Critique du Jugement esthétique* que les jugements de goût ne peuvent être déterminés par des principes, il suit qu'il n'y a pas et ne peut y avoir de science du beau; et, s'il n'y a pas de science du beau, il n'y a pas, à proprement parler, de méthodologie du goût. La théorie et la pratique des beaux-arts supposent sans doute une partie scientifique; mais cette partie scientifique, nécessaire à tout art, n'est que la condition des beaux-arts; elle ne les constitue pas. Il n'y a pas de méthode à prescrire aux beaux-arts. Kant ne veut ici qu'indiquer d'une manière générale par quels moyens il faut s'y préparer; et, après quelques observations sur la pré-

commencé par distinguer profondément le beau et le bien, le sentiment esthétique et le sentiment moral, le goût et la moralité, il finit par les rapprocher et les unir, et il conclut sa théorie du beau, comme toute sa philosophie, en véritable moraliste.

Sur les rapports du beau et du bien, du goût et de la moralité, tels que je viens de les exposer d'après Kant, je ne présenterai que quelques simples observations. Je reconnais d'abord qu'il a raison de distinguer le beau, celui du moins qui est l'objet du goût, du bien moral, ou les jugements de goût des jugements moraux. Ce sont là des choses fort différentes. S'il s'agit de juger de la beauté d'un bouquet de fleurs, d'un vase grec, d'une fantaisie musicale, qu'a ici à faire le jugement moral? Et réciproquement, s'il s'agit d'apprécier l'héroïsme de la mort de Socrate, le goût n'a rien à voir. Mais il ne faut pas exagérer cette distinction jusqu'au point d'exclure du goût les idées morales : si celles-ci n'entrent pas toujours et nécessairement dans ses jugements, quelquefois aussi il les suppose, et elles lui servent de règles. Seulement il les envisage à son point de vue, et leur communique son propre caractère, le caractère esthétique. En sorte que là même le sentiment esthétique reste distinct du sentiment moral proprement dit.

On peut s'expliquer par là comment le goût et l'intérêt que montrent certains hommes pour les choses des beaux-arts ne sont pas toujours l'indice certain d'une grande moralité, et sont souvent accompagnés au contraire de dispositions et de mœurs peu édifiantes. D'abord, en beaucoup de cas, la moralité et le goût n'ont rien à démêler; il y a certains genres de beauté qui sont tout-à-fait étrangers à la moralité proprement dite, et ce sont surtout ceux que cultivent ces virtuoses du goût dont parle Kant. Par exemple on

---

paration ou la culture qu'ils supposent, observations que nous retrouverons plus loin en étudiant sa théorie des beaux-arts, il ramène cette conclusion morale que nous venons d'indiquer, et qui est comme le dernier mot de sa théorie (§ LIX).

peut être un musicien d'infiniment de goût, même de beaucoup de génie, sans être pour cela un modèle de vertu. Ensuite, même dans les cas où les idées morales sont directement en jeu, comme par exemple dans l'art dramatique, c'est plutôt à la forme qu'au fond, à l'expression qu'à l'idée même que s'attachent le goût et le sentiment esthétique, et par conséquent l'art lui-même. Ainsi telle actrice sait admirablement rendre la pudeur, qui en montre fort peu dans sa conduite. Et le poëte même, qui exprime de si beaux sentiments, montre-t-il plus d'attachement qu'un autre à la vertu? C'est qu'aussi, pour être un artiste, un grand artiste, il faut, comme disait Voltaire, avoir le diable au corps; et que, quand on a le diable au corps, on court le risque de n'être pas toujours le meilleur homme du monde. L'imagination est la muse de l'artiste, mais elle est aussi la folle du logis. Beethoven était un artiste de génie; mais il avait, à ce qu'il paraît, un assez vilain caractère. Et, pour parler d'un grand esprit, qui n'est pas seulement un artiste, mais un moraliste, quelle imagination que celle de Rousseau, mais quel homme! Faut-il accuser d'hypocrisie et de charlatanisme ceux qui parlent si bien et agissent si mal? Je n'élèverai pas même cette accusation contre un philosophe, à plus forte raison contre un artiste. Ce serait bien mal connaître la nature humaine, en qui de grandes qualités sont toujours achetées au prix de grands défauts.

On a vu tout-à-l'heure comment Kant distingue ici entre l'intérêt qu'on peut prendre aux beautés de l'art et celui qu'on peut montrer pour les beautés de la nature; selon lui, si le premier n'est pas toujours un signe certain de la moralité du caractère, il n'en est pas de même du second. Cette remarque ne manque pas de justesse. La raison qu'il en donne peut paraître un peu subtile. Les beautés de la nature nous élèvent au-dessus de la nature même et nous font concevoir quelque chose d'intelligible, qu'elle semble manifester; or, celui qui s'intéresse aux idées de la raison, particulièrement aux idées morales, doit par cela même attacher quelque intérêt à cette manifestation d'un monde ou d'un principe supérieur. En outre, cet art qu'il suppose dans la nature le conduit à en chercher le but final, qu'il ne peut trouver qu'en lui-même, dans sa destination morale. De là l'intérêt immédiat qui s'attache pour nous aux beautés de la nature, et ne s'attache pas au même titre à celles de l'art, ces œuvres de l'homme, sinon quand elles ont un but moral. Je ne conteste pas absolument la vérité de cette explication, quoiqu'elle ait besoin d'être interprétée. Il est certain que les beautés de la nature ont toujours pour nous un caractère moral, que n'ont pas toujours celles de l'art. Ajoutons que, pour admirer les premières, les champs, les bois, les eaux, une âme simple et élevée, un cœur sensible et religieux suffit; tandis que, pour admirer les secondes, les beautés d'un musée, par exemple, il faut quelque chose de plus, il faut un esprit cultivé et même raffiné. Or, sans adopter la thèse extravagante de Rousseau, on ne peut nier que les raffinements de la civilisation n'engendrent des vices que ne connaît pas la simplicité de la nature.

En résumé, il est certain que, si dans certains cas le beau n'a rien à démêler avec le bien, et le goût avec le sentiment moral, dans d'autres cas ils s'allient directement, et que dans tous les cas ils ont une certaine affinité. Ainsi l'amour du beau non-seulement établit comme un nouveau lien entre les hommes et par là concourt à entretenir la vie de société ; mais, comme celui du bien, il est pur, désintéressé, libre de tout désir sensible et de toute considération égoïste, en sorte que l'un peut très-bien servir de préparation à l'autre. Ainsi encore la contemplation de la beauté, en nous élevant au-dessus de l'aveugle nature, nous conduit à concevoir un monde, un ordre de choses supérieur. Kant a donc raison de considérer le beau comme un passage entre l'agréable et le bien, et de faire de la beauté le symbole de la moralité. Sans entrer dans l'examen des caractères sur lesquels ils fonde l'analogie qu'il veut établir, on peut dire que, d'une manière générale, cette analogie est incontestable, et qu'en concluant ainsi Kant ne s'est pas seulement montré fidèle au principe fondamental de toute sa philosophie, mais qu'il est resté fidèle à la vérité (1).

J'ai examiné dans toutes ses parties sa théorie sur le beau; il est temps de conclure cet examen. Kant a eu le grand mérite de traiter cette délicate question du beau et du goût avec une précision jusque-là sans exemple. Il a vu que les jugements portés par le goût sur la beauté ont une nature toute spéciale, qu'on ne saurait les confondre ni avec les jugements purement sensibles, ni avec les jugements purement rationnels, et il a entrepris d'en déterminer les caractères. Rapprochant quelque part le beau de l'agréable et du bien, il remarque avec raison qu'il peut y avoir de l'agréable pour des êtres purement sensibles, du bien pour des êtres purement raisonnables, mais qu'il ne peut y avoir de beau que pour des êtres raisonnables et sensibles à la fois (2). C'est qu'en effet la contemplation de la beauté suppose le concours des sens et de l'esprit, ou, comme dit Kant, de l'imagination et de l'entendement; et le beau, deux sortes d'éléments : l'un sensible, objet des sens et de l'imagination; l'autre intelligible, conçu par l'esprit, l'entendement, la raison. Malheureusement, il faut le dire, la doctrine de Kant a le défaut d'être entièrement subjective et surtout abstraite; de là l'insuffisance de cette théorie, d'ailleurs si originale et si ingénieuse. Ce n'est pas qu'elle ne représente en grande partie la vérité sur la question du

---

(1) Voyez dans *Calligone*, t. II, p. 492, le chapitre intitulé : *De la beauté considérée comme symbole de la moralité*. C'est toujours la même critique : superficielle et injuste à l'égard de Kant, mais, dans sa partie dogmatique, riche de sentiments et d'idées.

(2) P. 77.—J'ai déjà noté plus haut cette pensée. Schiller l'a empruntée à Kant : « *L'agréable*, dit-il, ne plaît qu'aux sens, le *bien* qu'à la raison. Le *beau* plaît par le moyen des sens, ce qui le distingue du bien ; mais par sa forme, il plaît à la raison, ce qui le distingue de l'agréable. » Et plus bas : « Le beau ne plaît au sujet raisonnable qu'autant que celui-ci est en même temps sensible ; mais il ne plaît aussi au sujet sensible qu'autant qu'il est doué de raison. » *Observations sur divers sujets d'esthétique*. Voyez l'*Histoire de la philosophie allemande* de M. Willm, t. II, p. 599.

beau ; mais elle n'en représente qu'un côté, et encore en le réduisant à la dernière abstraction. Aussi la tâche du critique est-elle ici plutôt de l'étendre et de la rapprocher de la réalité même, que de la réfuter et la détruire. Il est vrai qu'on en changerait par là le caractère propre ; mais on la rendrait aussi plus satisfaisante et plus saisissable. Il ne fallait rejeter ni les enseignements de la raison, ni ceux de l'anthropologie et de ce que les Allemands appellent dédaigneusement la psychologie empirique, car l'anthropologie et la psychologie sont certainement de mise en pareille matière. Autrement on tombe en de pures abstractions ; et des abstractions, si ingénieuses et si savantes qu'elles soient, quelque force d'esprit et quelque génie même qu'elles supposent, ne peuvent expliquer la réalité. Là est le principal défaut de la théorie de Kant sur le beau, comme en général de toute sa philosophie : savante et ingénieuse, elle est souvent plus artificielle que solide, et toujours plus abstraite que réelle, parce qu'elle est plus logique que psychologique.

Kant a pris soin lui-même de rapprocher sa théorie de celle de Burke (1), qui ramène le sentiment du beau à celui de l'amour, et place l'origine de ce sentiment dans un certain relâchement des fibres du corps. Tout en citant le traité de Burke comme la plus importante des analyses psychologiques auxquelles ait donné lieu la question du beau et du sublime, il reproche à ce philosophe de n'avoir pas su s'élever au-dessus d'un étroit empirisme, et en un sens il a raison. La théorie de Burke aussi est subjective, mais elle l'est dans le sens de la philosophie de la sensation. Or, quoiqu'elle contienne un très-grand nombre d'observations fines et justes, elle est assurément très-insuffisante ; et, il faut le dire aussi, la physiologie et la psychologie, sur lesquelles elle se fonde, sont souvent assez grossières ou tout au moins fort hypothétiques. Mais les lois, soit physiologiques, soit psycho-

---

(1) Voyez plus haut p. 10 la note que j'ai consacrée au traité de Burke ; et plus bas, l'analyse de la pensée de Kant sur la théorie de ce philosophe.

logiques, de la nature humaine concourent à expliquer les faits dont il s'agit ici : il faut savoir en tenir compte, et c'est ce que Kant oublie trop dans la *Critique du Jugement esthétique*. Par horreur de l'empirisme, il se jette dans l'abstraction; c'est, pour éviter une exagération, se précipiter dans une autre.

A l'extrémité opposée, il y a les théories rationalistes et idéalistes. Celles-ci ont jeté aussi quelques lumières sur la question du beau, et elles ont toujours un caractère élevé qui peut séduire un instant l'esprit; mais en général elles manquent de critique, et ne voient également qu'un côté de la question. Aussi sont-elles souvent chimériques ou vagues, et impuissantes à rendre compte des faits. Telles sont les qualités et les défauts des théories que la nouvelle philosophie allemande a substituées à celle de Kant (1), comme de celles qu'avait déjà produites le rationalisme et l'idéalisme de l'antiquité, depuis Pythagore et Platon (2) jusqu'à Plotin (3) et l'école d'Alexandrie. Ce n'est pas ici le lieu d'examiner ces hautes théories; disons seulement que, pour éviter les défauts où les entraîne leur élévation même ou leur ambition, et ceux aussi des théories étroites et grossières qui leur sont opposées; pour trouver le chemin à suivre entre ces deux écueils, il faut, comme Kant, invoquer la critique, mais une critique moins abstraite et moins logique que celle de ce philosophe, une critique vraiment psychologique, dans le sens le plus profond et le plus élevé de ce mot.

(1) Voyez le *Système de l'idéalisme transcendental* de Schelling, trad. franc. de M. P. Grimblot, et les écrits et morceaux de Schelling récemment réunis et traduits par M. Bénard; — le *Cours d'esthétique* de Hegel, trad. de M. Bénard; etc. Consultez en général sur l'esthétique de la nouvelle philosophie allemande l'histoire de M. Willm.

(2) J'ai déjà cité le *Banquet*.

(3) 1re Ennéade, liv. VIe, *Du beau*. Voyez, dans le volume de M. B. Saint-Hilaire sur l'école d'Alexandrie, la traduction de ce livre de Plotin. — On en trouvera l'analyse dans l'*Histoire de l'école d'Alexandrie*, de M. J. Simon, t. I, p. 580-583; dans celle de M. Vacherot, t. I, p. 570-579; et dans l'*Essai sur la métaphysique d'Aristote*, par M. Ravaisson, t. II, p. 415-419.

II.

DU SUBLIME.

La question du sublime est plus simple et plus claire que celle du beau. Aussi est-elle plus aisée à résoudre, et engendre-t-elle moins de dissentiments? Kant a donc dû la traiter d'une manière plus complètement satisfaisante. Mais de plus, comme cette question comporte mieux une solution subjective; comme aussi le sentiment du sublime touche de plus près au sentiment moral, il n'est pas étonnant que le père de la philosophie critique, c'est-à-dire de la doctrine la plus subjective à la fois et la plus morale qui fut jamais, ait ici excellé : il était sur son terrain. Aussi trouverons-nous sur ce point peu de difficultés, peu d'objections à lui opposer ; et, sauf quelques réserves, aurons-nous beaucoup plus à le suivre qu'à le reprendre.

Analysons d'abord, sans interruption, la partie de la *Critique du Jugement esthétique* qui traite du sublime (1), afin d'exposer ainsi tout entière, avant de l'apprécier, la théorie de Kant sur ce grand sujet

Le jugement du sublime a cela de commun avec celui du beau, que ce n'est ni un jugement de connaissance, ni un jugement de sensation. Comme le jugement du beau, il a son origine dans la réflexion que nous faisons sur le libre jeu de nos facultés de connaître, et dans la satisfaction qui s'y rattache. C'est donc un jugement de réflexion ou un jugement esthétique, dans le même sens que celui du beau. Mais ces deux sortes de jugements sont profondément distinctes. Le jugement du goût suppose l'accord de l'imagination et de l'entendement, librement mis en jeu par la contemplation d'une forme déterminée et limitée; le jugement du sublime suppose le

---

(1) § XXIII-XXX, p. 137-201.

désaccord de l'imagination et de la raison, s'exerçant librement sur la contemplation d'un objet dont le caractère est précisément de n'avoir pas de forme déterminée et de n'être pas limité. Aussi, tandis que le sentiment du beau est simple et sans mélange, celui du sublime est mêlé : l'esprit s'y sent à la fois attiré et repoussé par l'objet ; le premier est calme, le second accompagné d'un certain trouble ou d'une certaine émotion ; celui-là est riant et s'accommode aisément des jeux de l'imagination, celui-ci est sérieux et repousse tout ce qui n'est pas sérieux (1). Une chose ressort de ce qui précède, et forme la principale différence entre le sublime et le beau. Puisqu'un objet ne peut être jugé beau qu'à la condition de s'accorder avec nos facultés de connaître, l'imagination et l'entendement, l'idée du beau implique celle d'une certaine convenance entre la nature et nos facultés, ou d'une certaine finalité de la nature, bien que cette finalité soit purement formelle. Au contraire, comme un objet ne peut être déclaré sublime qu'à la condition qu'il fasse violence à l'imagination, et par là éveille en nous le sentiment d'une faculté et d'une destination supérieure, il suit de là que l'idée du sublime ne suppose pas, comme celle du beau, une certaine concordance, mais plutôt une certaine discordance entre la nature et nos facultés. Aussi peut-on en un sens qualifier de beaux les objets de la nature, et est-il absolument inexact de les appeler sublimes. La sublimité n'est pas en eux, mais en nous, c'est-à-dire dans ce sentiment d'une destination supérieure, que provoque en nous la discordance même de la nature avec nos facultés. Tel est l'effet que produit dans l'homme le spectacle de l'immensité de la

---

(1) Dans ses *Observations sur le sentiment du beau et du sublime*, Kant avait déjà marqué cette différence entre le sentiment du beau et celui du sublime, en disant : « Le sublime émeut ; le beau charme. La figure de l'homme, absorbé par le sentiment du sublime, est sérieuse, et quelquefois fixe et étonnée. Au contraire, le vif sentiment du beau se manifeste par un éclat brillant dans les yeux, par le sourire, etc. » Voyez trad. franc. de la *Critique du Jugement*, p. 238 du second volume.

nature, ou celui du désordre et de la dévastation. Ce n'est pas l'immensité, ce n'est pas le désordre ou la dévastation qui est sublime; ce sont les idées que ce spectacle éveille en lui. Par où l'on voit aussi que le sentiment du sublime n'est pas seulement moral par alliance, comme celui du beau; mais qu'il l'est par son origine même.

Malgré ces différences, les jugements du sublime ont, considérés sous les quatre points de vue sous lesquels on a considéré ceux du beau (1), les mêmes caractères que ces derniers : ils sont entièrement désintéressés; — ils ont une valeur universelle; — ils reposent sur un certain jeu de nos facultés, ou sur une finalité subjective; — enfin ils sont nécessaires. On peut les étudier suivant cette division, ou les considérer dans ces quatre *moments*, qui étaient aussi ceux du goût; mais en outre l'analyse du sublime entraîne une division particulière. Tandis que le sentiment du beau se lie à une calme contemplation de l'esprit, celui du sublime suppose un certain mouvement : or ce mouvement peut être rapporté ou bien à la faculté de connaître, ou bien à ce que Kant appelle la *faculté de désirer*, c'est-à-dire à la volonté, suivant qu'il est produit par la contemplation de la grandeur ou par celle de la puissance. De là deux espèces de sublime, le sublime *mathématique* et le sublime *dynamique*. Il faut donc considérer successivement ces deux espèces de sublime.

I. Occupons-nous en premier lieu du sublime mathématique.

Kant pose tout d'abord cette première définition : on appelle sublime *ce qui est absolument grand*. Mais qu'est-ce qu'on appelle absolument grand? Une chose peut être jugée grande sans l'être absolument; c'est quand on la juge telle relativement aux autres choses de la même espèce, ou à d'autres choses d'une autre espèce. Par exemple, si j'appelle grand un homme, un animal, une montagne, c'est que je

---

(1) On se rappelle que ces quatre points de vue correspondent aux quatre catégories de l'entendement, la *qualité*, la *quantité*, la *relation*, la *modalité*.

compare cet homme à d'autres hommes, cet animal à d'autres animaux de la même espèce, cette montagne à d'autres montagnes, ou bien encore l'homme à d'autres animaux, cet animal à d'autres animaux d'une autre espèce, cette montagne à d'autres choses, comme des arbres, des maisons, etc. Cet homme, cet animal, cette montagne n'est donc grande que relativement. Cela seul est absolument grand qui l'est sans comparaison avec quoi que ce soit, ou ce en comparaison de quoi toute autre chose est petite; et c'est pourquoi Kant ramène la définition du sublime, qu'il vient de donner, à celle-ci : le sublime est ce en comparaison de quoi toute autre chose est petite. Mais, à ce compte, qu'y a-t-il dans la nature qui soit absolument grand, et qui par conséquent puisse être jugé sublime? Il n'y a rien en effet de si grand qui, considéré sous un autre point de vue, ne puisse descendre jusqu'à l'infiniment petit; et, réciproquement, rien de si petit, qui, relativement à des mesures plus petites encore, ne puisse s'élever, aux yeux de notre imagination, jusqu'à la grandeur d'un monde. Il suit de là qu'à proprement parler, il ne faut pas chercher le sublime dans la nature. Or, s'il n'est pas dans la nature, où peut-il être, sinon en nous-mêmes, ou dans une certaine disposition d'esprit, qui doit être nécessairement liée aux idées de la raison? car c'est seulement parmi ces idées qu'il faut chercher la conception de quelque chose d'absolument grand, de quelque chose qui soit grand au-dessus de toute comparaison, de quelque chose, en un mot, qui dépasse toute mesure des sens. C'est donc là, et non dans la nature, qu'il faut placer le sublime. Mais on comprend aussi comment l'homme peut appeler sublimes les objets dont la contemplation détermine en lui une telle disposition d'esprit, bien que le caractère de la sublimité appartienne à cette disposition d'esprit, et non à ces objets. Aux deux définitions du sublime, que nous avions déjà indiquées, on peut donc ajouter encore cette formule : Le sublime est ce qui ne peut être conçu sans révéler une faculté de l'esprit qui surpasse toute mesure des sens. Reste à expliquer comment la contemplation de certains objets de la nature détermine en nous cette disposition d'esprit, sur laquelle se fonde le jugement du sublime, et quels sont les caractères de cette disposition et de ce jugement.

Il faut distinguer d'abord deux espèces d'estimation de la grandeur : l'une, qui se fait par des nombres, ou qui est mathématique ; l'autre, qui se fait par intuition, ou qui est esthétique. La première suppose toujours la seconde ; car, pour apprécier, à l'aide des nombres, une grandeur donnée, il faut partir d'une certaine mesure prise pour unité, laquelle est elle-même donnée dans l'intuition, et c'est par le rapport de la grandeur, que nous voulons apprécier, avec cette mesure, que nous jugeons de cette grandeur; en sorte qu'en définitive toute estimation de la grandeur des objets de la nature est esthétique. Mais il y a cette différence entre l'estimation esthétique, qui sert de base à l'estimation mathématique, et l'estimation mathématique elle-même, que la première ne peut s'étendre au-delà de certaines limites, et qu'elle a nécessairement un maximum que l'imagination ne peut dépasser, tandis que la seconde n'en a point, puisque la puissance des nombres s'étend à l'infini. Maintenant, pour déterminer par l'intuition le quantum qui doit servir de mesure ou d'unité à l'estimation mathématique, l'imagination a besoin de deux opérations : la première, qui consiste dans l'appréhension des parties ; la seconde, dans la compréhension de ces parties en un tout. Or, de ces deux opérations, la première ne présente pas de difficultés, car on peut la continuer indéfiniment ; mais la seconde est d'autant plus difficile que l'appréhension a été poussée plus loin, et elle parvient bientôt à son maximum, à savoir, à la plus grande mesure esthétique possible de l'estimation de la grandeur. « Car, lorsque l'appréhension est allée si loin que les premières représentations partielles de l'intuition sensible commencent déjà à s'éteindre dans l'imagination, tandis que celle-ci continue toujours son appréhension, elle perd d'un côté ce qu'elle gagne de l'autre, et la compréhension retombe toujours sur un maximum qu'elle ne peut dépasser (1). « C'est ce qui arrive en présence d'un immense édifice, vu de près. Comme il faut un certain temps à l'œil pour le parcourir en entier, les premières représentations s'éteignent en partie avant que l'imagination ait reçu les dernières, et la compréhension n'est jamais complète. Tel est donc le double travail de l'imagination dans l'estimation esthétique de la grandeur. Cherchons maintenant ce qui se passe dans l'esprit, lorsque ce travail s'applique à des objets si grands qu'il y échoue ; nous trouverons là l'explication de nos jugements sur le sublime.

Il s'agit de déterminer l'effet produit sur nos facultés de connaître par le spectacle de la grandeur, et d'expliquer comment ce spectacle détermine en nous certains jugements, qui ne sont ni des jugements logiques, ni des jugements sensibles. Il y a donc ici deux conditions à remplir. La première, c'est d'écarter du jugement, par lequel nous déclarons une chose sublime, toute idée de destination ou en général tout concept antérieur ; car il s'agit de jugements esthétiques et non de jugements logiques. Par conséquent nous ne prendrons pas pour objets de nos jugements les monuments de l'architecture, qui ont toujours une destination particulière, et dont la grandeur, comme la forme, est toujours subordonnée à cette destination, ou nous les envisagerons indépendamment de leur usage ; et nous ne chercherons pas non plus nos exemples parmi les choses de la nature dont le concept contient déjà celui d'un but déterminé, comme les hommes, les animaux ; mais nous considérerons la nature sauvage ou inorganique, et nous la considérerons comme elle nous apparaît, indépendamment de tout concept. Ainsi, nous contemplerons le ciel, tel qu'il se montre à nos yeux, comme une immense voûte, qui embrasse tout. De même, nous nous représenterons l'Océan, ainsi que font les poëtes, d'après

(1) P. 151.

ce que nous montre la vue, par exemple, quand il est calme, comme un miroir liquide, qui n'est borné que par le ciel (1). En outre, et c'est la seconde condition, comme il ne s'agit pas plus ici de jugements purement sensibles que de jugements logiques, il ne faut pas non plus que quelque attrait ou quelque crainte vienne se mêler à notre contemplation de la nature. C'est seulement à cette double condition que nous pourrons déterminer l'effet produit en nous par le spectacle de la grandeur, et la vraie origine de nos jugements esthétiques sur le sublime.

Considérons donc une certaine grandeur, celle du ciel étoilé par exemple, indépendamment de toute idée do but ou en général de tout concept, comme aussi de tout mouvement sensible, et cherchons quel effet produit ce spectacle sur notre esprit ou sur nos facultés de connaître.

Me voici en présence du ciel étoilé. Mon imagination le parcourt et cherche à l'embrasser : en termes techniques, elle en poursuit l'appréhension ; et, à mesure qu'elle avance, cherche toujours à réunir les parties, successivement saisies par l'appréhension, en un tout d'intuition, ou en une représentation unique, qui comprenne toutes les représentations partielles antérieurement acquises, et c'est là ce qui constitue la compréhension esthétique. Mais, si rien ne l'empêche de poursuivre indéfiniment son appréhension, elle ne peut étendre indéfiniment sa compréhension ; car sa faculté de compréhension est bornée, tandis que sa faculté d'appréhension ne trouve de limites ni en elle-même, ni dans l'objet que nous supposons. Cependant elle ne laisse pas, à mesure qu'elle avance, de tendre à une compréhension, qu'elle ne peut jamais atteindre. Or, ce besoin, qui pousse l'imagination à faire sans cesse de nouveaux efforts pour arriver à un tout d'intuition, qui sans cesse lui échappe, témoigne de la présence en nous d'une faculté capable de concevoir la totalité absolue des conditions

---

(1) Voyez plus loin, dans la *Critique du Jugement*, la *Remarque générale sur l'Exposition des jugements esthétiques réfléchissants*, p. 184-185.

(l'infini), comme donnée dans une intuition, c'est-à-dire, d'une faculté qui est elle-même supra-sensible ; car l'infini, qu'elle nous fait concevoir, dépasse toute mesure des sens, et l'on ne peut admettre qu'une compréhension nous fournisse pour unité une mesure qui aurait un rapport déterminé, exprimable en nombres, avec l'infini. En effet, comme nous sommes capables, je ne dis pas de saisir l'infini dans une intuition, — cette faculté ne nous appartient pas, — mais de le concevoir au moins sans contradiction comme donné dans une intuition supra-sensible; notre imagination tend sans cesse à rapprocher l'intuition sensible de cette idée, et voilà pourquoi, à mesure qu'elle avance, elle poursuit toujours un tout d'intuition, qu'il ne lui est pas permis d'atteindre. Cet effort incessamment renouvelé de l'imagination n'est donc lui-même autre chose que l'effort tenté par l'esprit pour la mettre d'accord avec la raison, ou pour rapprocher l'intuition sensible de la nature, sur laquelle opère l'imagination, de l'intuition supra-sensible de l'infini, dont la raison nous donne le concept. Mais, comme l'une est séparée de l'autre par un abîme, il suit que l'effort de l'imagination reste toujours impuissant. Or, si cet effort tenté par l'imagination pour arriver à un tout d'intuition, témoigne de la présence d'une faculté supra-sensible, ou de la raison, son impuissance même à l'atteindre doit éveiller en nous le sentiment de cette faculté, et nous conduire ainsi du concept de la nature à celui d'un principe supra-sensible, qui serve à la fois de fondement à la nature et à notre faculté de penser. Et voilà le sentiment du sublime : c'est le sentiment de cette faculté, ainsi éveillé par l'impuissance de l'imagination à embrasser dans sa compréhension un objet sensible ou la nature. Voilà en même temps l'origine de ces jugements par lesquels nous déclarons sublimes certains objets de la nature : nous appelons la nature sublime, lorsqu'elle éveille en nous ce sentiment par le spectacle de sa grandeur. On voit qu'à proprement parler, le sublime n'est pas dans la nature, mais en nous-mêmes, dans l'état de notre esprit, ou dans le sentiment d'une faculté supérieure aux sens, éveillé en nous par le spectacle de la grandeur de la nature, que notre imagination cherche en vain à embrasser. Telle est l'origine du sentiment et du jugement du sublime : ils naissent du concours de l'imagination et de la raison, librement mises en jeu par la contemplation de la grandeur indéterminée de la nature, de même que le sentiment et le jugement du beau naissent du concours de l'imagination et de l'entendement, s'exerçant librement sur une forme déterminée.

Il est maintenant aisé de comprendre ce que nous avons déjà indiqué sans le démontrer, à savoir que le sentiment du sublime n'est pas simple, comme celui du beau, mais double, mêlé de plaisir et de peine. En effet la conscience de l'impuissance de notre imagination à s'accorder avec une idée de la raison, ou à trouver dans la nature l'exhibition de cette idée, doit nécessairement être accompagnée d'un certain sentiment de peine ; mais en même temps, comme cette impuissance même éveille en nous le sentiment d'une faculté supra-sensible, d'après laquelle nous devons regarder comme petit tout ce que la nature, en tant qu'objet des sens, contient de grand pour nous, et que ce sentiment ne va pas sans une certaine satisfaction, il suit qu'à la peine, qui naît de la disconvenance de l'imagination avec la raison, se mêle le plaisir, qui s'attache au sentiment d'une faculté ou d'une destination supérieure, que cette disconvenance fait éclater. En général la conscience de notre destination supérieure, jointe à celle de notre impuissance à la remplir, est un sentiment mêlé de plaisir et de peine ; on l'appelle l'estime ou le respect (1). Or, tel est le sentiment du sublime ; car c'est aussi un sentiment de respect pour notre propre destination, que nous appliquons ensuite par substitution, comme dit

(1) Voyez dans la *Critique de la raison pratique* une admirable analyse de ce sentiment, *Analytique*, chap. III, *Des mobiles de la raison pure pratique*, trad. franç. p. 245 et suiv.

Kant, aux objets dont la grandeur le détermine en nous : de là le double caractère de ce sentiment.

On comprend aussi par là comment, tandis que le sentiment du beau est un sentiment calme, celui du sublime est mêlé d'une certaine émotion; et comment, tandis que les objets beaux nous attirent simplement, les objets sublimes nous attirent et nous repoussent à la fois. La contemplation du beau suppose le concours harmonieux de l'imagination et de l'entendement; aussi est-elle entièrement calme, et ne sentons-nous ici aucune répugnance pour l'objet. Celle du sublime, au contraire, suppose une disconvenance entre l'imagination et l'entendement : au sentiment de l'impuissance de la première elle joint celui de la supériorité de la seconde; et c'est pourquoi elle est mêlée d'un certain trouble, celui qu'excite toujours en nous le sentiment d'une loi ou d'une destination supérieure; d'où vient aussi que l'objet qui détermine en nous ce sentiment excite dans notre sensibilité une répulsion égale à l'attraction qu'il exerce sur notre esprit.

II. Du sublime mathématique passons avec Kant au sublime dynamique; le premier répond à la grandeur de la nature; le second, à sa puissance. Considérons-la donc sous ce nouveau point de vue. Au lieu de la voûte du ciel, supposons les puissances déchaînées de la nature, ou tout ce qui est à nos yeux le signe d'une force supérieure aux obstacles, comme l'éruption d'un volcan, un ouragan semant après lui la dévastation, l'immense Océan soulevé par la tempête, la cataracte d'un grand fleuve, des nuages orageux se rassemblant au ciel au milieu des éclairs et du tonnerre, des rochers audacieux suspendus dans l'air et comme menaçants (1), etc. Nous ne pouvons contempler ce spectacle, sans reconnaître notre infériorité physique vis-à-vis de telles puissances ou d'une telle force, et par conséquent sans nous sentir accablés, en tant qu'êtres de la nature. Mais

---

(1) P. 168.

en même temps que nous sentons nos forces physiques inférieures à celles de la nature, le sentiment même de notre infériorité éveille en nous celui d'une faculté qui nous rend absolument indépendants de la nature, et par conséquent supérieurs à toute sa puissance. Je veux parler de la raison, qui nous arrache à l'empire de la nature physique, et nous donne une destination, au prix de laquelle nous devons regarder la nature comme rien. Que celle-ci déchaîne autour de nous ses puissances, qu'elle nous force à reconnaître notre faiblesse et notre infériorité physique, il y a quelque chose en nous qui se reconnaît supérieur à elle et qu'elle n'atteint pas : c'est le sentiment de la dignité de notre nature raisonnable ou de la personnalité humaine. Or, ce sentiment éveillé ainsi par celui de notre infériorité vis-à-vis des puissances de la nature, c'est encore le sentiment du sublime ; et telle est aussi l'origine des jugements par lesquels nous regardons alors la nature comme sublime. Ici, comme tout-à-l'heure, le sublime n'est pas dans la nature, mais en nous-mêmes, dans le sentiment d'une destination supérieure à la nature ; et, si nous nommons la nature sublime, c'est qu'elle excite en nous ce sentiment par le spectacle de sa puissance. Ainsi, « de même, dit Kant (1), à qui je veux laisser le soin de résumer lui-même sa pensée, de même que l'immensité de la nature et notre incapacité à trouver une mesure propre à l'estimation esthétique de sa grandeur nous ont révélé notre propre limitation, mais nous ont fait découvrir en même temps, dans notre faculté de raison, une autre mesure non sensible, qui comprend en elle cette infinité même comme une unité, et devant laquelle tout est petit dans la nature, et nous ont montré par là, dans notre esprit, une supériorité sur la nature, considérée dans son immensité ; de même, l'impossibilité de résister à sa puissance nous fait reconnaître notre faiblesse, en tant qu'êtres de la nature ; mais elle nous découvre en même temps une faculté par laquelle nous nous jugeons in-

(1) Ibid.

dépendants de la nature, et elle nous révèle ainsi une nouvelle supériorité sur elle (1). »

On a vu tout-à-l'heure comment le sentiment du sublime est un sentiment double, mêlé de peine et de plaisir, de trouble et de satisfaction, et comment l'objet que nous jugeons sublime nous attire et nous repousse tout ensemble; ce double caractère du sublime est encore bien plus évident dans le sublime dynamique. Le sentiment que détermine en nous la nature par le spectacle de sa puissance est un sentiment mêlé de trouble et de satisfaction : ce spectacle, en effet, trouble et confond notre nature sensible, en nous faisant sentir notre faiblesse physique; mais il nous relève aussi, en éveillant en nous le sentiment de notre nature raisonnable, pour qui la nature physique n'est rien. Aussi est-il à la fois attrayant et terrible.

Mais, si le sentiment qu'il nous inspire est une sorte de terreur mêlée de satisfaction, il ne faut pas que cette terreur soit une crainte sérieuse, causée par un danger réel. « Celui qui a peur, dit Kant avec raison (2), ne peut pas plus juger du sublime de la nature, que celui qui est dominé par l'inclination et le désir ne peut juger du beau. Il fuit l'aspect de l'objet qui lui inspire cette crainte; car il est impossible de trouver de la satisfaction dans une crainte sérieuse. » Mais on peut trouver terrible un objet, sans avoir peur devant lui. Quand, par exemple, je contemple, du rivage, la tempête qui agite la mer, comme je sais qu'il n'y a pas de danger pour moi, le sentiment que j'éprouve n'est pas celui de la crainte, et pourtant ce spectacle me semble terrible, parce qu'il me révèle une grande puissance, devant laquelle la mienne n'est rien, et qui m'engloutirait, si j'essayais de lutter contre elle. C'est ainsi encore que l'homme, à qui sa conscience ne reproche rien, trouve

---

(1) Voyez un peu plus bas (p. 170) un curieux passage où Kant essaie d'expliquer et de justifier le principe qu'il invoque ici au moyen de quelques exemples empruntés à des jugements vulgaires.

(2) P. 167.

Dieu redoutable, sans avoir peur devant lui : il n'a rien à craindre, puisqu'il n'a rien à se reprocher, mais il a aussi le sentiment de sa fragilité. Voilà dans quel sens la nature doit être terrible, pour exciter en nous le sentiment et le jugement du sublime.

Kant ajoute que cette estime de soi, qui forme l'un des éléments du sublime, ne souffre pas de cette condition de sécurité personnelle, qu'il impose au sentiment et au jugement du sublime. Il semble d'abord que, comme le danger ne doit pas être sérieux, il ne doive aussi rien y avoir de sérieux dans le sentiment ; mais qu'on remarque qu'il n'est pas ici question, comme dans nos jugements moraux, de l'accomplissement obligatoire de la destination que la raison nous impose, mais seulement, puisqu'il s'agit de jugements esthétiques, du sentiment de cette destination, déterminé en nous par le spectacle de la puissance de la nature. Supposez un danger réel : ou bien la crainte qu'il nous causera étouffera tout autre sentiment, et alors adieu le sublime, il n'y aura plus qu'un jugement sensible ; ou bien cette crainte sera combattue et repoussée par un sentiment d'un autre ordre, et alors le sentiment et le jugement perdront leur caractère esthétique : ce sera le sentiment et le jugement moral.

On a voulu expliquer le sentiment du sublime, que détermine en nous le spectacle des forces déchaînées de la nature, par l'effroi et l'abattement que causerait l'idée d'un Dieu manifestant par là sa puissance et sa colère. Mais le sentiment du sublime est bien différent de ce sentiment d'effroi et d'abattement, dans lequel on prétend le résoudre. Vouloir le fonder sur la crainte de la vengeance céleste, c'est l'anéantir, tout comme ce serait détruire la vraie religion, que de lui donner un tel principe. Le sentiment du sublime, comme le sentiment religieux, n'est pas un sentiment de crainte, mais de respect. La nature n'est pas sublime, parce qu'elle nous fait peur, mais parce que l'émotion qu'elle produit en nous, quand nous comparons nos forces aux siennes, excite en notre âme le sentiment d'une destination, qui est pour nous un objet de respect ; et de même, Dieu n'est pas à nos yeux l'objet suprême de notre respect, parce qu'il est tout-puissant, mais parce qu'il réalise le bien que conçoit notre raison, et c'est ainsi seulement qu'il est l'objet de la religion : autrement celle-ci dégénère en une superstition dégradante (1).

Kant insiste particulièrement sur le caractère de nécessité que nous nous croyons le droit d'attribuer à nos jugements sur le sublime, et par suite sur la légitimité de leur prétention à l'assentiment universel. En fait, cet assentiment peut souvent leur manquer, tandis que les jugements de goût l'obtiennent plus aisément : c'est que les jugements sur le sublime supposent nécessairement une certaine culture morale, qu'on ne trouve pas chez tous les hommes. Celui-là seul est capable d'éprouver le sentiment du sublime, dont l'esprit est déjà ouvert aux idées morales. Un homme grossier, en qui ces idées sont peu développées, ne trouve pas la nature sublime ; elle n'est pour lui que terrible. En effet, comment peut-il la juger sublime, si elle n'excite pas en lui le sentiment d'une destination, à laquelle il n'a pas encore songé ? Mais, si cette condition du sentiment du sublime manque chez beaucoup d'hommes, elle a pourtant son fondement nécessaire dans la nature raisonnable de l'homme, et nous sommes en droit de l'exiger de tout homme qui n'est pas absolument inculte ; et, comme le spectacle de l'immensité ou de la puissance de la nature doit nécessairement déterminer le sentiment et le jugement du sublime en celui qui n'est pas privé de toute culture morale, il suit de là que nos jugements sur le sublime ont le droit de prétendre à l'assentiment universel, mais sous la condition que nous venons d'indiquer. « De même, dit Kant (2), que nous reprochons un manque de goût à celui qui reste indifférent en présence d'un objet de la nature que nous trou-

---

(1) Il faut lire tout ce beau passage où Kant développe l'idée que je viens de résumer, et qui est une de ses idées favorites. Voyez p. 174-175.

(2) P. 176.

vons beau, nous disons de celui qui n'éprouve aucune émotion devant quelque chose que nous jugeons sublime, qu'il n'a pas de *sentiment*. Seulement, comme le goût ne suppose pas d'intermédiaire, nous l'exigeons directement; le sublime au contraire supposant l'intermédiaire du sentiment moral, nous ne pouvons l'exiger que médiatement, c'est-à-dire sous la condition de cet intermédiaire (1).

Le sentiment du sublime a, comme on vient de le voir, d'intimes rapports avec le sentiment moral. Mais, si le sublime touche de près à la moralité et y dispose, la moralité à son tour peut être sublime. Seulement il ne faut pas confondre la sublimité morale avec la sublimité esthétique, c'est-à-dire la sublimité qui est d'abord l'objet d'un jugement moral, et par là d'une émotion esthétique, avec celle qui est d'abord l'objet d'un ju-

---

(1) Kant attache la plus grande importance au caractère de nécessité qu'il attribue aux jugements esthétiques sur le sublime et le beau; car c'est ce caractère qui nous force à les rattacher à un principe *a priori*, et par conséquent à la philosophie transcendantale (*). On a vu (**) que la recherche et la détermination du principe *a priori* des jugements esthétiques forment une partie spéciale de la critique, à laquelle il donne le nom de *Déduction*; et j'ai annoncé, sans l'expliquer, que cette déduction ne portait que sur les jugements de goût, et ne s'étendait pas aux jugements sur le sublime. Il est aisé maintenant d'en comprendre la raison. Comme les jugements de goût ont pour objet les formes des choses et expriment la concordance de ces formes avec le libre jeu de nos facultés de connaître, l'imagination et l'entendement, il faut encore, après en avoir exposé les caractères, chercher le principe subjectif, mais *a priori*, qui fonde et légitime ces jugements, lesquels sont esthétiques et pourtant se proclament universels et nécessaires; car, si ces caractères supposent ce principe, ils ne le développent pas explicitement, en sorte qu'il reste encore à le montrer et à l'établir, ou, comme dit Kant, à le déduire. Au contraire, nos jugements sur le sublime n'ayant point pour objets les formes des choses et leur concordance avec nos facultés de connaître, il suffit d'en exposer les caractères, pour en trouver immédiatement le principe dans la conscience d'une destination supérieure, excitée en nous par le jeu de l'imagination, et pour justifier immédiatement par là l'universalité et la nécessité que réclament ces jugements. Il n'y a donc pas lieu de faire pour nos jugements sur le sublime, comme pour les jugements du goût, un travail de *déduction*, car l'*exposition* même de ces jugements rend ce travail inutile.

(*) P. 177.
(**) Voyez plus haut la note 2 de la page 43, et dans l'ouvrage même le § XXX, p. 201.

gement esthétique, et par là d'une émotion morale. A cette dernière espèce de sublime on peut rattacher l'enthousiasme, ou cette affection (1) qui accompagne dans certaines âmes l'idée du beau et leur donne une force et un élan extraordinaires. L'enthousiasme ne satisfait pas la froide raison ; mais il est esthétiquement sublime (2). Il en est de même de toutes les affections qui révèlent du courage, ou qui, portant l'âme à lutter contre les obstacles et à vaincre toute résistance, lui donnent la conscience de sa force. Telle est dans quelques cas la colère. Tel est même aussi ce genre de désespoir qu'il faut bien distinguer de l'abattement, celui dont parle le poëte dans ce vers si connu :

> Una salus victis, nullam sperare salutem.

Aussi n'y a-t-il rien de moins sublime que ces affections fades qui amollissent l'âme et le cœur, et tout ce qui est propre à exciter en nous de telles affections, comme des pièces de théâtre romanesques et larmoyantes, ces livres et ces discours de morale, où l'on se plaît à couvrir de fleurs le rude sentier de la vertu, et à déguiser le devoir sous le plaisir, afin de faire passer le premier à la faveur du second. On connaît la sévérité de la morale kantienne ; nous la retrouvons ici tout entière appliquée au sublime (3). Le sublime, comme la mo-

---

(1) Kant distingue les affections des passions. Les premières sont des mouvements réfléchis et durables ; les secondes, des mouvements irréfléchis et impétueux ; et, comme celles-ci étouffent entièrement la liberté, elles ne peuvent jamais s'élever jusqu'au sublime. L'enthousiasme est une affection, mais le fanatisme est une passion. Il ne faut pas confondre ces deux choses : la première tient du délire, mais la seconde de la folie ; celle-là est un accident qui atteint quelquefois la tête la plus saine, celle-ci, une maladie qui la bouleverse. Voyez la note de Kant, p. 168, et plus loin, p. 194.

(2) Au contraire, cette force d'âme qui s'applique, en étouffant les mouvements de la sensibilité, à suivre exclusivement et constamment les principes de la raison, obtient l'approbation de la raison, en même temps qu'elle est esthétiquement sublime : aussi l'est-elle doublement, et excite-t-elle une véritable admiration, tandis que l'enthousiasme n'excite que l'étonnement.

(3) L'idée pure du devoir, dégagée de tout élément étranger, voilà pour Kant l'unique fondement de la morale, la source unique de la moralité ; et, par conséquent, c'est ainsi qu'il la faut présenter ; il n'y a d'ailleurs de meilleur

rale, repousse tout compromis avec les sens; comme elle, il est d'autant plus élevé qu'il est plus pur de tout alliage. « Peut-être, dit Kant (1), n'y a-t-il rien de plus sublime dans la Bible que ce commandement : « Tu ne te feras point d'image taillée, etc. » Ce seul précepte peut suffire à expliquer l'enthousiasme que le peuple juif, dans ses beaux jours, ressentait pour sa religion, quand il se comparait avec d'autres peuples ; on pourrait expliquer de la même manière la fierté qu'inspire le mahométisme. » Il faut aussi considérer comme esthétiquement sublime la simplicité de la nature, et celle que montrent certains hommes dans leur conduite. Enfin Kant cite, comme dernier exemple, cette sorte de tristesse que produit en nous le spectacle des vices et des crimes dont les hommes se rendent coupables, et des maux qu'ils s'attirent ainsi par leur faute, ou cette mélancolie, à laquelle les vieillards surtout sont sujets, parce que chez eux l'expérience est plus longue et plus concluante, et qui ne nous fait pas prendre le genre humain en horreur, mais nous donne le goût de la solitude et nous fait rêver un monde meilleur; elle a quelque chose de sublime, car elle a son principe en des idées morales.

Si maintenant, pour finir par où nous avons commencé, l'on rapproche de nouveau le beau et le sublime (2), on peut tirer des

moyen de la recommander, et, loin d'en compromettre le succès, on ne fera par là que lui assurer l'empire des âmes. Voyez le développement de ces idées dans les *Fondements de la métaphysique des mœurs* et la *Critique de la raison pratique*.

(1) P. 192.

(2) Toujours fidèle à son système des catégories, Kant cherche à y ramener ces quatre sortes de jugements qui ont pour objets l'agréable, le beau, le sublime, le bien (absolu ou moral). Je ne le suivrai pas dans ces subtilités, et, renvoyant le lecteur à l'ouvrage même (p. 177), je me bornerai ici à indiquer l'observation suivante : selon Kant, la satisfaction de l'agréable se rapporte à la jouissance, celles du beau et du sublime, à la culture de l'esprit, la seconde plus particulièrement au sentiment moral; enfin, je cite textuellement : « Le sentiment moral à son tour est lié au jugement esthétique, en ce sens qu'on peut se représenter comme esthétique, c'est-à-dire comme sublime ou même comme belle l'action faite par devoir, sans altérer en rien sa pureté, ce qui n'aurait pas lieu, si on cherchait à l'unir par un lien naturel au sentiment de l'agréable (p. 179). »
Un peu plus loin (p. 186), Kant, distinguant la beauté et la sublimité intellectuelles de la beauté et de la sublimité esthétiques, reconnaît que, quoique le sen-

analyses précédentes ces simples définitions : le beau est ce qui satisfait la faculté de juger, indépendamment de toute sensation et de tout concept de l'entendement, et par conséquent il doit plaire sans aucun intérêt ; le sublime est ce qui plaît immédiatement par son opposition à l'intérêt des sens (1). Aussi le beau nous prépare-t-il à aimer quelque chose, même sans intérêt ; le sublime, à estimer quelque chose, même contre notre intérêt sensible, et, par là, il se rattache étroitement au sentiment moral, qu'il excite ou entretient en nous (2).

timent moral et le sentiment esthétique s'accordent, en ce qu'ils sont tous deux désintéressés, il ne serait pas sans danger pour la moralité même de la juger et de la recommander, non comme bonne en soi, mais comme belle ou comme sublime. Il semble ici avoir oublié ce qu'il a dit quelques pages plus haut ; il y a, entre les deux passages que je viens d'indiquer, une sorte de contradiction qui a échappé à notre auteur, mais qu'il serait aisé de corriger.

(1) Aux définitions qu'il a déjà données du sublime, Kant ajoute encore celle-ci, qui résulte aussi de ce qui précède (voyez dans la *Critique du Jugement* la *Remarque* déjà citée, p. 180-181) : «on appelle sublime ce dont la représentation détermine l'esprit à concevoir comme une exhibition d'idées l'impossibilité d'embrasser la nature*.» Que faut-il entendre par là ? Kant veut parler de l'impossibilité où nous sommes d'approprier la nature aux idées de la raison, par exemple, d'y trouver la totalité absolue que la raison exige ; ou, ce qui revient au même, il veut parler du caractère que la nature manifeste par là. Or cette impossibilité que nous trouvons en nous, ou ce caractère que nous reconnaissons dans la nature témoigne au moins de la réalité de ces idées ; car autrement nous ne songerions pas à y approprier la nature sensible, ou la nature sensible ne nous manifesterait pas ce caractère ; et par conséquent on peut, dans ce sens, considérer cette impossibilité de notre esprit ou ce caractère de la nature comme une manifestation sensible, ou, selon l'expression de Kant, comme une exhibition d'idées. Sans doute, à proprement parler, il ne peut y avoir d'exhibition pour les idées de la raison, c'est-à-dire qu'on ne peut trouver dans le monde sensible d'intuition qui leur corresponde, puisque ces idées sont en dehors de toutes les conditions du monde sensible, et c'est précisément de là que vient l'impuissance même dont nous parlons, ou le caractère que nous attribuons à la nature ; mais, comme ce caractère ou cette impossibilité témoigne précisément de la réalité de ces idées, on peut la considérer comme en étant l'exhibition. C'est ainsi que les objets que nous appelons sublimes nous avertissent de considérer la nature comme un pur phénomène, que nous devons rattacher à quelque chose que nous ne connaissons pas, mais que nous concevons, et dont elle nous offre comme une exhibition, c'est-à-dire dont elle éveille en nous l'idée par le spectacle de sa grandeur ou de sa puissance.

(2) Schiller, dans un morceau sur le sublime, exprime la même idée de cette

* *Unerreichbarkeit der Natur*. Cette expression est intraduisible en français. Celles dont je me sers, faute de mieux, outre qu'elles sont vagues, ont l'inconvénient de s'appliquer à l'esprit dans son rapport avec la nature, tandis que l'expression allemande s'applique à la nature dans son rapport avec l'esprit. Il est vrai qu'au fond cela revient au même, mais l'ordre des idées est renversé.

De là aussi la différence du plaisir du beau et de celui du sublime. Le dernier est négatif, en ce sens qu'il résulte d'une violence faite à l'imagination; il est comme le sentiment moral, qui ne se manifeste qu'au prix des sacrifices qu'exige la loi morale, et qui, en ce sens, ne nous donne aussi qu'une satisfaction négative. Le plaisir du beau au contraire, résultant de l'harmonie de l'imagination et de l'entendement, peut être considéré comme une satisfaction positive.

C'est ici que Kant rapproche sa théorie du beau et du sublime de celle de Burke (1). Pour Burke, le sentiment du sublime n'est autre chose qu'une terreur accompagnée de la conscience de notre sécurité; et, comme il ramène ce sentiment à celui de la conservation de soi-même ou de la crainte, il ramène le sentiment du beau à l'amour, ou à la classe des passions sociales; et, cherchant à déterminer les conditions physiques, les mouvements corporels, qui excitent en nous ces deux sentiments, il explique le premier par une tension extraordinaire dans les nerfs, le second, au contraire, par un certain relâchement des fibres du corps. Kant admet bien qu'il n'y a pas de représentation ou d'idée, si intellectuelle qu'elle soit, qui ne soit liée à quelque mouvement physique, déterminant le plaisir ou la douleur; et il partage cette opinion d'Epicure, que le plaisir et la douleur sont toujours en définitive corporels, puisque le sentiment du bien-être ou du mal-être n'est autre chose que celui de l'exercice facile ou difficile des forces vitales, et que celui-ci a nécessairement sa cause ou sa condition dans l'organisme. Mais il soutient en même temps que des analyses de ce genre ne peuvent suffire à l'explication de nos jugements sur le sublime et le beau. Car, comme ces ju-

---

manière : « Nous nous sentons libres en contemplant le beau, parce qu'alors les intérêts naturels sont en harmonie avec la loi de la raison; nous nous sentons libres en contemplant le sublime, parce que ces mêmes penchants n'ont aucun empire sur les lois de la raison, car ici l'esprit agit comme s'il n'était soumis qu'à sa propre loi. » Voyez l'*Histoire de la philosophie allemande* de M. *Willm*, t. II, p. 602.

(1) Voyez plus haut p. 83.

gements ont la prétention d'être universels et nécessaires, il ne suffit pas ici de savoir comment on juge, mais comment on doit juger; et, par conséquent, il faut s'élever au-dessus de l'expérience et recourir à un principe à *priori*, objectif ou subjectif, qui fonde et légitime cette prétention. C'est par là aussi que ces jugements appartiennent à la *Critique* (1).

J'ai exposé tout entière la théorie de Kant sur le sublime. Il faut maintenant entreprendre d'en apprécier à leur juste valeur les principaux résultats.

En entrant dans l'examen de sa théorie des jugements de goût, j'ai commencé par lui accorder que ces jugements sont subjectifs, en ce sens qu'ils supposent un certain effet produit sur nos facultés par la contemplation des objets, d'où leur nom de jugements esthétiques. Or, il faut encore admettre avec lui que les jugements sur le sublime sont dans le même cas : ils supposent aussi un certain effet, mais différent du premier, produit sur nos facultés par la contemplation des objets; et par conséquent ce sont aussi des jugements esthétiques. Pas plus que les jugements du goût en matière de beau, nos jugements sur le sublime ne sont de simples jugements de connaissance, ou, comme dit Kant, de simples jugements logiques; ceux-ci sont esthétiques dans le même sens que ceux-là. Voilà un premier résultat à recueillir dans sa théorie du sublime, et qui, pris d'une manière générale, sinon tout-à-fait dans le sens particulier où il l'entend, est d'une incontestable vérité.

Ensuite, et ici encore Kant est dans le vrai, si nos jugements sur le sublime sont, comme nos jugements sur le beau, des jugements esthétiques, les premiers ne sont pas plus que les seconds de simples jugements de sensation; et, de même que le beau ne peut être confondu avec l'agréable, on ne saurait confondre le sublime avec le terrible, que le senti-

(1) Trad. franç. t. I, p. 197-404.

ment de crainte que celui-ci excite en nous soit sérieux, ou qu'il soit joint à celui de notre sécurité personnelle.

Admettons donc d'avance que nos jugements sur le sublime ne sont point de simples jugements de connaissance, comme par exemple celui par lequel je déclare que Dieu n'a ni commencement, ni fin; ni de simples jugements de sensation, comme celui qui se fonderait sur le sentiment dont parle Lucrèce dans ces beaux vers :

> Suave, mari magno, turbantibus æquora ventis,
> E terra magnum alterius spectare laborem ;
> Non quia vexari quemquam est jucunda voluptas,
> Sed, quibus ipse malis careas, quia cernere suave est.
> Suave etiam belli certamina magna tueri,
> Per campos instructa, tua sine parte pericli.

Maintenant, en admettant avec Kant, sauf à bien s'entendre sur ce point, que nos jugements sur le sublime sont esthétiques, comme ceux du goût, c'est-à-dire supposent un certain effet produit sur nous par la contemplation des objets, il faut admettre aussi avec lui que cet effet est essentiellement distinct par son origine et par sa nature de celui qui est propre au beau ; ou que, bien qu'ils soient également esthétiques, nos jugements sur le sublime diffèrent essentiellement de nos jugements sur le beau. J'ai déjà loué Kant d'avoir entrepris de distinguer scientifiquement le beau et le sublime. Sans doute les rhéteurs et les philosophes n'ont pas manqué de signaler certaines différences entre ces deux qualités, ou entre les sentiments et les idées auxquelles elles correspondent ; mais jamais on n'avait approfondi la distinction. Kant est le premier qui l'ait fait, du moins à ce degré (1). J'ajoute qu'en général il a bien vu les caractères qui distinguent le sublime du beau, et qu'à cet égard sa doctrine contient plus d'un résultat définitivement acquis à la science.

(1) Voyez plus haut la page 10, et la note que j'y ai jointe.

En effet, si nous comparons le sentiment du sublime et celui du beau, nous reconnaîtrons avec lui que, tandis que celui-ci est un plaisir doux, calme, sans mélange, celui-là au contraire est un sentiment mêlé de plaisir et de peine, de satisfaction et de trouble, une émotion qui sans doute n'est pas sans charme, mais d'une nature sérieuse et triste. Rapprochons les jugements que nous portons sur le beau et ceux que nous portons sur le sublime : les premiers supposent une certaine harmonie de nos facultés : la contemplation d'une chose belle satisfait également les facultés qu'elle met en jeu, les sens et l'esprit, ou, comme dit Kant, l'imagination et l'entendement ; les seconds, au contraire, supposent une sorte de disconvenance entre nos facultés : dans la contemplation du sublime l'imagination est abattue, mais au profit de la raison. Considérons enfin le beau et le sublime dans les choses mêmes : le beau réside toujours dans des formes arrêtées, déterminées, harmonieuses : le monde du beau est celui des formes et de l'harmonie ; le sublime, au contraire, implique l'absence de toute forme, ou des formes gigantesques, qui échappent aux prises de l'iimagination : le monde du sublime est le champ de l'infini.

Toutes ces différences, aperçues par Kant, sont incontestables, au moins sous la forme un peu générale que je leur donne à dessein. C'est l'honneur de ce philosophe de les avoir le premier signalées ou mises en lumière ; et, quoi qu'on puisse reprendre d'ailleurs dans sa théorie du beau et du sublime, il faut reconnaître que la science lui doit ici d'avoir fait un grand pas (1).

(1) Schiller, qui exprime souvent en poète les idées qu'il emprunte au philosophe Kant, a si heureusement montré par un exemple la différence du beau et du sublime, que je veux joindre ici à la pensée du maître, que j'ai exposée sous sa forme technique, le poétique commentaire du brillant disciple. « Il n'y a rien de plus délicieux dans la nature qu'un beau paysage vu le soir d'un jour serein. La diversité et les doux contours des formes, le jeu si varié de la lumière, le crêpe léger qui revêt les objets lointains, tout se réunit pour charmer nos sens. Que le bruit d'une cascade, le chant du rossignol viennent s'y joindre pour ajouter à notre ravissement, le calme le plus doux remplit notre âme ; et, tandis que

Il ne s'en tient pas d'ailleurs à ces généralités sur la distinction du beau et du sublime. Pour lui donner une rigueur plus systématique, il la fait correspondre à celle que la Critique a établie entre l'entendement et la raison, rattachant le beau

nos sens sont délicieusement touchés par l'harmonie des couleurs, des formes et des sons, l'esprit se livre à une suite d'idées qui se produisent et se succèdent sans effort, et le cœur est rempli des plus nobles et des plus tendres sentiments. — Soudain un orage obscurcit le ciel et assombrit le paysage ; il fait taire tous les autres bruits et nous arrache à notre ravissement. De noirs nuages couvrent l'horizon, la foudre sillonne les airs, le tonnerre gronde avec fracas, notre vue et notre oreille sont offensées de la manière la plus désagréable. Cependant ce spectacle nous plaît encore ; il intéresse même plus vivement que celui qui l'a précédé, excepté ceux à qui la peur ôte toute liberté de jugement. Il a pour nous un attrait puissant, en dépit de nos sens, et nous le contemplons avec un sentiment qui n'est pas du plaisir, mais que nous préférons au plaisir. Et toutefois ce spectacle annonce plutôt la destruction que la bonté ; il est plutôt laid que beau, effrayant plutôt qu'agréable : c'est qu'il est sublime. » Voyez l. c. *l'Histoire de la philosophie allemande de M. Willm*, à qui j'ai emprunté la traduction du passage que je viens de transcrire. — Dans les leçons que j'ai déjà citées (leçon XII, p. 141), M. Cousin distingue le sentiment du beau et celui du sublime d'une manière qui rappelle la théorie de Kant, et qui en pourrait être considérée aussi comme le brillant commentaire. C'est pourquoi je veux mettre encore ce passage sous les yeux du lecteur : « Supposez-vous en présence d'un objet dont les formes sont parfaitement déterminées, et l'ensemble facile à saisir, une belle fleur, une belle statue, un temple antique d'une médiocre grandeur : que se passe-t-il alors dans votre âme ? Chacune de vos facultés s'attache à cet objet, et s'y repose avec une satisfaction sans mélange. Vos sens en perçoivent aisément les détails ; votre raison saisit l'heureuse harmonie de toutes ses parties. Cet objet a-t-il disparu, vous vous le représentez nettement tout entier ; toutes les formes en sont précises et arrêtées. Toutes vos facultés appliquées à cet objet y trouvent un jeu facile et harmonieux : elles se développent toutes dans cette juste mesure qui fait éprouver à l'âme une joie douce et tranquille, et comme une sorte d'épanouissement. — Supposez, au contraire, un de ces objets aux formes vagues et indéfinies, dont les sens ne peuvent saisir tous les détails, ni l'esprit embrasser l'ensemble sans effort, et qui soit très-beau pourtant : un sentiment bien différent s'éveille en nous. L'impression produite par un tel objet est sans doute encore un plaisir, mais c'est un plaisir d'un autre ordre. Cet objet ne tombe pas sous toutes nos prises comme le premier. La raison le conçoit, mais les sens ne le perçoivent pas tout entier, et l'imagination ne se le représente pas distinctement. Les sens et l'imagination s'efforcent en vain d'atteindre ses dernières limites ; nos facultés s'agrandissent, elles s'enflent, pour ainsi dire, afin de l'embrasser, mais il leur échappe, et les surpasse infiniment. Le plaisir que nous éprouvons vient de la grandeur même de cet objet : mais en même temps cette grandeur excite en nous un certain sentiment mélancolique, parce qu'elle nous est di-proportionnée. A la vue du ciel étoilé, de la mer immense, de montagnes gigantesques, notre admiration est mêlée de tristesse. C'est que ces objets finis en réalité comme le monde lui-même nous semblent infinis dans l'impuissance où

à la première de ces facultés, et le sublime à la seconde. Pour comprendre cela, il faut se rappeler le sens de cette dernière distinction, qui est capitale dans la philosophie kantienne : on sait que, selon Kant, l'objet auquel s'applique l'entendement n'est autre que la nature, le monde sensible, tandis que la raison tend à quelque chose de supérieur à la nature, à un ordre de choses ou à un monde supra-sensible. Or, telle est aussi la différence du beau et du sublime : le premier réside particulièrement dans le fini ; le second tend essentiellement à l'infini. Aussi celui-là s'adresse-t-il à l'entendement ; et celui-ci, à la raison. Sans examiner ici l'importante distinction établie par Kant entre l'entendement et la raison, il est facile de reconnaître que le rapprochement que je viens de signaler n'est pas seulement un artifice ingénieux, mais qu'il exprime une

nous sommes d'atteindre leurs limites, et en limitant ce qui est vraiment sans bornes éveillent en nous l'idée de l'infini, cette idée qui relève à la fois et confond notre intelligence. Le sentiment correspondant que l'homme éprouve est un plaisir sévère et sérieux. — Voilà deux sentiments très-différents. Aussi leur a-t-on donné des noms différents ; l'un a été appelé plus particulièrement le sentiment du beau, l'autre celui du sublime. » — Dans une thèse présentée en 1816 à la Faculté des lettres de Paris, et réimprimée par M. Damiron comme appendice au *Cours d'esthétique* dont j'ai déjà parlé, M. Jouffroy entreprend d'établir que le sentiment du beau et celui du sublime sont deux sentiments bien distincts. M. Jouffroy invoque l'autorité de Kant, mais malheureusement il ne connaissait de ce philosophe que ses *Observations sur les sentiments du beau et du sublime*, et il n'avait point étudié la *Critique du Jugement esthétique*, qui lui aurait fourni de bien autres lumières sur la question. Au reste, s'il n'approfondit pas beaucoup cette question, M. Jouffroy établit très-bien ce qui fait en partie le sujet de sa thèse, à savoir qu'entre le sentiment du beau et celui du sublime il n'y a pas seulement, comme l'ont cru beaucoup de philosophes et d'écrivains, une différence de degré, mais de nature. — Dans un autre petit écrit, intitulé : *Beau, agréable, et sublime*, et imprimé à la suite de cette thèse, M. Jouffroy développe la même idée, mais déjà avec beaucoup plus de profondeur. — C'est encore le sujet de la dernière leçon de son *Cours d'esthétique*. — Il est étonnant qu'après la profonde étude de Kant sur le sublime, Herder ne trouve rien de mieux à faire que d'en revenir à la théorie, aussi fausse que banale, qui ne voit entre le sublime et le beau qu'une différence de degré, et non une différence de nature. Plusieurs des objections qu'il adresse à la théorie de Kant peuvent être fondées ; l'esquisse dogmatique qu'il propose ensuite en son nom peut contenir des idées ingénieuses et justes ; mais en vérité il fallait avoir un parti pris contre l'auteur de la *Critique du Jugement*, pour méconnaître la haute valeur de son travail sur le sublime, et les progrès dont la science lui est redevable sur ce point. (Voy. *Calligone*, 3ᵐᵉ partie ; t. ii, p. 71-143.)

idée juste et profonde, celle même que j'ai indiquée et admise tout-à-l'heure : c'est que le beau, tout en nous élevant au-dessus de l'idée d'une nature aveugle et désordonnée, nous retient cependant dans le limité, dans le fini, tandis que le sublime non-seulement nous élève au-dessus de cette idée, mais éveille nécessairement en nous celle de l'infini.

Il faut rappeler aussi une autre différence signalée ici par Kant entre le beau et le sublime, et qui n'est pas non plus sans fondement. On sait que pour lui le beau, celui du moins qui est l'objet des jugements de goût, n'est point une qualité des choses, puisque ces jugements sont, selon lui, purement esthétiques, c'est-à-dire, dans le sens qu'il donne à ce mot, se fondent uniquement sur un certain état subjectif de nos facultés. Pourtant, comme cet état est une concordance entre ces facultés, et que cette concordance suppose elle-même une certaine harmonie entre nos facultés et les objets de notre contemplation, ou, dans ces objets mêmes, entre leurs divers éléments, il suit qu'on peut en un sens considérer la beauté comme résidant dans l'objet lui-même, ou qualifier l'objet même de beau. Au contraire, comme le sentiment du sublime naît d'une certaine discordance entre nos facultés, ou qu'il n'est autre chose que le sentiment même d'une faculté supérieure à la nature, excité en nous par l'impuissance de l'imagination, il suit que, quoique nous appelions sublime l'objet qui occasionne en nous ce sentiment, nous ne pouvons en aucun sens considérer comme sublime l'objet lui-même, et que c'est en nous seuls que nous devons chercher le principe du sublime. Cette remarque ne s'applique, bien entendu, qu'au sublime esthétique, à celui qui est l'objet de jugements purement esthétiques, et non point au sublime intellectuel ou moral, que Kant distingue profondément du premier. Nous verrons tout-à-l'heure si cette distinction est aussi profonde qu'il le prétend, et si l'explication qu'il donne de nos jugements sur le sublime est suffisante ou est la seule possible ; mais nous pouvons reconnaître en attendant ce qu'il y a de juste au fond de la remarque que nous venons de rappeler. Il est certain que le sublime a un caractère beaucoup plus subjectif que le beau. Par exemple, le spectacle des ruines d'une grande ville a quelque chose de sublime ; où est ici le sublime ? Dans cet amas de pierres et de débris entassés ou dispersés au hasard et sans ordre ; ou bien dans les idées et dans les sentiments que cette vue excite en nous ? Supposez maintenant qu'un palais soit resté debout tout entier : c'est un tout harmonieux ; or, cette harmonie, que vous appelez la beauté, n'est pas seulement l'occasion d'un certain jeu de vos facultés, mais elle est aussi quelque chose qui appartient à l'objet lui-même ; et, par conséquent, le principe du beau n'est pas seulement en vous, mais dans l'objet. Il ne faut pas d'ailleurs exagérer cette distinction ; car, s'il y a dans le sublime quelque chose de plus subjectif, il y a aussi quelque chose d'objectif, dont Kant a oublié de tenir compte, comme nous le montrerons tout-à-l'heure ; et, d'un autre côté, s'il y a quelque chose de plus objectif dans le beau, il y a aussi quelque chose de subjectif, que Kant lui-même a beaucoup exagéré, comme nous l'avons montré plus haut.

Examinons maintenant la théorie de Kant sur ce qu'il appelle le sublime esthétique, ou l'explication qu'il nous donne de ces jugements sur le sublime qui sont, selon lui, indépendants de toute idée déterminée des objets auxquels ils s'appliquent, et ne supposent autre chose qu'un certain jeu intérieur de nos facultés en présence de ces objets. Dans le sublime esthétique même, Kant veut qu'on en distingue deux espèces : l'une, qui correspond à l'immensité ou à la grandeur de la nature ou de ses objets ; l'autre à sa puissance. Il désigne la première sous le nom de sublime mathématique ; la seconde, sous celui de sublime dynamique. Celle-là a particulièrement trait à la raison, considérée comme faculté de connaître, ou à la raison spéculative ; celle-ci, à la raison comme faculté capable de diriger la volonté, ou à la raison pratique.

D'une manière générale cette distinction est juste, et elle

fournit une division bonne à suivre dans l'étude du sublime. Suivons-la donc encore dans notre examen de la théorie de Kant.

I. Il pose et explique successivement ces trois définitions du sublime (mathématique) : ce qui est absolument grand ; — ce en comparaison de quoi toute autre chose est petite ; — ce qui ne peut être conçu sans révéler une faculté de l'esprit qui surpasse toute mesure des sens.

Je n'ai rien à dire contre ces définitions ; mais il faut examiner l'explication des jugements par lesquels nous déclarons sublime (au point de vue esthétique) la grandeur ou l'immensité de la nature.

J'ai longuement exposé cette explication (1) ; je me borne ici à la rappeler. Selon Kant, lorsqu'un objet est si grand, qu'il échappe aux prises de notre imagination, l'effort que cette faculté, tout impuissante qu'elle est, ne laisse pas de tenter, pour en ramener l'intuition à l'unité, atteste en nous l'existence d'une faculté supérieure, capable de concevoir l'infini comme donné dans un tout d'intuition. En effet, il a précisément pour but de rapprocher de cette idée l'intuition esthétique ; et, comme il y échoue nécessairement, puisque entre ces deux termes il y a un abîme infranchissable, cette impuissance même fait éclater en nous le sentiment de cette faculté supérieure, qui n'est autre que la raison. De là le sentiment du sublime : c'est le sentiment de la faculté que nous avons de concevoir l'infini, éveillé par l'impuissance de notre imagination à égaler cette faculté ; ou c'est le sentiment que provoque la disconvenance de l'imagination et de la raison en présence de l'immensité de la nature ; et ce sentiment est ainsi composé de deux éléments : à celui de l'impuissance ou de l'infériorité de l'imagination, il joint celui de l'excellence ou de la supériorité de la raison. De là en même temps le jugement par lequel nous déclarons cette

---

(1) Voy. plus haut, p. 87-94.

immensité sublime ; mais, à proprement parler, ce n'est pas la nature qui est sublime, c'est l'idée qu'elle éveille en moi par la violence qu'elle fait à mon imagination. N'oublions pas que, selon Kant, pour que notre jugement soit véritablement esthétique, il faut que les facultés qui concourent à le déterminer, l'imagination et la raison, soient mises en jeu librement, c'est-à-dire indépendamment de tout concept particulier de l'objet sur lequel elles s'exercent ; autrement le jugement revêt un caractère intellectuel.

Cette explication, prise à la lettre, peut donner lieu à quelques objections. D'abord cet effort et cette impuissance dont parle Kant prouvent-ils et révèlent-ils nécessairement l'existence et le sentiment d'une faculté supérieure ? ou ne s'expliquent-ils pas tout simplement par la nature et les conditions de l'imagination elle-même ? Quoi qu'il en soit, il est certain que cette explication est bien subtile, notre philosophe lui-même en conviendra (1). Or, n'y en a-t-il pas une plus simple et plus claire, à laquelle on puisse ramener celle de Kant, ou qu'on puisse admettre à côté d'elle ? Ne peut-on pas dire tout simplement que l'immensité de la nature, en confondant et en écrasant notre imagination, devient par là pour nous comme l'image de l'infini, que nous avons la faculté, non pas de comprendre, mais de concevoir, ou qu'elle éveille ainsi en nous l'idée et le sentiment de l'infini, et que c'est pourquoi nous la jugeons sublime ? Tout ce que dit Kant de la double nature du sentiment du sublime, du trouble et du plaisir qui s'y mêlent, reste vrai et s'explique aisément. Notre imagination est confondue en présence de l'immensité de la nature : nous sentons notre petitesse au sein de cette immensité, de là le trouble qui s'empare de notre âme ; mais en même temps ce spectacle l'élève, car il éveille en elle l'idée de l'infini, et de là le plaisir qui se joint à ce trouble. Il n'y a rien là qui s'éloigne beaucoup de la pensée de Kant. Seulement, dans notre manière

---

(1) P. 170.

d'expliquer les choses, le sentiment du sublime n'est pas tant celui de notre supériorité sur la nature, considérée dans son immensité, que le sentiment même de l'infini, dont cette immensité est pour nous comme une image, ou, si l'on veut (ce qui n'exclut pas d'ailleurs ce sentiment même, mais s'y allie très-bien au contraire), le plaisir de sentir notre âme élevée par la grandeur même de ce spectacle. Aussi, plus on nous découvrira cette immensité, plus on confondra par là notre imagination ; plus aussi on excitera en nous le sentiment du sublime, car plus on élèvera notre esprit vers l'idée de l'infini. Kant dira qu'il n'y a rien d'absolument grand dans la nature : rien de si grand qu'on ne puisse rabaisser jusqu'à une imperceptible petitesse, ou réciproquement rien de si petit qu'on ne puisse élever jusqu'à la grandeur d'un monde, et il a raison (1) ; mais une chose dont nous ne pouvons saisir aisément ou déterminer les limites nous confond et nous trouble, et en même temps elle a pour nous un certain charme, car elle élève notre âme, et elle l'élève d'autant plus qu'elle semble imiter davantage l'infini. Cette explication a ainsi quelque chose de plus objectif que celle de Kant ; car, bien qu'à proprement parler, l'infini ne soit pas dans la nature, du moins telle qu'elle nous apparaît, cependant elle en est pour nous comme une image, un symbole, et c'est à ce titre que nous la déclarons sublime. En ce sens c'est bien à elle que s'applique cette qualification, et nous ne la lui donnons pas seulement

(1) Cette pensée de Kant rappelle l'admirable fragment de Pascal sur les deux infinis. « Tout ce monde visible, dit Pascal, n'est qu'un trait imperceptible dans l'ample sein de la nature. Nulle idée n'en approche. Nous avons beau enfler nos conceptions au-delà des espaces imaginables : nous n'enfantons que des atomes, au prix de la réalité des choses. C'est une sphère infinie dont le centre est partout, la circonférence nulle part. » Et plus loin : « Qui n'admirera que notre corps, qui tantôt n'était pas perceptible dans l'univers imperceptible lui-même dans le sein du tout, soit à présent un colosse, un monde, ou plutôt un tout, à l'égard du néant où l'on ne peut arriver. » Voyez dans le beau travail, où M. Cousin restitue aux lettres et à la philosophie le vrai Pascal, si étrangement mutilé par ses éditeurs, l'Appendice I : *Disproportion de l'homme* ; et dans l'édition des *Pensées de Pascal*, faite par M. P. Faugère d'après les révélations de M. Cousin, le tome 2, chap. III, *Disproportion de l'homme*.

par substitution, comme le veut Kant. Par là l'explication que nous proposons semble se rapprocher davantage du langage vulgaire et du sens commun.

Kant distingue ici, comme pour le beau, deux espèces de jugements, et, par suite, de sublime : les uns se fondent uniquement sur le libre jeu de l'imagination et de la raison appliquées à la contemplation d'un objet, du ciel étoilé par exemple, considéré tel qu'il se montre à nos yeux, et indépendamment de toute idée déterminée : ceux-là, selon Kant, sont purement esthétiques ; les autres, au contraire, supposent quelque idée déterminée de l'objet auquel ils s'appliquent, par exemple, la connaissance du système céleste : ceux-ci ne sont plus purement esthétiques, ils sont aussi intellectuels. De là la différence du sublime esthétique et du sublime intellectuel. Or, cette distinction est-elle aussi profonde qu'il le prétend ? Elle n'est pas sans doute entièrement fausse : il y a tel jugement sur le sublime qui ne suppose aucune idée ou aucune connaissance déterminée, mais une simple contemplation de son objet ; tel est, par exemple, celui par lequel nous jugeons sublime le spectacle du ciel étoilé ; nous n'avons pas besoin, pour porter ce jugement, de connaître le système céleste. Qu'on me décrive maintenant et qu'on m'explique ce système, je dirai encore que cela est sublime ; mais ici mon jugement a son fondement dans des idées et des connaissances déterminées. Je ne nie pas cela ; je demande seulement si, entre ces deux espèces de jugements, ou entre les deux espèces de sublime que Kant y fait correspondre, la différence est aussi radicale qu'il le pense. Or, l'effet produit par ce qu'il appelle le sublime esthétique ne suppose pas, si l'on veut, une connaissance déterminée de l'objet ; mais il suppose toujours une idée, celle de l'infini, que la vue de cet objet éveille en nous : il a donc aussi quelque chose d'intellectuel. Et d'un autre côté, l'effet du sublime, lequel comme Kant l'a très-bien vu, résulte d'un certain jeu de l'imagination et de la raison, cet effet esthétique peut être produit aussi bien par la contemplation d'un objet dont la connaissance est déterminée, que par celle d'une chose que nous nous bornons à considérer comme elle nous apparaît. Que cet effet suppose ou non des concepts déterminés de l'objet qui le produit, ce n'est pas là, selon moi, une circonstance essentielle, mais simplement accessoire. Si donc il y a ici une distinction à établir, elle n'est pas précisément où Kant l'a placée; elle est entre les jugements qui supposent un effet de ce genre, et ceux qui sont purement intellectuels, ou accompagnés de certains sentiments particuliers, différents de l'effet esthétique proprement dit, comme le sentiment moral ou le sentiment religieux. Ainsi j'étends beaucoup la sphère des jugements esthétiques, si resserrée par Kant, en y comprenant une bonne partie de ceux qu'il en distingue; et en même temps j'établis une distinction réelle entre ces jugements et tous les autres.

II. L'explication qu'il donne de ce qu'il appelle le sublime dynamique est sujette à des objections du même genre. On peut l'admettre, mais sans exclure pour cela une explication plus simple et plus directe, et sans distinguer aussi profondément qu'il le fait, sur ce point comme sur le précédent, les jugements qu'il considère comme purement esthétiques de ceux qu'il regarde comme étant à la fois esthétiques et intellectuels.

On se rappelle l'explication de Kant : à la vue de quelque spectacle, où la nature déchaîne ses puissances, mais sans menacer notre sécurité personnelle, nous sentons notre faiblesse et notre infériorité vis-à-vis d'elle, en tant qu'êtres physiques; mais en même temps le sentiment de cette faiblesse et de cette infériorité éveille en nous celui d'une faculté par laquelle nous nous jugeons indépendants de la nature, et par conséquent supérieurs à elle. Et ainsi encore se produit en nous le sentiment du sublime : sentiment mêlé de trouble et de satisfaction, du trouble qui s'empare de notre imagination en présence des puissances de la nature, et de la satisfaction que nous éprouvons à nous sentir supérieurs à elle par un autre côté.

De là aussi le jugement par lequel nous déclarons ce spectacle sublime : ici encore ce n'est pas la nature qui est sublime, mais cette faculté qui nous rend supérieurs à elle, et dont elle éveille en nous le sentiment par le spectacle de sa puissance. Dans ce cas, comme dans le précédent, pour que notre jugement soit véritablement esthétique, il faut, selon Kant, qu'il résulte uniquement de l'effet produit immédiatement sur l'imagination et la raison par le spectacle de la puissance de la nature, considérée indépendamment de tout concept déterminé. Il ajoute ici une autre condition, c'est que le spectacle dont nous sommes témoins ne nous inspire aucune crainte sérieuse.

Cette dernière condition est, en effet, essentielle. Il semblerait d'après cela que ce qui fait le charme d'un pareil spectacle, c'est justement ce sentiment de notre sécurité personnelle, à l'aspect d'une chose terrible : le sentiment de terreur que cette chose nous inspire n'est pas sans charme, précisément parce que, tout en l'éprouvant, nous avons la certitude d'être à l'abri de tout danger, *tua sine parte pericli*. Or, ce genre de plaisir, si bien chanté par Lucrèce, est sans doute un sentiment naturel ; mais, en vérité, si tout se bornait là, en quoi mériterait-il le nom de sublime? J'admets le charme dont parle le poëte latin, mais je soutiens aussi que le sentiment du sublime est tout autre chose que cela. Pourtant, selon la juste observation de Kant, ce sentiment, en tant du moins que sentiment esthétique, ne va pas sans celui de notre sécurité personnelle. C'est qu'en effet, comme nous l'avons déjà remarqué nous-même, si le danger était réel et notre terreur sérieuse, il arriverait de deux choses l'une : ou bien cette terreur étoufferait tout autre sentiment, et alors plus de sublime ; ou bien elle serait elle-même refoulée ou combattue par le sentiment moral ou par le sentiment religieux, et alors ce que nous éprouverions ne serait plus un sentiment esthétique proprement dit, c'est-à-dire cette espèce de sentiment qui dérive d'un certain jeu de l'imagination et de l'entendement ou de la raison. Voyez la différence : du rivage où je me sais en sûreté, je contemple la tempête ; ce spectacle excite en moi le sentiment du sublime ; c'est ici un effet esthétique. Mais supposez un homme qui est exposé à ce danger et qui meurt avec ce sentiment dont parle Pascal (1); comme il y a là autre chose qu'un simple jeu de l'imagination et de la raison, il y a autre chose aussi qu'un effet purement esthétique.

On voit en même temps en quel sens on peut distinguer ici, comme pour le sublime mathématique, comme pour le beau, les sentiments et les jugements qui méritent le nom d'esthétiques de ceux qui ont un autre caractère. Selon moi, la nature propre de ces jugements est plutôt de dériver d'un certain jeu de l'imagination et de la raison ou de l'entendement, que d'être indépendants de tout concept déterminé; et ce jeu peut s'appliquer lui-même à des idées déterminées. Or, dès qu'il a lieu, qu'il ait pour objet le spectacle d'une chose considérée indépendamment de tout concept, ou qu'à ce spectacle se mêle quelque concept particulier, qu'importe? l'effet esthétique en est-il changé? Donc, ici encore, il faut étendre l'explication de Kant ; sous cette réserve, elle est très-admissible.

Mais, à côté de cette explication, que j'admire et que je suis tout prêt à accepter, n'y en a-t-il pas une autre qui se présente tout naturellement? Le sentiment du sublime dynamique n'est autre chose, selon Kant, que le sentiment de la supériorité que nous donne notre destination morale sur la nature, mêlé à celui de notre infériorité physique vis-à-vis de sa puissance ; et, si nous appelons la nature sublime, c'est uniquement parce qu'elle est capable d'éveiller en nous le premier sentiment par le second. Mais ne peut-on pas dire aussi que, si le spectacle des puissances déchaînées de la nature est sublime pour nous, c'est

(1) « Quand l'univers l'écraserait, l'homme serait encore plus noble que celui qui le tue, parce qu'il sait qu'il meurt, et l'avantage que l'univers a sur lui, l'univers n'en sait rien. » *Pensées de Pascal*, Ed. P. Faugère, t. II, ch. IV, p. 84.

tout simplement qu'en confondant et en accablant notre imagination, écrasée par la comparaison de notre faiblesse avec de telles forces, il nous donne l'idée de quelque chose d'extrêmement puissant, et que l'idée d'une puissance, comme d'une grandeur, qui rappelle l'infini, n'est pas sans charme pour nous, quoiqu'elle n'aille pas non plus sans une sorte de terreur. Dans cette explication, le sentiment du sublime est plutôt celui qui résulte de l'idée même d'une telle puissance, que, comme le veut Kant, celui de notre propre supériorité sur la nature; et, si nous déclarons la nature sublime, c'est que nous lui trouvons ou lui prêtons une qualité que nous décorons de ce nom, en sorte que le sublime n'est pas seulement en nous, mais dans l'objet même. Cette explication a donc aussi quelque chose de plus objectif que celle de Kant, et elle semble plus conforme au langage vulgaire; et, tout en laissant subsister la plupart des résultats auxquels ce grand penseur est ici arrivé, si elle est un peu moins savante, peut-être aussi est-elle un peu plus simple.

Je suis loin d'ailleurs d'accorder à ceux dont Kant réfute ici la doctrine, que, si nous jugeons sublime le déchaînement des forces de la nature, c'est que nous y voyons le signe d'une puissance vengeresse ou de la colère divine. Que cela se passe ainsi à certaines époques et dans certaines âmes, soit; mais le sentiment d'effroi et d'abattement excité dans l'homme par cette idée ne ressemble guère au vrai sentiment du sublime. Celui qui se fit si bien l'adversaire de la superstition et le défenseur de la dignité humaine ne pouvait les confondre, et je ne puis que lui donner raison sur ce point.

On sait quelle distinction Kant établit entre le sublime esthétique et le sublime intellectuel. Le premier est celui qui résulte immédiatement de l'effet produit sur notre imagination et notre raison par le spectacle, soit de l'immensité, soit de la puissance de la nature, considérée indépendamment de tout concept déterminé ; le second, au contraire, est celui dont nous jugeons au moyen de certaines idées déterminées. Or, tel est le caractère du sublime moral, de celui, par exemple, qui réside dans un acte d'héroïsme. Suivant mon opinion, il faut, il est vrai, distinguer le sublime moral proprement dit du sublime esthétique, mais non pas tout-à-fait dans le même sens que Kant. En effet, la différence qu'il établit en général entre le sublime esthétique et le sublime intellectuel n'est pas incontestable, on l'a vu ; mais on n'en doit pas moins distinguer ici deux espèces de sentiments, l'un qui n'est autre que le sentiment moral dans toute sa pureté et dans toute sa sévérité; l'autre, qui est un sentiment esthétique. Cette différence éclate même au sein de ce que l'on appelle en général le sublime moral. Supposez que j'entende le vieil Horace en personne proférer le cri que lui prête Corneille, ou que je sois témoin de quelque action héroïque, de quelque sublime dévouement, l'émotion morale que j'éprouverai ne sera-t-elle pas différente de celle qu'excitera en moi, au théâtre, la même parole, ou la même action représentée ? Celle-ci est un sentiment esthétique : elle dérive d'un jeu d'esprit, appliqué à des idées ou à des choses morales ; celle-là n'est plus simplement un sentiment esthétique : elle suppose autre chose qu'un jeu d'esprit, c'est une vraie émotion morale. Toutefois il faut convenir que, comme le sentiment du sublime est, dans tous les cas, un sentiment profondément sérieux, il est plus difficile de le distinguer du sentiment moral lui-même. N'oublions pas d'ailleurs, tout en distinguant du sentiment moral le sentiment esthétique du sublime, que ces deux sentiments sont unis ou voisins, non-seulement dans le cas que nous venons de supposer, mais dans tous les autres cas, auxquels Kant réserve le nom d'esthétiques, et que nul ne s'est fait une plus haute idée de cette union et de cette affinité que notre philosophe.

Je ne dirai qu'un mot, en terminant, des caractères d'universalité et de nécessité qu'il attribue à nos jugements sur le sublime, comme à nos jugements sur le beau. Je suis disposé à lui accorder que ces jugements, tout esthétiques qu'ils sont, — j'entends, il est vrai, ce mot dans un sens beaucoup plus large, — sont en même temps universels et nécessaires, ou qu'ils ont droit à l'assentiment universel. Seulement cette universalité et cette nécessité ne ressemblent pas tout-à-fait à celles des jugements purement rationnels ; car elles sont elles-mêmes soumises à des conditions particulières, dont il faut bien tenir compte. Mais ce que je veux relever ici, c'est une observation de Kant, dont il est très-permis, à mon sens, de prendre juste le contre-pied. Selon ce philosophe, les jugements du goût obtiennent plus aisément l'assentiment général, que les jugements sur le sublime. La chose paraîtra au moins douteuse, si l'on ne considère que le beau et le sublime de la nature : le vulgaire n'est-il pas au moins aussi sensible au second qu'au premier ? Mais, si, au lieu des beautés de la nature, on considère celles de l'art, et que l'on compare l'effet qu'elles produisent et l'assentiment qu'elles obtiennent à celui qu'obtient quelque sublime spectacle de la nature, ou même quelque sublime monument de l'art, n'est-ce pas plutôt le contraire de ce que dit Kant qui est le vrai ? Rassemblez un très-grand nombre d'hommes pris dans toutes les classes de la société ; conduisez-les dans un musée rempli d'objets d'art, faites-les assister à la représentation d'une comédie de Molière ou d'une tragédie de Racine, ou faites-leur entendre quelque beau concert ; et puis, menez-les sur les bords de la mer, mettez-les en présence de quelque grand spectacle de la nature, ou de quelque sublime édifice ; laquelle de ces deux choses réunira le plus de suffrages ? La raison sur laquelle Kant appuie son opinion est précisément celle que je ferai valoir en faveur de l'opinion contraire : les jugements sur le sublime, dit-il, supposent certaines dispositions morales, qu'on ne trouve pas chez tous les hommes. Sans doute ; mais ces dispositions, tous, même les moins cultivés, les possèdent plus ou moins; les jugements de goût, au contraire, supposent, en général, certaines connaissances et une certaine culture qui manquent à la plupart. De là vient que, même dans les pays les plus civilisés, on voit si peu d'hommes capables de goûter les beautés de l'art, ou même les beautés naturelles, tandis qu'un si grand nombre se montrent sensibles aux spectacles sublimes que leur offre la nature.

Pour conclure, je crois que, tout en acceptant les résultats généraux de la théorie de Kant sur le sublime, on peut la simplifier d'un côté et l'étendre de l'autre; par là aussi on lui donnera un caractère plus objectif, et on la rapprochera davantage du langage vulgaire et de l'opinion commune.

III.

DES BEAUX-ARTS (1).

L'antiquité, qui n'a point eu l'idée de faire du beau et du sublime l'objet d'une science spéciale, ne devait pas songer non plus à élever l'étude des beaux-arts à la hauteur d'une théorie générale. Ce n'est pas que l'esprit critique lui ait manqué. Non-seulement les beaux-arts fleurirent sur le sol de la Grèce et de l'Italie, et y atteignirent, pour la plupart, une perfection qui n'a jamais été surpassée; ils exercèrent aussi la réflexion scientifique, et chacun d'eux donna lieu à plus d'une école et à plus d'un traité. Mais ils furent plutôt examinés séparément que considérés dans leur ensemble et dans leurs rapports; les philosophes mêmes ne paraissent pas avoir eu la pensée d'en faire une étude générale et systématique, qui, les embrassant tous, en recherchât les caractères et les principes communs, entreprît de les diviser et de les classer suivant leurs différences et leurs rapports; et, après avoir marqué la place de chacun dans l'ensemble, les envisageât successivement en eux-mêmes, dans leur nature, leurs lois et leurs procédés propres, et les éclairât les uns par les autres. On peut bien trouver, soit dans les traités particuliers, soit dans les ouvrages philosophiques qui nous sont parvenus, quelques vues générales disséminées, mais nulle part un essai de ce genre. Cette tâche était réservée à la philosophie moderne, à la philosophie du xviii° siècle. Au xvii° siècle, les esprits émancipés s'étaient surtout occupés de certains problèmes de métaphysique; et si, dans le domaine des beaux-arts, cette époque fut fertile en chefs-d'œuvre, si même alors les beaux-arts n'échappèrent point absolument à la critique phi-

(1) § XLIII-LIX, p. 245-307.

losophique, ils ne furent point étudiés d'une manière générale et en vue d'une véritable théorie. Mais, au xviiie siècle, dans cet âge de la critique, comme Kant l'a appelé, où le besoin de l'analyse n'exclut pas celui de la synthèse et de l'unité, ils furent envisagés sous un jour tout nouveau : on ne se borna plus à considérer tel ou tel d'entre eux en particulier, la poésie, par exemple, ou l'éloquence ; on tenta de s'élever aux principes généraux qui les dominent tous, et d'en faire un système ; en un mot, on créa la philosophie des beaux-arts. Aujourd'hui cette étude, qui a pris la place des essais particuliers et superficiels auxquels on s'était borné jusque-là, compose, avec celle du beau et du sublime, une science à part, qui a reçu le nom d'*Esthétique*. Si cette science est loin d'être achevée, du moins a-t-elle sa place marquée dans la carte générale de l'esprit humain. L'édifice n'existe peut-être pas encore, mais l'idée en est jetée, et c'est déjà quelque chose. Or, c'est surtout à l'Allemagne que la philosophie doit cette idée ; et, quoique Kant n'ait point prétendu épuiser l'étude si féconde du beau, du sublime et surtout des beaux-arts ; quoiqu'il n'ait pas même prétendu donner de ceux-ci une théorie définitive, mais un simple essai, en cherchant à les diviser et à les classer d'une manière systématique, l'examen original et sévère auquel il soumet nos jugements sur le beau et le sublime, le travail qu'il y joint sur les beaux-arts, c'est-à-dire l'analyse qu'il entreprend de leurs caractères généraux, de leurs principes essentiels et des facultés qui les produisent, et cet essai même de division et de classification qu'il en propose, tout cela n'a point faiblement concouru au développement et au progrès de l'esthétique, singulièrement de la philosophie des beaux-arts. Pour être juste, il faut nommer ici, à côté de Kant, deux critiques éminents, ses prédécesseurs ou ses contemporains, dont les idées exercèrent une très-grande influence sur l'art et l'esthétique en Allemagne : je veux parler de Lessing et de Winkelmann ; mais il faut dire aussi qu'au point de vue de la science il y a loin de leurs ouvrages à la *Critique du Jugement esthétique.*

Décrire la nature et les caractères essentiels des beaux-arts, puis analyser les facultés qui concourent à les former, enfin les diviser et les classer d'une manière systématique, tel est donc le travail nouveau accompli ou essayé ici par Kant. Parcourons-le dans ses diverses parties.

I. Les beaux-arts, comme leur nom l'indique, ont leur principe et leur fin dans l'idée du beau (1). Or, comme le beau est essentiellement distinct de l'utile, de même les beaux-arts sont essentiellement distincts des arts mécaniques, qui ont l'utile pour fin. Ceux-ci n'ont point leur but en eux-mêmes : ils ne sont que des moyens par rapport à l'objet qu'on se propose ; et, comme pour produire cet objet, ils n'ont qu'à suivre certaines règles ou conditions déterminées d'avance, ils rentrent dans ce qu'on nomme le métier. On les appelle *mercenaires;* c'est qu'en effet le métier désigne un travail qui n'est pas agréable par lui-même, mais pénible, et auquel on ne se soumet que par nécessité. Ceux-là, au contraire, n'ayant d'autre but que le beau, ont, en ce sens, leur fin en eux-mêmes ; et, en ce sens aussi, quoiqu'ils renferment une partie mécanique et par ce côté se rattachent au métier, ils sont essentiellement libres, et éveillent plutôt en nous l'idée d'un jeu, d'un exercice par lui-même agréable, que celle d'un métier : aussi les appelle-t-on *libéraux* (2).

(1) § XLIV.
(2) L'auteur de *Calligone* (t. I, p. 157) attaque les différences signalées ici par Kant entre les arts *mercenaires* (le métier), et les arts *libéraux* (les beaux-arts). Ces différences tiennent, selon lui, à des conditions sociales, créées par la politique et non par la nature. Mais cela est-il bien sérieux ? Kant veut-il dire en effet que ceux-ci sont le privilége exclusif des *patriciens,* tandis que ceux-là sont le partage des *esclaves?* Non, mais il distingue, comme tout le monde, les arts *mécaniques,* qui ont pour but l'utile, et pour moyen l'exécution de certaines règles, qu'il faut suivre mécaniquement, ce qu'on ne fait guère pour le seul plaisir de le faire, et les arts *libéraux,* qui poursuivent, non l'utile, mais le beau, et qui sont de *libres* créations de l'esprit humain, par conséquent des choses que l'on aime pour elles-mêmes. — Herder entreprend ensuite l'histoire de ce qu'il appelle les arts libres de l'homme, au premier rang desquels il place l'architecture, parce

Mais, si les beaux-arts ont pour principe et pour fin le plaisir, on ne doit pas oublier qu'il ne s'agit ici que du plaisir du beau ; et, par conséquent, il ne faut pas les confondre avec les arts purement agréables, qui n'ont d'autre fin que la jouissance. Il y a entre ces deux espèces d'arts la même différence qu'entre le beau et l'agréable. S'ils ne veulent qu'être agréables, les arts ont atteint leur but, dès qu'ils ont réussi à flatter ou à récréer les sens ; pour mériter le nom de beaux-arts, il faut que le plaisir qu'ils procurent n'ait point rapport aux sens seulement, mais aux facultés de l'esprit, à l'imagination, à l'entendement et à la raison, ou qu'il découle du jeu de ces facultés s'exerçant librement, c'est-à-dire sans autre but immédiat que ce plaisir même (1).

C'est ainsi que Kant revendique la liberté et la dignité des beaux-arts.

La dignité des beaux-arts est une chose que personne ne

que le premier besoin de l'homme est de se faire un abri. « L'architecture, dit-il (p. 161), est regardée comme l'un des beaux-arts, et pourtant elle n'a pu naître et se développer sans but, sans peine, sans besoin. » Je l'accorde, mais toujours est-il qu'autre chose est le besoin, autre chose le sentiment du beau, autre chose l'utile, autre chose le beau lui-même ; et que, même dans l'architecture, le plus *utile* de tous les beaux-arts, la distinction est facile à faire.

(1.) Par arts agréables Kant n'entend même pas ici d'ailleurs ceux qui s'adressent aux sens les plus grossiers, le goût ou l'odorat, comme l'art du cuisinier ou celui du parfumeur ; il entend des arts d'un genre plus relevé, mais qui n'ont d'autre but que de produire une série de sensations agréables, et par là se distinguent des beaux-arts, lesquels tendent à nous procurer le plaisir du beau dans toute sa pureté. « Tels sont, dit-il (p. 249), tous ces attraits qui peuvent charmer une société à table, comme de raconter d'une manière amusante, d'engager la société dans une conversation pleine d'abandon et de vivacité, de la monter par la plaisanterie et le rire à un certain ton de gaîté, où l'on peut dire en quelque sorte tout ce qui vient à la bouche, et où personne ne veut avoir à répondre de ce qu'il dit, parce qu'on ne songe qu'à nourrir l'entretien du moment, et non à fournir une matière durable à la réflexion et à la discussion. — Il faut aussi rapporter à cette espèce d'art celui du service de la table, ou même la musique dont on accompagne les grands repas, qui n'a d'autre but que d'entretenir les esprits par des sons agréables sur le ton de la gaîté, et qui permet aux voisins de converser librement entre eux, sans que personne accorde la moindre attention à la composition de cette musique. — Rangeons aussi dans la même classe tous les jeux qui n'offrent pas d'autre intérêt que de faire passer le temps. »

peut raisonnablement contester. Tout le monde reconnaît qu'ils ne doivent pas être traités comme des métiers, qu'il les faut aimer et cultiver pour eux-mêmes, ou, si l'on veut, pour le plaisir pur et désintéressé qu'ils procurent, et non par amour de l'argent ou de quelque avantage matériel qu'ils auraient pour but de produire. Tout le monde reconnaît également que, s'ils n'ont pas pour but l'utilité, mais le plaisir, ils ont aussi une fin plus relevée que celle qui consisterait à flatter les sens, ou même à récréer l'imagination toute seule, sans s'adresser en même temps à l'esprit. On a pu quelquefois profaner la dignité des beaux-arts, on n'a jamais pu la nier. Souvent les artistes, excités surtout par l'appât du lucre, ont rabaissé leur art au rang d'un métier, et il faut convenir que jamais cet abus n'a été poussé plus loin que de nos jours. En outre, ils ont voulu plaire, en s'adressant surtout aux sens, en cherchant même à exciter les désirs sensuels ; et cette dégradation des beaux-arts n'était pas rare au siècle où régnait la philosophie de la sensation, que Kant entreprit de détrôner. Mais que, dans l'un et l'autre cas, ils aient manqué à leur mission, c'est ce qu'un esprit un peu élevé ne saurait un instant mettre en doute. Kant ne fait donc ici que proclamer une vérité évidente, quoiqu'elle soit souvent oubliée, et quoique, de son temps, il fût plus que jamais nécessaire de la rappeler.

La liberté qu'il revendique en même temps pour les beaux-arts n'est pas un principe sur lequel il soit aussi facile de s'entendre et de s'accorder. Nous touchons ici à l'un des côtés les plus originaux et les plus intéressants de la doctrine esthétique de Kant. Le principe de la liberté de l'art est, en effet, l'une des vérités les plus importantes et les plus neuves qu'on y puisse recueillir ; mais cette vérité a besoin d'être bien éclaircie et bien entendue, car elle peut donner lieu à beaucoup de difficultés et de contestations.

Kant n'a point considéré à part et formulé le principe de la liberté de l'art, comme on l'a pratiqué depuis ; mais ce principe ressort clairement de l'idée même qu'il se fait des beaux-arts. Selon lui, les beaux-arts ont leur fin en eux-mêmes, c'est-à-dire dans l'idée du beau, et non point dans quelque but étranger qui déterminerait les conditions auxquelles ils seraient assujettis; par là, il reconnaît leur indépendance. Dès lors les beaux-arts ne sont plus seulement des moyens ; ce ne sont plus de purs instruments, au service de la politique, par exemple, ou de la morale, ou de la religion ; ils ont une existence et une valeur propres. En outre, Kant a bien vu que l'essence des beaux-arts ne consiste point dans une exécution plus ou moins parfaite de certaines règles déterminées d'avance, mais dans une libre création de l'esprit humain ; et que, s'il y faut faire une part au mécanisme, sans quoi, comme il le dit fort bien (1), l'esprit qui anime l'œuvre ne pourrait recevoir de corps et s'évaporerait tout entier, il faut aussi laisser à l'esprit toute sa liberté, sans quoi l'œuvre, manquant de spontanéité et d'originalité, ne satisferait point au principe vital des beaux-arts. Par là, sans prétendre les affranchir de toute espèce de règle et de discipline, il les soustrait du moins au joug des règles convenues et à l'empire de la routine. Ainsi Kant a fait ici deux choses essentielles : d'une part, il a donné aux beaux-arts une existence distincte et une valeur propre, une valeur qu'ils tirent d'eux-mêmes et n'empruntent pas à quelque fin étrangère pour laquelle ils serviraient de moyens; de l'autre, il a proclamé leur indépendance vis-à-vis des règles de l'école, et a bien vu que l'originalité est une de leurs conditions essentielles. Ce sont là deux vérités qui ont besoin d'être proclamées bien haut, car l'oubli en a été souvent funeste aux beaux-arts ; mais elles ont besoin aussi d'être éclaircies, car, faute d'être bien entendues, elles n'ont pas toujours été convenablement acceptées.

Nous avons dit comment Kant, en reconnaissant que les

---

(1) P. 247.

beaux-arts ont leur fin en eux-mêmes, ou ont immédiatement pour but le plaisir du beau, lequel dans sa doctrine est un sentiment d'une espèce toute particulière, leur attribue par là une existence et une valeur propres. Or, il y a là le germe d'une idée qui depuis a fait beaucoup de progrès et s'est élevée à la hauteur d'une théorie; je veux parler de ce principe ou de cette doctrine qu'on désigne de nos jours par la célèbre formule de *l'art pour l'art*. Sans doute la théorie de l'art pour l'art est loin d'être développée dans l'esthétique de Kant; elle n'y est pas même indiquée, au moins explicitement, et nulle part on n'y trouverait la formule aujourd'hui consacrée; mais cette théorie, en ce qu'elle a de fondé, est certainement contenue en germe dans les idées de Kant sur le beau et les beaux-arts, et cette formule n'a rien que de parfaitement conforme à ces idées. En effet, pour ce philosophe, le sentiment du beau est un sentiment à part, essentiellement distinct de tout autre, du sentiment moral, par exemple, dont il peut bien être comme le frère et l'auxiliaire, mais avec lequel on ne saurait le confondre sans le détruire, du moins à titre de sentiment esthétique; et les beaux-arts, qui ont immédiatement pour but ce sentiment, et qui par conséquent sont essentiellement libres, comme le principe d'où il émane, sont aussi par cela même essentiellement distincts de tout autre objet. Aussi ne ferai-je que développer la pensée de Kant en disant que les beaux-arts sont une chose, que la morale ou la religion en est une autre; que la première a sans doute quelque lien de parenté avec la seconde, comme le sentiment du beau avec le sentiment moral ou le sentiment religieux; que même elle peut et doit s'allier à elle dans certains cas, mais qu'elle ne saurait jouer le rôle d'instrument sans se détruire, et que, par conséquent, ce que le vrai artiste recherche et aime avant tout dans l'art, c'est l'art lui-même. Or, la théorie de l'art pour l'art ne signifie pas autre chose; elle est donc entièrement conforme à l'esprit de l'esthétique kantienne.

J'ajoute que, bien entendue, elle est conforme à la vérité, quoiqu'elle compte peut-être autant d'adversaires que de partisans. Il est vrai qu'on l'a souvent exagérée, que quelquefois on en a étrangement abusé, et que cette exagération et ces abus ont provoqué les récriminations et les attaques. Mais faut-il juger de la valeur d'une chose par l'exagération ou par les abus qu'on en peut faire? et ceux qui attaquent la théorie de l'art pour l'art l'entendent-ils toujours bien? Sans doute ils n'en comprennent pas le vrai sens, celui que j'indiquais tout-à-l'heure. On se récrie contre la formule! Si c'est l'expression qui choque, je suis prêt à en faire bon marché, pourvu qu'on m'accorde l'idée; mais laissons les mots, allons aux choses. On ne veut pas l'art pour l'art; pourquoi donc le veut-on? Pour les avantages matériels qu'on en peut recueillir? Assurément non. Je demande alors de nouveau : pour quoi le veut-on? Pour le bien de la morale, dira-t-on, ou celui de la religion. Ainsi les beaux-arts ne seraient à vos yeux que des instruments au service des vérités morales et religieuses? Cela est très-édifiant sans doute; mais alors que ferez-vous de toutes ces œuvres de l'art qui n'ont absolument rien à démêler avec ces vérités? Leur refuserez-vous toute valeur esthétique, et défendrez-vous à l'art d'en produire de ce genre? Il y a donc toute une partie de l'art que vous ne pouvez expliquer, et que, pour être conséquent, il faudrait retrancher d'un seul coup. Et, quant à cette autre partie où les idées morales et religieuses entrent directement, si l'art n'est pour vous qu'un moyen de faire accepter et de répandre ces idées, il faut tout subordonner, tout sacrifier à ce but, et les procédés que vous emploierez n'auront de valeur qu'autant qu'ils vous serviront à l'atteindre. Mais comment, avec cette seule mesure, rendre compte de la beauté d'une fable de Lafontaine ou d'une tragédie de Racine (1)? Cette théorie, qui enlève à l'art toute va-

(1) La poétique de Lafontaine ne suffirait guère à expliquer toutes les beautés que ce charmant conteur a semées à profusion dans ses fables; et, s'il fallait la prendre à la lettre, les fables de Phèdre seraient souvent préférables : car elles sont bien plus sévèrement et plus directement appropriées à leur but moral

leur propre, et n'y voit qu'un instrument au service de la morale ou de la religion, conduit d'ailleurs à la négation même de l'art ; car, si d'autres moyens peuvent mener plus directement et plus sûrement au même but, il les faut préférer. Il faut donc distinguer l'art de la morale et de la religion. Est-ce à dire qu'il puisse être impunément immoral ou irréligieux ? Qui oserait le prétendre ? Et, si pareille faute a été trop souvent commise, qui voudrait la justifier ? Qui ne voit que ce qui révolte la raison révolte aussi le goût, et que ce qui est contraire au bien ne saurait être beau ? Ce n'est pas à dire non plus qu'entre l'art d'une part, et la morale ou la religion de l'autre, il n'y ait aucune analogie, aucune alliance possible. D'abord le sentiment pur et désintéressé que produit la contemplation des chefs-d'œuvre de l'art, même de ceux où les idées morales et religieuses n'entrent pour rien, est un sentiment de la même famille que le sentiment moral ou le sentiment religieux, et par conséquent le premier peut nous préparer au second : il est certain qu'il a naturellement pour effet d'arracher l'âme aux appétits grossiers, d'adoucir sa rudesse naturelle, et de la disposer, en l'humanisant, à tous les sentiments nobles et élevés. Ensuite l'alliance peut être directe : l'art peut travailler sur certaines idées morales et religieuses, et même alors il acquiert une beauté supérieure ; mais c'est à la condition qu'il traite ces idées à sa manière, ou les revête des caractères qui lui sont propres ; en un mot, qu'il reste lui. Loin de moi d'ailleurs la pensée que l'artiste, le grand artiste, puisse être indifférent aux idées qu'il exprime, et ne doive s'attacher qu'à la forme. Si c'était là le vrai sens de la théorie de l'art pour l'art, je m'empresserais de la rejeter (1). Je ne crois pas que l'art,

et philosophique. Mais aussi elles sont beaucoup moins des œuvres d'art. — Quant aux tragédies de Racine, quoiqu'elles aient assurément un caractère moral, et quelques-unes un caractère religieux très-prononcé, elles perdraient beaucoup à n'être considérées qu'au point de vue de la morale et de la religion.

(1) C'est le sens que lui donne un écrivain aimable, enlevé récemment aux lettres et aux arts, M. Tôpffer. Dans son piquant *Essai sur le beau dans les arts*

ainsi entendu ou pratiqué, puisse jamais produire quelque chose de vraiment beau. L'art vit d'inspiration ; or, qu'est-ce que l'inspiration sans la foi ? Si l'artiste ne trouve pas cette foi en lui-même, il la trouve au moins dans l'esprit de son temps, et, pour ainsi parler, dans l'air qu'il respire, et il y puise ses propres inspirations. Autrement, il ne produit que des œuvres sans vie et sans grandeur. La vertu de l'art réside essentiellement dans l'expression, c'est-à-dire dans l'harmonie de l'idée et de la forme. Or, que peut être la forme, si l'idée n'enflamme pas l'âme de l'artiste, si elle n'est pour lui que l'occasion et la matière d'un jeu d'esprit ? Il ne faut donc pas dans l'art sacrifier entièrement l'idée à la forme, ce serait le détruire en le dégradant ; mais il ne faut pas non plus sacrifier entièrement la forme à l'idée, et ne voir dans la première qu'un moyen utile pour enseigner la seconde ; car par là on enlèverait à l'art son originalité et son indépendance, et par cette autre voie on arriverait également à le détruire.

C'est dans ce sens, et avec ces restrictions, qu'il faut admettre la théorie de l'art pour l'art (1). Elle repose sur ce prin-

(*Réflexions et menus-propos d'un peintre génevois*), legs précieux trouvé dans ses papiers, il traite *d'absurdité l'art pour l'art*, c'est-à-dire, selon lui, *la forme pour la forme, la forme se servant à elle-même de but et de moyen* (2me vol., chap. XLIV). En ce sens M. Toppfer a raison ; mais telle n'est point l'idée fondamentale de la théorie de *l'art pour l'art*. Cette idée, M. Toppfer l'admet et la développe parfaitement lui-même, sauf l'expression, lorsqu'il met la liberté au rang des attributs essentiels de l'art, et qu'il parle des cas où cette liberté est *entravée par le but philosophique, ou social, ou religieux, ou politique, poursuivi principalement dans la peinture des caractères*, et de celui où, *sous prétexte de vérité ou de moralité, l'on annule entièrement la liberté de conception* (2me vol., chap. XXV-XXXI.). — Dans le beau volume qu'il a écrit sur l'art (*Esquisse d'une philosophie*, t. III, p. 188), M. Lamennais traite aussi l'art pour l'art d'absurdité. Mais sur ce point, comme sur beaucoup d'autres, ce volume, si remarquable d'ailleurs par l'élévation des idées, l'éclat du style et la science des détails, n'a point ce caractère précis et rigoureux que doit rechercher avant tout la philosophie.

(1) Dans ses éloquentes leçons sur l'art (*Cours de l'histoire de la philosophie moderne*, 1re série, t. II, leçons 14-15), qui rappellent, mais en les enrichissant et en les dépassant, le cadre tracé par Kant et quelques-unes de ses idées, M. Cousin a supérieurement établi le vrai sens de la théorie de l'art pour l'art. — Au premier rang des partisans de cette théorie, il faut citer Hegel, l'un des

cipe incontestable que l'art est une chose existant d'une vie qui lui est propre, et que, par conséquent, on ne peut, sans le détruire, le rattacher comme un simple appendice à quelque autre chose placée en dehors de lui, comme la morale, par exemple, ou la religion ; mais ces choses diverses ne sont pas sans analogie et sans lien, et finalement elles concourent au même but, le perfectionnement et le bien de l'homme. Dans la nature humaine, comme partout dans le monde, tout est divers, mais tout est harmonieux. Ne confondons pas ce qui est divers, mais n'oublions pas que l'harmonie règne au sein même de la diversité.

Je me suis un peu éloigné de Kant, mais je suis sûr de n'avoir point dépassé sa pensée. En reconnaissant que l'art a eu lui-même son principe et sa fin, il en fait une chose essentiellement distincte de toute autre, sans méconnaître les liens qui l'unissent aux choses mêmes avec lesquelles on ne le confondrait qu'à la condition de l'annihiler (1). En même temps il reconnaît, comme je l'ai déjà remarqué, que l'art est autre chose que ce mécanisme qui consisterait à suivre certains procédés ou certaines règles déterminées d'avance ; et que, s'il est en effet assujetti par un côté à des procédés ou à des règles de ce genre, l'esprit qui l'anime doit rester libre, et, dissimulant ces procédés ou ces règles, auxquelles il est forcé de se sou-

---

philosophes qui ont le plus approfondi la question de la nature et des caractères de l'art. Voyez le *Cours d'esthétique* (analysé et traduit en partie par M. Bénard), particulièrement l'*Introduction*, où cette question est traitée avec une originalité et une pénétration remarquables. — Voyez aussi, sur le même sujet, dans le *Dictionnaire des sciences philosophiques* un excellent article du traducteur de l'Esthétique de Hegel, M. Bénard.

(1) Nous avons même vu plus haut (p. 74) Kant demander que l'on traite et que l'on juge les beaux-arts, comme le goût fait, selon lui, les beautés de la nature, c'est-à-dire indépendamment de toute idée ou de toute fin déterminée ; et nous lui avons reproché de restreindre par là les beaux-arts à la pure fantaisie. C'est là justement l'abus de la théorie de *l'art pour l'art*. Mais disons tout de suite que, tout en maintenant ce qu'il y a de fondé dans cette théorie, à savoir le principe de la *liberté* de l'art, Kant s'est lui-même élevé ailleurs (voy. trad. franç. t. i, p. 286) contre l'abus qu'il semblait d'abord encourager, en condamnant sévèrement les œuvres des beaux-arts, « qui, de près ou de loin, ne sont pas liées à des idées morales. »

mettre, effaçant partout la trace du travail et de l'effort, donner à ses œuvres un cachet d'originalité et de spontanéité. Kant exprime heureusement cette idée en disant que, tandis que la nature n'est belle que quand elle fait l'effet de l'art, en revanche l'art n'est beau qu'autant qu'il fait l'effet de la nature (1). Cela ne veut pas dire que le but de l'art soit l'illusion; cette fausse théorie, qui fait de l'illusion la fin et la perfection de l'art, se trouve ici indirectement réfutée. Pour juger de la beauté artistique, il faut que je sache que l'œuvre soumise à mon jugement est une œuvre d'art; autrement, la chose pourra me plaire comme ferait la nature même, elle ne me plaira pas comme une chose d'art. Mais il faut en même temps que cette œuvre paraisse tout aussi indépendante de la contrainte des règles, tout aussi spontanée que si elle était une libre production de la nature.

En somme, la partie du travail de Kant, que nous venons d'examiner, contient sur les beaux-arts, sur leurs caractères et leurs principes essentiels, des idées à la fois justes et neuves, mais dont notre philosophe n'a point tiré tout le parti possible; il y a là plutôt le germe d'une théorie qu'une théorie véritable. En outre, quoiqu'il ait bien vu quelques-uns des caractères essentiels des beaux-arts, on peut lui reprocher de n'en avoir pas suffisamment approfondi la nature. Il a bien distingué les beaux-arts des arts mécaniques et des arts agréables, il a bien montré qu'ils ont en eux-mêmes leur principe et leur fin, il leur a bien attribué une valeur propre et une véritable indépendance; mais il n'a pas suffisamment expliqué la nature intime, les principes fondamentaux et les éléments constitutifs de l'art; et, sous ce rap-

---

(1) § LIV, p. 215. — Herder (*Calligone*, t. I, p. 178), remarque que cette idée de Kant avait été souvent exprimée avant lui, et il ne manque pas d'ajouter qu'elle l'avait été beaucoup plus heureusement. Il cite comme exemple ces deux vers, que Lessing avait écrits sur l'album d'un comédien :

Wo Kunst sich in Natur verwandelt
Da hat Natur wie Kunst gehandelt.

c'est-à-dire à peu près : Là où l'art se fait nature, la nature s'est faite art.

port, sa théorie des beaux-arts a le même défaut que sa théorie du beau : toujours ingénieuse et fine, elle manque parfois de profondeur. C'est aussi le jugement que nous aurons à porter sur la partie de cette théorie à laquelle nous arrivons maintenant, l'analyse des facultés qui produisent les beaux-arts.

II. Toutes ces facultés se résument en une seule qu'on nomme le génie, et les beaux-arts ne sont pas autre chose que des productions du génie (1). Qu'est-ce donc que le génie, et quels en sont les caractères essentiels? Voilà ce que recherche Kant, avant d'entrer dans l'analyse des facultés mêmes qui le constituent.

Les beaux-arts, on l'a vu, supposent autre chose qu'une certaine habileté d'exécution, telle que celle qu'on peut montrer en suivant exactement et en appliquant convenablement certaines règles prescrites, et l'originalité est une de leurs conditions essentielles. Il suit de là qu'ils exigent une certaine disposition naturelle ou un certain talent inné, que l'étude et l'exercice peuvent sans doute cultiver et développer chez l'artiste qui le possède, mais qu'ils ne sauraient donner à celui que la nature en a privé. Mais l'originalité ne suffit pas, car on peut être à la fois très-original et très-extravagant, et l'on ne produira pas pour cela quelque chose de vraiment beau. Il faut encore que les productions de ce talent joignent à l'originalité une telle perfection qu'elles puissent être proposées comme des modèles. Or, ce talent inné, en vertu duquel l'artiste produit des œuvres à la fois originales et exemplaires, voilà justement ce qu'on appelle le génie.

Ces deux caractères du génie supposent eux-mêmes une qualité qui exprime, en quelque sorte, la nature de cette singulière faculté, et dont Kant se sert pour la définir.

Le génie produit des œuvres exemplaires, c'est-à-dire des œuvres capables de servir elles-mêmes de règles aux beaux-

(1) § XLVI.

arts; il a donc lui-même sa règle : autrement, loin de produire des chefs-d'œuvre, il n'enfanterait que des rêves incohérents, indignes du nom d'art, car l'art et le déréglement sont choses contradictoires. Mais cette règle, dont le génie nous offre l'exemplaire vivant dans les chefs-d'œuvre qu'il produit, ce n'est point une recette ou un procédé tracé d'avance, qu'il se bornerait à mettre en pratique; car le génie est autre chose aussi que l'habileté d'exécution, il est essentiellement original. Il reste donc que le génie la crée, pour ainsi dire, lui-même : elle n'est autre chose que l'harmonie de nos facultés librement mises en jeu ; et cette harmonie, qu'il est impossible de réduire en formule, car elle y échappe par sa nature, elle est l'œuvre même du génie. C'est ce que Kant exprime d'une manière un peu subtile peut-être, en disant que « le génie est le talent qui donne à l'art sa règle, » ou encore « la qualité innée de l'esprit par laquelle la nature donne la règle à l'art. » On comprend aussi maintenant comment il appelle *arts du génie* les beaux-arts. Cette expression est pour lui caractéristique ; car, d'après l'idée qu'il se fait du génie et des beaux-arts, elle ne peut convenir qu'à ceux-ci, et ne saurait s'appliquer aux arts mécaniques.

Aux caractères déjà attribués au génie, qui fait le grand artiste, il en faut ajouter un autre, qui ressort des précédents : c'est que le génie n'a pas, en quelque sorte, conscience de lui-même; c'est-à-dire que l'artiste de génie ne peut, comme le savant, se rendre compte à lui-même, et expliquer aux autres par quelle voie et par quelle série de degrés et de procédés il est arrivé à concevoir et à exécuter ce chef-d'œuvre qu'on admire (1). Aussi ne peut-il communiquer son talent, comme le savant sa science. Ce talent meurt avec lui, ou ne vit que dans ses propres œuvres, qu'aucune description ne saurait remplacer ; et, tandis que la science, qui se communique de

(1) « C'est sans doute pour cela, dit Kant (p. 234), que le mot *génie* a été tiré du mot *genius*, qui signifie l'esprit particulier qui a été donné à un homme à sa naissance, qui le protège, le dirige et lui inspire des idées originales. »

l'un à l'autre, va sans cesse croissant, le génie ferme souvent la carrière après lui.

Kant distingue même si profondément le talent que la nature a mis en quelques-uns pour les beaux-arts, de cette heureuse qualité d'esprit qui rend certains hommes propres à la découverte de la vérité, que, selon lui, entre les esprits intelligents et laborieux qui suivent les maîtres de la science, se bornant à comprendre et à exposer leurs découvertes, et ces maîtres eux-mêmes, il n'y a qu'une différence de degré, tandis qu'entre le vulgaire imitateur et l'artiste inspiré il y a une différence de nature. C'est que, s'il faut une force d'esprit extraordinaire pour arriver par ses propres méditations à la découverte de certaines vérités, quelle que soit cette force d'esprit, et de quelque grande vérité qu'il s'agisse, ce que l'on trouve ainsi, on eût pu l'apprendre et on peut l'enseigner aux autres, tandis qu'on n'apprend pas et qu'on n'enseigne pas à composer de beaux vers. Aussi Kant veut-il qu'on réserve le nom de génie au talent inspiré de l'artiste. « Ce n'est pas, ajoute-t-il aussitôt (1), que nous voulions abaisser ici ces grands hommes auxquels le genre humain doit tant de reconnaissance, devant ces favoris de la nature qu'on appelle des artistes. Comme les premiers sont destinés à concourir par leurs talents au perfectionnement sans cesse croissant des connaissances et de tous les avantages qui en dépendent, ils ont en cela une grande supériorité sur eux. En effet, l'art n'est pas comme la science : il s'arrête quelque part, car il a des limites qu'il ne peut dépasser ; et ces limites ont été sans doute atteintes depuis longtemps, et ne peuvent plus être reculées. »

On voit que Kant sait bien consoler les maîtres de la science du nom qu'il leur enlève. Peut-être cependant le blâmera-t-on de leur contester un titre que le genre humain n'a jamais hésité à leur accorder, quoique chez lui ce scrupule semble annoncer une bien grande modestie. Peut-être pensera-t-on que

(1) P. 356.

l'humanité est mieux avisée, en confondant judicieusement sous un même titre ces deux espèces d'hommes, qui ont également droit à son admiration et à sa reconnaissance, les maîtres de la science et les maîtres de l'art. Peut-être même, passant du mot à la chose, trouvera-t-on un peu de subtilité dans les différences que Kant établit entre les uns et les autres. Mais il ne faut pas oublier ce qu'il y a de vrai au fond : ici, comme presque partout, les remarques de Kant cachent sous des formes subtiles une très-grande pénétration. Il a bien vu que le propre du génie artistique, c'est l'inspiration, et, par suite, l'ignorance de ses procédés; que le propre du génie scientifique, au contraire, c'est la réflexion, et, par suite, la conscience de tous ses pas. Il a bien vu que, dans les beaux-arts, on ne peut apprendre ce que donne le génie; tandis que, dans la science, si le génie ne se donne pas plus là qu'ailleurs, on peut apprendre du moins ce qu'il trouve, et même à la rigueur le trouver sans lui. Aussi les beaux-arts ne peuvent-ils se passer du génie, et le travail le plus persévérant n'y saurait-il suppléer; au contraire, si le génie fait faire parfois à la science des pas immenses, l'intelligence et le travail pourraient parvenir à la longue au point où il s'élève souvent d'un seul coup, et au besoin le remplacer (1). C'est là ce qui fait dire à Kant que l'artiste de génie diffère essentiellement du vulgaire imitateur, tandis que le plus grand inventeur, en fait de science, ne diffère que par le degré du plus laborieux des esprits auxquels il communique ses découvertes.

Kant pense avec raison qu'il n'y a rien de plus opposé au

---

(1) Schelling développe la même idée dans son *Système de l'idéalisme transcendental*; voyez la traduction française de cet ouvrage par M. P. Grimblot, p. 311, ou le volume publié par M. Bénard sous ce titre, *Schelling, Écrits philosophiques et morceaux propres à donner une idée générale de son système*, p. 384. — Herder conteste la justesse de cette idée de Kant, reprise plus tard par Schelling, et les objections qu'il adresse à son ancien maître ne sont pas toutes sans valeur; mais, comme toujours, il ne veut pas voir ce qu'il y a de fondé dans l'opinion du philosophe critique. (Voy. son Examen de la théorie kantienne du génie, et le chapitre dogmatique qu'il y joint (*Calligone* t. II, p. 32-45).

génie et rien de plus funeste aux beaux-arts que l'esprit d'imitation. Mais, d'un autre côté, il semble faire appel à cet esprit, en proposant les productions du génie comme des modèles qui donnent leur règle aux beaux-arts. Il n'y a point là de contradiction. D'abord cette règle supérieure ne peut, on le sait, être réduite en formule; mais elle est contenue dans les chefs-d'œuvre comme en un exemplaire vivant, qu'aucune description ne peut rendre et remplacer. Ensuite, si l'artiste les doit étudier, ce n'est pas pour les copier, mais pour s'en inspirer à son tour. Il ne doit pas chercher à en extraire la règle à suivre, car il ne serait plus alors qu'un servile imitateur, ou que le disciple fidèle d'une école dont l'esprit serait tout entier dans le maître; mais il doit s'en servir comme d'une œuvre de génie propre à éveiller son propre génie. Ainsi Kant a bien reconnu que, si l'imitation servile tue le génie et avec lui les beaux-arts, la contemplation des chefs-d'œuvre le provoque et l'inspire. Virgile s'inspire d'Homère, il ne l'imite pas; et, s'il n'est pas aussi original que ce père de la poésie, il a son originalité propre; aussi est-il un poëte de génie. Silius Italicus, au lieu de s'inspirer de Virgile, l'imite servilement; c'est qu'il manque de génie. Racine, s'inspirant des anciens, crée un genre de poésie qui lui est propre; ses tragédies sont des œuvres de génie. Campistron imite Racine, mais sans originalité, c'est-à-dire sans génie. Kant veut d'ailleurs que l'on distingue dans les œuvres de l'art entre le fond et la forme : si le fond vient du génie, si lui seul peut fournir une riche matière aux productions des beaux-arts, et s'il veut être libre; pour travailler cette matière et lui donner une forme satisfaisante et durable, il faut, avec un goût exercé, des règles déterminées, auxquelles il n'est pas permis de se soustraire, et, dans le bon sens du mot, un talent formé par l'école (1).

Après avoir reconnu les caractères du génie, il faut chercher à déterminer les facultés qui le constituent. C'est ce

(1) P. 358.

que fait Kant dans une analyse ingénieuse et savante (1).

Le génie suppose l'imagination, c'est-à-dire cette faculté par laquelle nous nous représentons les choses, même les spirituelles, comme les idées et les sentiments de l'âme, sous certaines formes sensibles. C'est elle qui lui fournit les matériaux qu'il met en œuvre. Il faut donc qu'il ait à son service une imagination vive et féconde. Mais l'imagination ne suffit pas. Une imagination déréglée, si puissante et si riche qu'elle fût, ne pourrait passer pour du génie. Les matériaux que fournit l'imagination, il faut encore les mettre en œuvre, de manière à en composer un ensemble harmonieux, qui, tout en mettant l'imagination en jeu, satisfasse aussi l'entendement. Mais, si l'imagination toute seule ne suffit pas pour former le génie, l'entendement tout seul n'y suffit pas davantage. Un esprit élevé et étendu peut faire un philosophe; il ne fera pas pour cela un poëte ou un artiste. Un poëme, rempli d'idées solides et profondes, mais exprimées en termes abstraits et philosophiques, pourrait être un ouvrage savant; ce ne serait pas une œuvre poétique. Qu'y manquerait-il donc pour qu'il méritât ce titre? l'imagination. Il faut que le poëte ou l'artiste vivifie ses conceptions par des images qui mettent si bien l'imagination en jeu, qu'aucun concept déterminé ne puisse rendre cette multitude de représentations qu'elles éveillent en nous. Ainsi, pour prendre l'exemple donné par Kant (2), un poëte a-t-il à parler

---

(1) § XLIX.

(2) Kant tire cet exemple d'une épître du philosophe de Sans-Souci au maréchal Keit *sur les vaines terreurs de la mort et les frayeurs d'une autre vie.* J'ai rétabli le texte dans ma traduction, mais en ajoutant que l'exemple choisi par Kant ne gagnait pas beaucoup à cette restitution. Voici d'ailleurs les vers du grand roi, comme il l'appelle :

> Oui, finissons sans trouble et mourons sans regrets,
> En laissant l'univers comblé de nos bienfaits.
> Ainsi, l'astre du jour, au bout de sa carrière,
> Répand sur l'horizon une douce lumière ;
> Et les derniers rayons qu'il darde dans les airs
> Sont les derniers soupirs qu'il donne à l'univers.

d'une âme que l'amour de l'humanité remplit encore à son dernier moment, il nous présentera l'image du soleil dont les derniers rayons semblent un doux adieu à la terre; et cette image, en éveillant en nous la foule des représentations qui s'y rattachent, en évoquant le souvenir de tout ce qu'il y a de délicieux dans une soirée sereine, succédant à un beau jour d'été, et en mettant par là notre imagination en jeu, vivifiera une idée qui sans cela nous aurait laissés froids (1).

Ces sortes de représentations destinées à vivifier ainsi certaines idées, en leur donnant une forme sensible à laquelle elles échappent par leur nature, ou qu'elles n'ont pas ordinairement dans la réalité, et en suscitant en même temps dans l'imagination une foule de représentations analogues, auxquelles aucun concept déterminé ne saurait être adéquat, Kant les désigne sous le nom d'*idées esthétiques* (2), et il appelle *âme* le don qu'a l'artiste de produire des idées de ce genre. C'est l'âme qui vivifie l'esprit et en fait du génie; elle est le principe des beaux-arts, et particulièrement de la poésie, car c'est surtout dans ce premier de tous les arts qu'éclate

(1) Il arrive quelquefois aussi, comme le remarque Kant, qu'on se sert d'un concept intellectuel pour relever une image sensible, comme lorsqu'un poëte compare la lumière qui jaillit du soleil au calme qui jaillit du sein de la vertu. Mais il remarque qu'en pareil cas on a recours à l'élément sensible qui accompagne en nous le concept intellectuel, dont on se sert, par exemple ici, le calme que fait naître en nous la conscience de la vertu. On peut citer comme un exemple du même genre et expliquer de la même manière cette comparaison célèbre du poétique auteur de *René* : « Quelquefois une haute colonne se montrait seule debout dans un désert, comme une grande pensée s'élève par intervalle dans une âme que le temps et le malheur ont dévastée. »

(2) Dans une *Remarque*, que j'ai analysée plus haut (voy. la note de la p. 65) Kant nous a déjà rappelé ce qu'il entend spécialement par *idée* dans sa *Critique de la raison pure*), et indiqué pourquoi il désigne aussi sous ce nom ces représentations de l'imagination : d'une part, elles tendent au moins à quelque chose qui est placé au-delà des limites de l'expérience, soit qu'elles servent à donner une forme sensible à des concepts de choses invisibles, comme l'éternité, la création, soit qu'elles aient pour but d'idéaliser la vulgaire réalité ; et, d'autre part, ce qui est pour lui le principal motif, il ne peut y avoir de concept parfaitement adéquat à ces représentations. Il rapproche et oppose les idées esthétiques et les idées rationnelles : celles-ci sont des concepts auxquels on ne peut trouver de représentation adéquate ; celles-là des représentations qu'aucun concept déterminé ne peut rendre exactement.

sa puissance. Le poëme dont nous parlions tout-à-l'heure serait sans âme; aussi n'aurait-il rien de poétique.

Kant a raison, l'âme est le principe vivifiant de l'esprit, la condition du génie, la source de la poésie et des beaux-arts. Mais qu'est-ce que l'âme? Nous l'a-t-il bien dit? Il désigne sous ce nom un talent que l'artiste doit en effet posséder, celui de trouver dans la nature sensible ces formes expressives qui vivifient l'esprit en mettant en jeu l'imagination, et ce qu'il attribue à l'âme est bien ce qu'elle produit; mais il ne semble y voir qu'un don particulier de l'imagination, et c'est ici que son analyse des facultés qui constituent le génie me parait embarrassée et insuffisante. Si cette faculté qu'il appelle l'âme ne diffère pas essentiellement de l'imagination, ou si elle n'est autre chose que le pouvoir qui dispose de celle-ci et par elle vivifie l'esprit, je ne vois pas quel élément vraiment nouveau elle ajoute à ceux que nous avons indiqués précédemment, l'imagination et l'entendement. Mais le génie et les beaux-arts, qui supposent déjà, comme Kant l'a très-bien vu, l'alliance de ces deux facultés, n'en supposent-ils pas encore une troisième, qui est réellement l'âme des deux autres? Il ne suffit pas, pour être un grand artiste, un artiste de génie, d'avoir beaucoup d'imagination et d'esprit. Est-ce une œuvre de génie que celle où l'imagination déploie toutes ses richesses et l'esprit toutes ses ressources, mais où l'on sent que l'âme manque? Quelle est donc cette nouvelle faculté, sans laquelle les deux autres ne sauraient mériter le nom de génie et produire des œuvres vraiment belles? Il n'est pas difficile de le deviner : ce n'est pas autre chose que le sentiment, ou, comme on dit, le cœur. C'est, en effet, le cœur ou le sentiment qui donne à l'artiste et communique à ses œuvres cette qualité qu'on appelle l'âme. C'est à ce foyer que son imagination et son esprit puisent la chaleur et la vie; c'est de cette source que découlent ses inspirations. Le sentiment est de sa nature expansif et sympathique : il tend à se manifester et à se communiquer; et, lorsqu'il a rempli l'âme de l'artiste, il lui fait trouver, dans la foule des représentations que lui suggère son imagination fortement excitée, l'expression la plus vivante et la plus propre à le répandre. De là, dans les chefs-d'œuvre de l'art, de la poésie, par exemple, ces beautés d'expression qui nous font dire qu'ils sont pleins d'âme, et où nous reconnaissons la marque du génie. Au contraire, supposez que le sentiment fasse défaut à l'artiste, quelque imagination et quelque esprit que vous lui attribuiez d'ailleurs, ses œuvres n'auront pas d'âme; et là où il n'y a pas d'âme, là où manquent l'inspiration du cœur et cette chaleur sympathique que le cœur seul peut donner, il ne saurait y avoir de génie. A ces deux éléments constitutifs du génie, l'imagination et l'entendement, il faut donc ajouter l'âme, c'est-à-dire le sentiment. Kant a bien nommé l'âme, mais sans la distinguer de la puissance de l'imagination, et sans remonter jusqu'à la source même où se trempe cette puissance, c'est-à-dire jusqu'au sentiment, jusqu'au cœur. Il semble avoir pris l'effet pour le principe, et s'être arrêté à moitié chemin. Il y a donc là une lacune dans son analyse; mais, pour la combler, il suffit de rétablir sous le mot dont il se sert la chose que ce mot désigne. C'est, en général, le défaut de la philosophie kantienne de ne point faire au sentiment une part suffisante; nous en trouvons ici un nouvel exemple.

Est-ce tout? Le génie n'est point le goût, car celui-ci n'est qu'une simple faculté de juger, tandis que celui-là est un pouvoir essentiellement créateur. On peut montrer beaucoup de goût dans l'appréciation des beautés de la nature ou dans celles des œuvres de l'art, et être soi-même incapable de produire quoi que ce soit; on peut même arriver à produire des œuvres auxquelles le goût ne trouve rien à reprendre, mais où manque absolument le génie. Mais, si le goût n'est pas le génie, si même il peut y avoir du génie sans goût, comme du goût sans génie, le génie n'exclut pas le goût; loin de là, il doit réclamer son concours. « C'est avec le goût, dit fort bien Kant, en parlant des rapports du génie et du goût (1), avec un goût exercé par de nombreux exemples, puisés dans l'art ou dans la nature, que l'artiste apprécie son œuvre, et qu'après bien des essais, souvent infructueux, il trouve enfin une forme qui le satisfait. Cette forme n'est donc pas comme une chose d'inspiration, ou l'effet du libre essor des facultés de l'esprit, mais le résultat de longs et pénibles efforts, par lesquels l'artiste cherchait toujours à la rendre plus conforme à sa pensée. » Plus loin, à l'endroit même où nous sommes arrivés (2), il revient et insiste sur l'alliance du génie et du goût dans les productions des beaux-arts. « Le goût, dit-il, est la discipline du génie : il lui coupe les ailes, il le morigène et le polit ; mais, en même temps, il lui donne une direction en lui montrant où et jusqu'où il peut s'étendre sans s'égarer ; et, en introduisant la clarté et l'ordre dans la foule des pensées, il donne de la fixité aux idées; il les rend dignes d'un assentiment durable et universel, et propres à servir de modèle aux autres et à concourir aux progrès toujours croissants de la culture du goût. » Kant va même jusqu'à dire que, si, dans la lutte de ces deux facultés, il fallait sacrifier quelque chose, ce devrait être plutôt du côté du génie. Il a bien d'ailleurs le droit de parler ainsi ; car ce n'est pas à lui qu'on reprochera d'avoir confondu le génie avec le goût et de lui avoir enlevé l'originalité qui le caractérise, et l'indépendance dont il a besoin. Nul en effet n'a proclamé plus haut cette originalité et cette indépendance, et n'a mieux distingué le génie de l'esprit d'imitation et de routine. Mais il sait bien aussi qu'elles ne consistent pas à s'affranchir à plaisir de toute règle, comme font ces pauvres esprits qui croient faire preuve d'un grand génie, en secouant toute espèce de joug, même celui du bon sens et de la raison, et s'imaginent, comme il le dit fort judicieusement, qu'on fait meilleure figure sur un cheval fougueux que sur un cheval dompté.

(1) § 1. — p. 262.
2) P. 274-275.

En général, Kant me paraît avoir fait fort exactement dans les beaux-arts la part du génie et du goût, de la nature et de la culture, de l'originalité et de l'étude des modèles, de l'indépendance et de la règle. Il reconnaît que l'originalité est le premier caractère du génie, la première qualité des beaux-arts ; mais il ne croit pas que l'originalité exclut le goût, et il veut que, sans cesser d'être original, le génie demande au goût cette forme achevée et durable sans laquelle il laisse perdre ses trésors. Il sait que le fond du génie n'est autre que la nature, et qu'il faut bien se garder de l'étouffer sous une couche artificielle ; mais il sait aussi qu'il n'est pas donné à la nature brute de produire des chefs-d'œuvre, et qu'elle a besoin pour cela d'une certaine culture. Il distingue profondément le génie de l'esprit d'imitation ; mais il pense que, s'il n'y a rien de plus opposé et de plus funeste au génie qu'une imitation servile, il n'y a rien de plus propre à le provoquer que l'étude intelligente des modèles. Enfin, il fait de la liberté une condition essentielle du génie ; et, s'il veut le délivrer par là du joug de la routine et des fausses règles de l'école, il ne prétend point l'affranchir de toute espèce de loi. A la vérité, les règles du goût ne sont pas de celles qu'on peut si bien déterminer et prescrire d'avance, qu'il n'y a plus qu'à les suivre exactement pour atteindre le but qu'on se propose ; le goût ne juge point de la beauté des œuvres de l'art d'après des préceptes déterminés, et cette beauté est pour lui autre chose que l'habile exécution de certaines règles ; mais, s'il ne relève pas de règles techniques, s'il trouve en quelque sorte sa règle en lui-même (1), il lui faut aussi pour cela une certaine culture, la culture préparatoire que donnent à l'esprit ces études générales et libé-

(1) J'ai essayé plus haut (voy. particulièrement p. 60) de relever l'exagération où Kant tombait en affranchissant le goût de toute règle déterminée, et d'emontrer en même temps ce qu'il y avait de vrai au fond de son opinion sur ce point. Ce que je dis ici des règles du goût, plutôt en m'inspirant de l'esprit qu'en suivant la lettre de la *Critique du Jugement*, me semble ramener la pensée de Kant à des termes qui en corrigent l'exagération et la rendent parfaitement acceptable.

rales qu'on a si bien nommées *humanités*, et cette culture spéciale qui naît de l'exercice. Et puis, à côté des règles du goût, qui échappent par leur nature même à toute formule déterminée, il y en a d'autres qui se rapportent au mécanisme de l'art; or, celles-ci, qui sont du ressort de l'école, il faut les posséder et les respecter, car sans elles l'art ne saurait se constituer et durer, et l'on ne peut les violer sans le défigurer ou le détruire. C'est ainsi que Kant résout cette question de l'Art poétique d'Horace :

> Natura fieret laudabile carmen an arte
> Quæsitum est ?

On sait comment Horace la résout lui-même (1). La solution de Kant est plus savante, mais elle est tout aussi sage, et sur ce point il ne nous a guère laissé d'autre tâche que de commenter et de développer sa pensée (2).

L'imagination et l'entendement, l'âme et le goût, tels sont donc, en résumé, les facultés dont, selon Kant, le génie et les beaux-arts exigent le concours, et il remarque avec raison que les trois premières facultés doivent en définitive leur union à la troisième (3). Cette énumération sera complète, si par âme on entend quelque chose de plus que ce qu'il désigne sous ce nom, à savoir le sentiment ou le cœur, et si l'on y joint la puissance et l'habileté d'exécution, sans laquelle toutes ces facultés, si distinguées qu'elles fussent d'ailleurs, ne pourraient rien produire au dehors, ou bien ne produiraient que des œuvres grossières, où les défauts de l'exécution étoufferaient entièrement le mérite de l'idée (4).

(1) ..... Ego nec studium sine divite vena,
Nec rude quid possit video ingenium; alterius sic
Altera poscit opem res, et conjurat amice.

(2) Voyez aussi sur ce point le chap. XXXI de l'ouvrage de M. Toppfer, dont j'ai parlé tout-à-l'heure.

(3) Il rappelle aussi cette remarque de Hume, que c'est précisément cette union qui fait la supériorité des Français sur les Anglais, lesquels, par les trois premières facultés, prises séparément, ne le cèdent à aucun peuple.

(4) Sur cette question des caractères et des éléments du génie, voyez aussi le

III. Nous voici arrivés à la dernière partie du travail de Kant sur les beaux-arts, à celle qui a pour but de les diviser et de les classer. Mais, en abordant cette esquisse d'une division et d'une classification des beaux-arts, n'oublions pas le modeste avertissement qui l'accompagne, et préparons-nous à l'indulgence pour les imperfections d'un travail qui n'a pas la prétention d'être une théorie définitive, mais un simple essai ; car la sévérité serait ici de l'injustice. Quels que soient d'ailleurs les défauts de cet essai, il faut savoir gré à Kant de l'avoir tenté ; car, s'il n'a pas résolu définitivement le problème qui consiste à diviser et à classer les beaux-arts d'une manière vraiment philosophique, c'est-à-dire suivant un principe qui engendre à la fois leurs rapports et leurs différences, et de façon à en composer un ensemble systématique, du moins a-t-il le mérite de l'avoir nettement posé, ou d'en avoir fait parfaitement comprendre la nature. Par là, il faut le reconnaître, il a ouvert et préparé la voie à la philosophie des beaux-arts (1).

Il s'agit d'abord de trouver le principe qui doit servir de règle à la division des beaux-arts (2). Kant a bien vu que, comme la vertu et la beauté de l'art résident dans l'expression, c'est de là qu'il faut partir. Mais, au lieu de fonder directement la division des beaux-arts sur la différence des éléments expressifs qu'ils emploient, ce qui semble être la méthode la plus simple et la plus vraie, il a recours à des analogies indirectes, forcées, et qui donnent à sa division un caractère artificiel. L'art, selon lui, doit avoir quelque analogie avec les divers genres d'expression dont les hommes se servent, en parlant, pour se communiquer aussi parfaitement que possible non-seulement leurs

Cours d'esthétique de Hegel, où elle est particulièrement traitée, et le *Système de l'idéalisme transcendental* de Schelling. — Voyez aussi les *Leçons* de M. Cousin déjà citées.

(1) Consultez, sur la question de la division et de la classification des beaux-arts, les ouvrages que j'ai déjà indiqués : l'*Esthétique* de Hegel (3e partie, système des arts particuliers, trad. Bénard, t. III) ; l'*Esquisse d'une philosophie* de M. Lamennais (t. III), et les *Leçons* de M. Cousin.

(2) § LI.

idées, mais aussi leurs sensations. C'est dans cette analogie qu'il cherche le principe de la division des beaux-arts. Que fait l'homme qui cherche à exprimer ses idées ou ses sentiments? Il emploie des *mots*, qu'il accompagne de certains *gestes*, et auxquels il donne un certain *ton*. L'expression de ses sentiments et de ses idées est donc triple : elle réside à la fois dans l'*articulation*, la *gesticulation* et la *modulation* : la première, qui s'adresse à la *pensée*, la seconde à l'*intuition*, la troisième à la *sensation*, et la réunion de ces trois espèces d'expressions constitue seule une communication parfaite entre les hommes. Kant en conclut qu'il doit y avoir trois espèces d'arts, correspondant à ces trois espèces d'expressions et aux trois espèces de facultés auxquelles elles s'adressent : ce sont, pour employer tout de suite, sauf à les expliquer plus tard, les dénominations quelque peu bizarres par lesquelles il les désigne : *l'art parlant, l'art figuratif* et *l'art du beau jeu des sensations.*

Je ne m'arrêterai pas à discuter cette première division générale des beaux-arts ; j'en ai déjà signalé le défaut capital : elle part d'un bon principe, celui de l'expression, mais elle en fait une application pour ainsi dire détournée, et c'est pourquoi elle est plus artificielle que réelle, plus ingénieuse que solide. La division vulgaire des beaux-arts en arts de la vue et arts de l'ouïe est moins savante sans doute ; mais elle est aussi plus simple et de beaucoup préférable. Au fond, elle repose sur le même principe, mais elle l'applique directement ; aussi est-elle plus naturelle. L'examen que nous allons faire de chacune des parties de la division de Kant achèvera d'ailleurs de justifier le jugement général que nous en portons ici.

1° L'art qu'il appelle *parlant*, ou l'art qui cherche dans la parole son moyen d'expression, se subdivise lui-même en deux branches : l'*éloquence* et la *poésie*. Kant définit et distingue ingénieusement ces deux arts : « L'éloquence, dit-il (1), est l'art de donner à un exercice sérieux de l'entendement le caractère d'un libre jeu de l'imagination ; la poésie, l'art de

(1) P. 277.

donner à un libre jeu de l'imagination le caractère d'un exercice sérieux de l'entendement. Ainsi l'orateur promet quelque chose de sérieux ; et, pour charmer ses auditeurs, il l'exécute comme s'il ne s'agissait que d'un jeu d'idées. Le poëte n'annonce qu'un jeu amusant d'idées, et il produit sur l'entendement le même effet que s'il n'avait eu pour but que d'occuper cette faculté... » — « L'orateur, dit-il encore (1), donne quelque chose qu'il ne promet pas, à savoir, un jeu amusant de l'imagination ; mais il ôte aussi quelque chose à ce qu'il promet, à l'exercice qu'on attend de lui, et qui a pour but d'occuper sérieusement l'entendement. Le poëte, au contraire, promet moins et n'annonce qu'un simple jeu d'idées, mais il nous donne quelque chose digne de nous occuper ; car il offre en se jouant une nourriture à l'entendement, et en vivifie les concepts par l'imagination. Par conséquent, le premier donne en réalité moins qu'il ne promet, et le second plus. »

Ces définitions et ces antithèses de la poésie et de l'éloquence ne manquent pas assurément de finesse, et c'est pourquoi j'ai voulu les rapporter textuellement ; mais elles ne font pas suffisamment connaître la nature de ces deux arts (2).

Kant y revient plus loin, dans un chapitre où il compare les beaux-arts sous le rapport de leur valeur esthétique (3), et ce qu'il dit alors de la poésie, à laquelle il assigne le premier rang, a un caractère plus élevé. La poésie, remarque-t-il, doit presque entièrement son origine au génie, et elle ne se laisse guère diriger par des règles ou par des exemples. Elle étend l'esprit en mettant en jeu l'imagination, et en éveillant autour des images par lesquelles elle exprime ses idées une foule d'images et d'idées analogues ; et elle le fortifie en lui faisant

---

(1) P. 278.
(2) Herder (*Calligone*, t. I, p. 176 et suiv.) attaque ces définitions avec sa vivacité et son injustice ordinaires. Il reproche à Kant de rabaisser singulièrement la poésie et l'éloquence : le reproche est exagéré et prouve une fois de plus que Herder ne se donne guère la peine de chercher à comprendre la pensée de son ancien maître. Mais ce que l'on peut dire, c'est que ces définitions, comme en général toutes celles que Kant donne des beaux-arts, sont superficielles et insuffisantes.
(3) § LIII, p. 287.

entrevoir, à travers le voile de ses images, quelque chose que l'expérience ne donne pas, c'est-à-dire en excitant en lui le sentiment d'une faculté capable de s'élever au-dessus des conditions de la nature, et de ne voir plus dans le monde sensible qu'un reflet ou un symbole d'un monde supérieur. Tout cela est vrai; mais tout cela ne s'applique-t-il pas un peu aussi aux autres arts, à la musique par exemple, ou à la peinture, ou à l'architecture; et par conséquent la nature propre de la poésie est-elle par là suffisamment déterminée? Sans doute, ce que font tous les beaux-arts, la poésie le fait excellemment; mais il faudrait chercher dans sa nature même, et dans les éléments dont elle dispose, les raisons de cette excellence, et en général toutes les causes de sa supériorité sur les autres arts. Or, c'est ce que Kant n'a point fait.

Pour ce qui est de l'éloquence, il veut qu'on la distingue de cet art oratoire, qui n'a d'autre fin que de séduire les esprits, en leur présentant, sous une belle apparence, les choses vraies ou fausses, bonnes ou mauvaises, qu'on veut leur faire admettre. Ce sévère moraliste, cet inflexible apôtre de la pure idée du devoir, ce noble défenseur de la dignité humaine ne pouvait se montrer ici plus indulgent que Socrate, Platon (1), ou Fénelon (2). Il ne consent point à absoudre un art, qui peut servir d'instrument aux mauvaises causes aussi bien qu'aux bonnes, au mensonge aussi bien qu'à la vérité, et qui, à supposer qu'on ne l'emploie jamais que pour de bonnes fins, a le tort de rabaisser les choses dont il parle, en y ajoutant des ornements et des artifices indignes d'elles, et les personnes à qui il s'adresse, en cherchant à les surprendre et à les entraîner comme des machines. « Quand il s'agit, dit-il (3), des lois civiles, des droits des individus; quand il s'agit d'instruire sérieusement les esprits dans l'exacte connaissance de leurs devoirs et de les disposer

---

(1) Voyez le *Phédon* et le *Gorgias*.
(2) Voyez les dialogues de Fénelon sur l'éloquence.
(3) P. 288.

à les observer consciencieusement, il est indigne d'une si importante entreprise de laisser paraître la moindre trace de ce luxe d'esprit et d'imagination, qui peut sans doute être employé pour une fin légitime et louable, mais qui a le malheur d'altérer la pureté des intentions... Il ne suffit pas de faire le bien, il le faut faire par ce seul motif que c'est le bien. Cette règle de la morale, qu'il a établie avec tant de soin, Kant veut qu'elle soit aussi la règle de l'éloquence. Il n'a pas oublié d'ailleurs ce qu'il a si souvent et si bien montré (1), tout ce qu'il y a d'efficace dans l'idée de la loi morale, dégagée de tout alliage étranger. C'est là pour lui une vérité que le moraliste doit avoir sans cesse devant les yeux. Elle ne convient pas moins à l'orateur. « L'idée des choses morales, dit-il ici (2), lorsqu'on l'expose clairement, qu'on la fait vivement ressortir par des exemples, et qu'on observe exactement les règles de la convenance, de l'expression et de l'harmonie du langage, cette seule idée a déjà par elle-même une assez grande influence sur les âmes, pour qu'il ne soit pas nécessaire d'y ajouter les machines de la persuasion; et celles-ci, pouvant être également employées à embellir et à cacher le vice et l'erreur, ne peuvent empêcher qu'on ne soupçonne secrètement quelque ruse de l'art. » Ainsi Kant se montre ici fidèle aux principes de sa morale. Il avoue ingénument que la lecture des meilleurs discours des orateurs anciens ou modernes a toujours été mêlée pour lui d'un sentiment pénible, tandis que celle d'un beau poème ne lui a jamais donné qu'un contentement pur. C'est que, selon lui, tandis que dans la poésie, qui ne se donne que pour ce qu'elle est, tout est loyal et sincère; dans l'art oratoire, dans cet art de tourner la faiblesse humaine vers ses propres fins, si bonnes qu'elles soient d'ailleurs, il y a toujours de l'artifice et quelque supercherie. « Aussi, ajoute-t-il (3), cet art

---

(1) Voyez les *Fondements de la métaphysique des mœurs* et la *Critique de la raison pratique.*
(2) P. 289. — (3) *Ibid.*

ne s'est-il élévé au plus haut degré, à Athènes et à Rome, que dans un temps où l'État marchait à sa perte et où le véritable patriotisme était éteint. » L'éloquence est tout autre chose. Les lignes suivantes résument admirablement l'idée que s'en fait Kant : « Celui qui joint à une vue claire des choses une grande richesse et une grande pureté de langage, et qui, avec une imagination féconde et heureuse, s'intéresse de cœur au véritable bien, celui-là est le *vir bonus dicendi peritus*, l'orateur sans art, mais plein d'autorité, tel que le demande Cicéron, bien que lui-même ne soit pas toujours resté fidèle à cet idéal. »

Rien assurément de plus pur, de plus noble, et, je le veux aussi, de plus juste que cette définition du grand orateur et de la vraie éloquence(1). Mais Kant ne s'aperçoit pas que cette éloquence dont il parle si bien ne peut, d'après l'idée qu'il se fait des beaux-arts, figurer parmi eux, pas plus que cet art oratoire qu'il proscrit si énergiquement.

En effet, c'est, selon lui, le caractère essentiel des beaux-arts, de n'avoir d'autre fin que le sentiment du beau, et d'être ainsi libres et indépendants. Or, l'éloquence, de quelque manière qu'on l'entende, se propose toujours en définitive un autre but, qu'il s'agit d'atteindre et auquel il lui faut approprier les moyens dont elle dispose. Que si, sans s'inquiéter de la bonté des causes qu'elle se charge de défendre, elle ne s'occupe que du succès et tourne tout vers cette fin, elle dégénère en un misérable artifice, que personne ne sera tenté de ranger parmi les beaux-arts. Mais, quand elle ne se mettrait au service que de la vérité et de la justice, et quand elle s'interdirait scrupuleusement tous les moyens que Kant repousse avec tant de sévérité, toujours elle a un but déterminé à atteindre, qui n'est pas seulement le sentiment esthétique ou le plaisir du beau : une cause à gagner, une

---

(1) Comment donc Herder peut-il reprocher ? Kant d'avoir rabaissé l'éloquence, et d'en avoir fait un vain jeu d'esprit ? (Voy. ibid. et le chapitre spécialement consacré à l'éloquence, p. 198 et suiv.).

vérité politique, morale ou religieuse, à persuader ; et par conséquent elle n'est pas, comme la poésie ou la musique, par exemple, essentiellement libre, et ne peut être rangée au même titre parmi les beaux-arts (1). C'est ici que la théorie de l'art pour l'art serait une absurdité, tandis qu'elle s'applique parfaitement aux beaux-arts proprement dits. Il est étonnant que Kant n'ait pas vu la contradiction où il tombe en comptant l'éloquence parmi les beaux-arts. Il semble que plus il la rendait sérieuse, plus il aurait dû remarquer combien elle s'éloigne de ce libre jeu de l'imagination et de l'esprit, dont il fait le caractère propre des beaux-arts, et la source de ce plaisir esthétique qu'ils ont pour but de produire.

2° L'art *figuratif*, ou cette branche de l'art qui cherche l'expression de ses idées dans l'intuition sensible, et non pas dans de simples représentations de l'imagination exprimées par des mots, est double : ou bien il reproduit la réalité sensible tout entière, ou bien il ne reproduit que l'apparence sensible; c'est-à-dire que les formes ou les figures qu'il crée pour exprimer ses idées, ou bien ont les trois dimensions de la réalité sensible, ou bien n'ont que l'étendue visible et ne sont qu'apparentes. Dans le premier cas, on a la *plastique*; dans le second, la *peinture*.

On trouvera peut-être cette distinction et ces définitions un peu superficielles; mais la distinction que Kant établit, dans le sein de la plastique, entre la *sculpture* et l'*architecture*, et les définitions qu'il donne de ces deux arts ne sont pas seulement superficielles, elles manquent de justesse (2). Selon lui, la première représente dans toute l'étendue de la réalité

---

(1) C'est encore un point que M. Cousin a parfaitement établi dans ses *Leçons sur les beaux-arts* (p. 190-191). — On trouvera dans un remarquable travail de M. Havet sur la *rhétorique d'Aristote* deux excellentes pages sur la différence du poëte et de l'orateur (103-105), qui confirment indirectement la thèse que nous soutenons ici.

(2) Voyez la critique faite par Herder de toutes ces définitions (t. I, p. 210, 211 et 219).

corporelle des choses qui existent ou pourraient exister dans la nature : des plantes, des animaux, des hommes, des dieux ; la seconde ne représente sous cette forme que des objets que l'art seul peut produire : tels sont les temples, les édifices publics, les arcs de triomphe, les colonnes, les mausolées, etc. En outre, dans celle-là, les objets de l'art, en exprimant certaines idées d'une manière sensible, n'ont d'autre but que la satisfaction esthétique ; dans celle-ci, ils sont destinés à un certain usage, auquel sont subordonnées les idées esthétiques, comme à leur condition première. Ces distinctions sont fort contestables. D'abord est-il exact de dire que la sculpture ne représente jamais que des objets réels ou possibles ? Ne produit-elle pas, tout aussi bien que l'architecture, des choses qui ne sont possibles que dans l'art, et, dans beaucoup de cas, ne s'éloigne-t-elle pas tout autant de la nature ? Certes il y a aussi loin de certains ornements de la sculpture aux plantes et aux feuilles de la nature, que d'une colonnade à une rangée d'arbres. Ensuite est-il plus exact de dire que, tandis que les objets de la sculpture n'ont jamais d'autre but que la satisfaction esthétique, ceux de l'architecture sont toujours destinés à un usage particulier ? Il est vrai qu'en général c'est le caractère des monuments de l'architecture de servir à certains usages, ainsi les temples au culte de Dieu, et c'est pourquoi elle est aussi en général le moins libre de tous les beaux-arts, quoiqu'elle ne laisse pas pour cela d'en faire partie ; car, tout en s'efforçant d'approprier ses œuvres à l'usage auquel elles sont destinées, elle n'abdique point sa liberté et ne cesse de poursuivre l'effet esthétique ou le sentiment du beau : elle tourne au contraire vers ce but les conditions mêmes qui lui sont imposées. Mais ne crée-t-elle pas aussi des monuments, qui, à proprement parler, ne servent à rien, ou ne sont point destinés à quelque usage particulier, comme un arc de triomphe, un mausolée ? Ils ont au moins pour but, dira-t-on, de célébrer et de conserver la mémoire d'un événement ou d'un homme ? Mais ce but n'est point spécialement propre à l'architecture ; la sculpture, que Kant veut distinguer ici de l'architecture, peut aussi l'avoir en vue. Quelle différence y a-t-il sous ce rapport entre l'arc de triomphe construit en l'honneur d'une victoire, et la statue érigée en l'honneur du héros qui la remporta ? entre un mausolée consacré à la mémoire d'un grand homme, et l'image sculptée qui rappelle ses traits? L'œuvre du sculpteur n'a-t-elle pas ici le même but que celle de l'architecte, et même la première n'est-elle pas beaucoup moins libre que la seconde? Ainsi la seconde différence établie par Kant entre l'architecture et la sculpture, vraie dans certains cas, disparaît dans beaucoup d'autres, et par conséquent elle est au moins insuffisante. — Cette différence le conduit à rattacher au premier de ces deux arts des choses qu'on a l'habitude de rattacher au second, par exemple les objets de menuiserie, qui servent à l'ameublement ou à des usages domestiques, mais qui sont faits aussi de manière à produire le sentiment du beau, sans quoi ils n'appartiendraient pas du tout aux beaux-arts.

Dans la peinture, ou dans la seconde branche de l'art figuratif, Kant fait rentrer l'*art des jardins*. Il semble qu'il aurait dû le rattacher à la première. En effet, l'art des jardins ne forme pas simplement, comme la peinture, des figures, qui n'ont de la réalité corporelle que l'apparence; mais, comme la plastique, c'est-à-dire comme la sculpture ou l'architecture, il nous montre la réalité sensible tout entière, puisqu'il consiste à arranger des choses qui existent réellement dans la nature, comme le gazon, les fleurs, les arbrisseaux, les arbres, même les eaux, les collines et les vallons ; en outre, les jardins ne sont-ils pas, comme les monuments de l'architecture, destinés à un certain usage, par exemple à la danse, à la promenade, etc., et par là ne rentrent-ils pas dans l'architecture, comme Kant l'entend? Mais, selon lui, quoiqu'il nous montre la réalité sensible tout entière, l'art des jardins n'est pas un art purement plastique comme la sculpture, et cela précisément parce qu'il emprunte à la nature même les choses qu'il arrange ; et, quoiqu'il ait une apparence d'utilité, en réalité il n'est pas subordonné dans ses arrangements, comme l'architecture, à une fin déterminée, mais il n'a d'autre but que de mettre l'imagination en jeu par la vue des formes qu'il nous donne à contempler. C'est pourquoi Kant ne croit pas devoir le rattacher à la première espèce d'arts figuratifs. Mais comme, tout en combinant des choses réelles, cet art n'a d'autre but que le plaisir esthétique qui naît d'une heureuse combinaison de lignes, de formes, de couleurs, de lumière et d'ombre, il le rattache à la peinture. Il convient lui-même que cela paraît étrange ; mais, il faut l'avouer, les explications qu'il donne à ce sujet sont loin d'être à l'abri des objections. Par exemple, la différence qu'il signale entre l'architecture et l'art des jardins est-elle exacte? Si les monuments de l'architecture ont toujours en un sens une destination, cela n'est-il pas vrai aussi des jardins ; et ceux-ci ne sont-ils pas assujettis, comme ceux-là, à certaines conditions, qui dépendent de cette destination même ? De même, par exemple, que l'on ne donnera pas à une église le caractère d'une salle de bal, de même on ne fera pas un jardin destiné à servir de lieu de sépulture, comme un jardin consacré à la danse ou aux concerts. Ainsi ce que dit Kant des monuments de l'architecture, on peut le dire aussi des jardins. Réciproquement, ce qu'il dit des jardins, à savoir qu'ils ne présentent qu'une apparence d'utilité et sont faits uniquement pour la vue, on peut le dire de certains monuments de l'architecture. Je ne vois pas que la façade du palais de Versailles ait une utilité plus réelle et soit moins faite pour les yeux, que le jardin qui l'environne. Il faut donc renoncer à cette opposition de l'art des jardins et de l'architecture. Celle-ci est au contraire, quoi qu'en dise Kant, l'art dont se rapproche le plus celui-là ; et, s'il fallait rattacher l'art des jardins à quelqu'un des autres arts, il serait beaucoup plus naturel d'en faire une branche de l'architecture qu'une branche de la peinture, quoiqu'il ait sans doute aussi quelque analogie avec cette dernière (1).

Kant rattache encore à la peinture, en l'entendant dans le sens le plus large, ce qui sert à la décoration des appartements, comme les tapis, les garnitures de cheminée ou d'armoire, etc., et tout bel ameublement qui n'est fait que pour la vue, ainsi que l'art de s'habiller avec goût, et en général toutes les choses qui servent à la parure.

3° Reste l'art qu'il appelle *du beau jeu des sensations*. On peut, selon lui, considérer les sensations sous deux points de vue : comme impressions purement sensibles, c'est le point de vue de l'agréable ; ou comme pouvant donner lieu par leurs tons et la combinaison de ces tons à des jugements de goût, c'est le point de vue du beau (2). C'est sous ce dernier point de vue qu'il les considère ici, puisqu'il s'agit de beaux-arts et non d'arts purement agréables. C'est pourquoi il appelle cette troisième branche des beaux-arts l'art du beau jeu des sensations, c'est-à-dire l'art de donner aux sensations le caractère d'un jeu capable de satisfaire le goût. Et comme cet art peut mettre en mouvement dans ce sens les sensations de l'ouïe et celles de la vue, il le divise en deux arts particuliers : la *musique* et le *coloris*.

Réunir la musique et le coloris, pour en faire une branche spéciale de l'art, à côté des deux espèces d'arts dont nous avons déjà parlé, de ceux qui cherchent leur moyen d'expression dans la parole, et de ceux qui le cherchent dans les formes et les figures, soit réelles, comme l'architecture et la sculpture, soit simplement apparentes, comme la peinture, cela n'est pas conforme à la nature même des choses et à la division qui s'y fonde.

D'abord, comment séparer le coloris de la peinture ? Je sais

---

(1) Herder, *Caligone*, t. I, p. 220. — Voyez, dans le recueil publié il y a peu de temps par M. Vitet (*Études sur les beaux-arts et la littérature*), un article intéressant sur la *théorie des jardins*.

(2) Voyez trad. franç. p. 283-285, et rapprocher de ce passage le § XIV de *l'Analytique du beau*, p. 101-106.

bien que l'on distingue quelquefois parmi les peintres, les coloristes et les peintres proprement dits, suivant que dans leurs tableaux ils donnent plus au dessin ou à la couleur; mais les uns et les autres joignent la couleur au dessin, et c'est pour cela qu'ils sont des peintres ; car la peinture consiste précisément dans l'union de ces deux éléments : à moins que par cette expression on ne veuille entendre l'art du dessin, considéré indépendamment de la couleur, sans laquelle il peut encore exister. Mais ce serait changer arbitrairement le sens des mots; et d'ailleurs, si le dessin peut être un art sans le secours du coloris, le coloris n'en peut être un sans le secours du dessin, en sorte qu'on ne peut l'en séparer, pour en faire une branche à part et qui se suffise à elle-même (1). Il faut donc non-seulement rattacher le coloris à la peinture, qui n'est pas sans lui, mais même à l'art du dessin, et à ce que Kant appelle l'art figuratif, sans lequel lui-même n'est pas. On désigne ordinairement sous le nom d'*arts du dessin* tous les arts de la vue, y compris le coloris, et cette expression réunit justement en une même classe ce que Kant a eu le tort de diviser en deux classes primordiales.

Quant à la musique, si elle a quelque analogie avec le coloris, sa place, dans une division générale des beaux-arts, n'est pas à côté de cet art de la vue; elle est plutôt à côté de la poésie, avec laquelle elle forme la classe des arts de l'ouïe ; et, de même que nous avons renvoyé le coloris à cette classe des beaux-arts qu'on appelle arts du dessin, ou qu'on peut désigner avec Kant sous le nom d'arts figuratifs, et qui comprend tous les arts de la vue, ainsi nous renvoyons la musique à celle des arts de l'ouïe. Nous avions donc raison de dire en commençant que la division vulgaire des beaux-arts en deux classes, arts de la vue et arts de l'ouïe, avec ses subdivisions, architecture, sculpture, peinture et gravure pour la première,

---

(1) Herder (*Calligone*, t. 1, pp. 5 et 6) s'étonne aussi du singulier rapprochement opéré ici par Kant, et il demande avec raison si le coloris sans le dessin peut former un art spécial.

poésie et musique pour la seconde, est encore préférable à la division de Kant, ingénieuse et savante sans doute, mais artificielle et forcée.

Kant revient plus loin sur la musique, comme sur la poésie et l'éloquence, dans ce chapitre dont j'ai parlé plus haut, où il compare et classe les beaux-arts d'après leur valeur esthétique (1). J'ai déjà dit qu'il assignait le premier rang à la poésie, mais sans approfondir et sans épuiser les raisons de la supériorité de cet art. Après la poésie, il pense qu'il faut placer immédiatement la musique, si l'on considère l'attrait qu'elle a pour nous et l'émotion qu'elle produit. A la vérité la musique n'exprime pas, comme la poésie, des idées déterminées, et en donnant moins de prise à la réflexion, elle produit une impression beaucoup plus passagère ; mais elle émeut d'une manière plus intime et plus profonde. Voici comment il explique l'attrait de ce bel art : toute expression prend dans la parole un ton approprié à sa signification ; ce ton désigne plus ou moins une affection de celui qui parle et l'excite aussi dans l'âme de l'auditeur, et cette affection à son tour éveille en celui-ci l'idée exprimée dans la parole par ce ton. La modulation est donc pour les sensations comme une langue universelle, intelligible à tout homme. Or, c'est cette langue qu'emploie la musique ; elle éveille en nous, par les sons qu'elle produit, les affections qu'ils ont la propriété d'exciter, et par ces affections les idées qui y sont liées. En même temps, par une heureuse combinaison de ces sons, par l'harmonie et la mélodie, qui sont à la musique ce que la phrase est à la parole, elle nous offre un ensemble, un tout dont les divers éléments se rapportent à un certain thème, qui est l'affection dominante du morceau. Ces observations sur la musique sont justes autant qu'ingénieuses ; seulement elles ne suffisent pas à expliquer tout le charme et toute la beauté de cet art. Quoi qu'il en soit, Kant a raison de dire que

---

(1) § LIII.

de tous les beaux-arts la musique est celui qui nous remue le plus profondément, et que, sous le rapport de l'agrément, c'est peut-être le premier. Mais il ajoute, et il a raison encore, que, si l'on estime la valeur des beaux-arts d'après la culture qu'ils donnent à l'esprit, l'indétermination des idées qu'exprime la musique et le caractère fugitif des impressions qu'elle produit la rejettent à la suite des arts figuratifs. Ceux-ci en effet, tout en donnant un libre jeu à l'imagination, s'adressent clairement à l'entendement : ils vont de certaines idées déterminées à des sensations ; celle-là au contraire n'est guère qu'un jeu de l'imagination, et, au rebours des premiers, elle va de certaines sensations à des idées indéterminées. Et de là vient que les premiers produisent des impressions durables, tandis que la seconde ne produit que des impressions passagères. De là vient aussi que la musique a plus besoin de variété que les autres arts, et qu'elle ne peut répéter souvent la même chose sans causer de l'ennui (1).

Enfin, pour achever cette comparaison des beaux-arts, Kant ajoute que, parmi les arts figuratifs, il donnerait la préférence à la peinture, parce qu'elle est, en tant qu'art du dessin, le fondement de tous les autres arts figuratifs, et parce qu'elle peut pénétrer beaucoup plus avant dans le domaine des idées, et étendre davantage le champ de l'intuition. Ce n'est pas la peinture proprement dite, mais l'art du dessin, dont la peinture est elle-même une branche, qui est le fondement de tous les autres arts figuratifs. Les au-

---

(1) Herder (t. ii, p. 19) conteste la justesse de cette observation. « Elle est, dit-il, contraire à l'expérience. La musique est de tous les arts celui qui souffre et exige le plus la répétition. Il n'y en a pas où l'on entende dire aussi souvent *ancora*. » — En général il reproche à Kant d'avoir rabaissé la musique en en faisant un jeu de sensation. « Pauvre musique, dit-il (p. 20) que celle qui n'est que cela ! Esprit anti-musical que celui pour qui toute musique n'est qu'un jeu de sensation ! » Il est vrai que l'idée que Kant se fait de la musique est très-insuffisante ; mais il expose aussi sur ce sujet quelques justes observations, que Herder a tort de dédaigner. — Je prends ici congé de ce critique; car son travail ne portant que sur la première partie de la *Critique du Jugement*, la *Critique du Jugement esthétique*, je n'aurai plus désormais à m'en occuper.

tres raisons que donne Kant de la supériorité de la peinture sur les autres arts figuratifs sont plus justes ; mais il n'approfondit, ni n'épuise ce sujet. C'est dans l'union du dessin et de la couleur qu'il faudrait chercher la cause première de cette supériorité, et il ne serait pas difficile de montrer comment, en ajoutant la couleur au dessin, la peinture acquiert une puissance que n'ont pas les autres arts. Donc ici encore il y aurait beaucoup à ajouter à Kant.

Mais on ne doit pas oublier que, comme il n'a point prétendu donner une théorie définitive et complète des beaux-arts, mais une simple esquisse, il ne prétend pas non plus épuiser la question intéressante qu'il soulève ici, la question de savoir quelle est la valeur relative des beaux-arts, et quel rang il faut assigner à chacun dans l'ensemble, mais seulement en marquer la place et la toucher en passant (1).

Il en faut dire autant d'une autre question, qui doit aussi trouver sa place dans une théorie générale des beaux-arts. Il faudrait, après les avoir divisés et classés, montrer comment ils peuvent s'associer en une seule et même production, comme, par exemple, quand le chant unit la poésie et la musique, et que le théâtre y joint la peinture. Il y a là le sujet d'un chapitre ou d'un livre intéressant ; mais Kant se borne à l'indiquer (2). Il se demande seulement si ces sortes de mélanges, qui ont pour effet d'augmenter la jouissance, sont aussi favorables à la beauté des œuvres de l'art, et il pense avec raison qu'en beaucoup de cas il est fort permis d'en douter. Il rappelle que le but des beaux-arts est le pur plaisir du beau, qui s'adresse à l'esprit, lui fait sentir sa force et sa dignité, et le dispose aux idées élevées et aux nobles sentiments, et non pas la jouissance, qui ne laisse rien dans l'es-

---

(1) Dans les leçons que j'ai déjà plusieurs fois citées, M. Cousin reprend la tâche indiquée ici par Kant : il entreprend de comparer et de classer les beaux-arts d'après leur valeur esthétique, et s'attachant particulièrement à la musique et à la poésie, il montre admirablement la puissance de ces deux arts, et la supériorité du second sur tous les autres (196-204).

(2) § LII.

prit, et finit elle-même par devenir insipide. « Lorsque, dit-il (1), les beaux-arts ne sont pas liés, de près ou de loin, à des idées morales, qui seules contiennent une satisfaction qui se suffit à elle-même, c'est là le sort qui les attend à la fin. Ils ne servent alors que comme d'une distraction dont on a toujours d'autant plus besoin qu'on y a recours plus souvent pour dissiper le mécontentement de l'esprit, en sorte qu'on se rend toujours plus inutile et plus à charge à soi-même. » On voit que, si Kant sait bien distinguer ce que la science ne doit pas confondre, il ne sépare pas non plus ce qu'il faut unir, et n'oublie pas le lien qui rattache le beau au bien et l'art à la morale (2).

On n'a pas oublié la distinction établie par Kant entre les beaux-arts et les arts agréables, et l'on se rappelle qu'il range parmi ceux-ci une partie au moins de la musique, celle qui n'est qu'un pur jeu des sensations, n'ayant d'autre fin que la jouissance, et où le goût n'a pas à s'exercer, par exemple la musique de table (3). Dans une *Remarque* (4) ajoutée au travail que nous venons d'analyser et de commenter, il rapproche de ce genre de musique, qui n'a d'autre but que de récréer l'esprit et le corps, la plaisanterie qui provoque le rire et a un heureux effet sur la santé, et il entreprend d'expliquer ce phénomène. Il définit le rire une affection qu'on éprouve, quand une grande attente, en une chose qui n'est pas sérieuse, se trouve tout-à-coup anéantie. Ainsi, pour lui emprunter un de ses exemples, supposons que l'héritier d'un riche parent, voulant faire célébrer de belles funérailles, se plaigne de n'y pouvoir réussir, en disant que plus ses gens reçoivent d'argent pour paraître affligés,

---

(1) *Critique du Jugement*, t. I, p. 286.
(2) Dans le passage que je viens de citer, Kant corrige ce qu'il pouvait y avoir d'exagéré dans ce qu'il avait dit plus haut du goût et des beaux-arts, et dissipe ainsi l'objection que nous lui avions alors adressée. Voyez plus haut dans ce travail, p. 72.
(3) Voyez plus haut, p. 125.
(4) *Critique du Jugement*, t. I, p. 294.

plus ils se montrent joyeux; nous éclatons de rire, et la raison en est que notre attente se trouve tout-à-coup anéantie. Telle est la cause, en quelque sorte intellectuelle, du phénomène qu'on appelle le rire; en voici l'explication physique ou physiologique. Lorsque, en une chose où nous ne sommes pas d'ailleurs intéressés, notre attente se trouve ainsi excitée d'abord et puis tout-à-coup réduite à rien, ce brusque changement, qui s'opère alors dans l'esprit, produit dans le corps une oscillation de certaines parties de l'organisme, des parties élastiques de nos entrailles, qui en renouvelle l'équilibre et a ainsi sur la santé une influence favorable. De là le rire et le plaisir qu'il produit. Je ne sais si la physiologie de Kant ne paraîtra pas un peu grossière aux hommes compétents en pareille matière, et c'est pourquoi je n'y insiste pas; mais ce que je sais bien, parce que cela est de la compétence de la psychologie, c'est qu'il n'a pas vu la véritable cause, la cause morale du phénomène qu'il entreprend d'expliquer. En effet, pour peu qu'on y fasse attention, on reconnaîtra que le rire a toujours pour cause quelque légère imperfection physique, intellectuelle ou morale, que nous voyons ou croyons voir dans autrui, et dont nous sommes ou nous croyons nous-mêmes exempts. Ainsi ce qui nous fait rire dans le cas que Kant suppose, c'est le désappointement mérité de ce riche héritier, qui paie ses gens pour qu'ils paraissent tristes, mais les rend d'autant plus joyeux qu'il leur donne plus d'argent. Il serait facile de montrer que, dans tous les cas, le rire a une cause analogue, et d'expliquer ce que je me contente d'indiquer. Mais je ne veux pas traiter moi-même ici cette question. Qu'il me suffise de signaler le défaut de la solution de Kant: elle ne donne pas la vraie cause du rire; et, faute de la bien connaître, elle cherche, dans une certaine disposition de l'organisme, la cause d'un plaisir, qui, sans doute, y a son siége, mais dont le principe est dans la pensée, dans la nature morale de l'homme (1). L'explica-

(1) Voyez sur la question si intéressante des causes du rire les quelques

tion que Kant nous donne du rire et du plaisir qui y est affecté ne ressemble pas mal à celles que donnait Burke de nos sentiments du beau et du sublime. Kant a lui-même parfaitement montré l'insuffisance de ces explications; mais, chose singulière, il tombe ici dans le même défaut; et, à son tour, il oublie ou dénature les causes morales du phénomène dont il poursuit l'explication. L'insuffisance de sa théorie ne lui permettait pas d'expliquer convenablement le rire que provoque la *naïveté* (1); aussi ne m'arrêterai-je pas sur ce sujet, quoiqu'il lui fournisse d'ingénieuses observations. Je ne m'arrêterai pas davantage sur ce qu'il dit du *comique* (2), car ici encore sa théorie montre toute sa faiblesse.

On le voit, toute cette dernière partie du travail de Kant sur les beaux-arts donne lieu à bien des objections et contient bien des lacunes; nous aurions pu en signaler encore un plus grand nombre; mais peut-être avons-nous déjà poussé trop loin la sévérité, en examinant de si près un travail qui n'a pas du tout la prétention de renfermer une théorie définitive et complète, et qui ne se donne que pour un simple essai (3). C'est ainsi, en effet, qu'il faut l'envisager pour être juste; et il ne faut pas oublier non plus que cet essai est une des premières tentatives qui aient été faites pour diviser et

---

pages que M. Lamennais y a consacrées dans son *Esquisse d'une philosophie* (t. III, p. 369-372); elles en résument admirablement la vraie solution. — On trouvera aussi dans l'ouvrage de M. Garnier : *La Psychologie et la Physiologie comparées*, un excellent chapitre sur le *sentiment du ridicule*, p. 403 et suiv. — M. P. Scudo a écrit sur ce sujet un petit ouvrage (*Philosophie du rire*) rempli de fines observations, et qui, sous des formes légères, épuise à peu près la question.

(1) *Critique du Jugement*, trad. franc., t. I, p. 303.
(2) *Ibidem*, p. 305.
(3) « Le lecteur, dit Kant dans une note du § 41. *De la division des beaux-arts* (p. 276), ne doit pas prendre cette esquisse d'une division des beaux-arts pour une théorie. Ce n'est qu'un de ces essais nombreux qu'il est permis et bon de tenter. » — Plus loin, dans une autre note du même § (p. 282), il rappelle le même avertissement : « En général, le lecteur ne doit pas regarder ceci comme un travail définitif, mais comme un essai par lequel je tente de rattacher les beaux-arts au principe de l'expression. »

classer systématiquement les beaux-arts. A ce titre, et grâce aussi à cette foule d'observations ingénieuses et justes qu'il contient, il mérite l'attention de tous ceux qui cultivent cette branche de la philosophie, si intéressante, mais si jeune encore, qu'on appelle l'esthétique.

DEUXIÈME PARTIE.

CRITIQUE DU JUGEMENT TÉLÉOLOGIQUE.

I.

DE LA FINALITÉ DE LA NATURE.

Je passe brusquement de la critique du jugement esthétique à celle du jugement téléologique, me réservant d'examiner dans la dernière partie de ce travail le lien par lequel Kant réunit au sein d'une même faculté et d'une même critique ces deux espèces de jugements, qu'il distingue d'ailleurs profondément. Étudions maintenant sa théorie sur l'origine, l'usage et la valeur de cette nouvelle sorte de jugements par lesquels l'esprit attribue à la nature un rapport de moyens à fins, ou de finalité. On voit qu'il s'agit de la question tant controversée des causes finales.

Cette question en effet n'est pas nouvelle ; depuis Anaxagore et la philosophie atomistique, Socrate et les sophistes, Platon, Aristote, Zénon et Épicure, jusqu'à Kant et aux matérialistes du XVIIIe siècle, elle n'a cessé d'occuper et de partager les esprits. Tandis que les uns ne voyaient dans les causes finales qu'une idée chimérique et stérile ou funeste, les autres les tenaient pour une évidente vérité ; ils en démontraient ou en confirmaient la réalité par le spectacle de la nature, soit qu'ils remontassent des causes finales qu'ils y trouvaient à l'idée d'une cause intelligente du monde, à l'idée de Dieu ; soit qu'ils descendissent de cette idée même à la conception et à la recherche des causes finales, qu'ils en considéraient comme la conséquence et la confirmation. J'ajoute que cette conception et cette recherche ont plus d'une fois conduit la science à d'importantes découvertes (1).

Mais, il faut en convenir, en général l'esprit critique a manqué aux uns et aux autres. Ceux qui de tout temps ont relégué les causes finales au rang des chimères ont trop souvent pris pour des vérités établies d'audacieuses négations, d'accord, il est vrai, avec les principes hypothétiques de leurs doctrines, mais à tout le moins aussi hypothétiques que ces principes mêmes. Ceux, au contraire, qui en ont admis la réalité ont presque toujours négligé de rechercher et d'examiner le fondement de l'idée des causes finales et l'usage légitime qu'on en peut faire; et, faute de cette critique, ils ont exagéré, soit la part qui leur revient dans l'étude et l'explication de la nature, prenant aussi à leur manière pour des vérités établies des assertions conjecturales ou chimériques, soit les conclusions qu'on en peut tirer relativement à la question de l'existence et des attributs de Dieu. Ces exagérations, nées de l'absence de l'esprit critique, et l'obscurité où ce même défaut a laissé l'idée des causes finales, n'ont pas peu contribué au discrédit où on les a vues souvent tomber parmi les savants et les philosophes, même chez des philosophes et des savants spiritualistes et religieux, comme Descartes (2) et Buffon (3).

Je ne veux point entreprendre ici l'histoire de la question des causes finales; j'aurai plus d'une fois, dans le cours de ce travail, l'occasion de rappeler, pour les rejeter ou les admettre, les principales opinions émises sur ce sujet par les philosophes. Je constate seulement que les partisans comme les adversaires des causes finales ont en général manqué de critique, c'est-à-dire ont négligé de soumettre à un examen approfondi l'idée que nous en avons et les jugements que nous en portons, afin d'en déterminer exactement l'origine et la nature, et de bien reconnaître la valeur qu'il leur faut attri-

---

(1) Entre autres celle d'Harvey. J'en parlerai plus bas.
(2) J'exposerai et discuterai plus loin son opinion sur ce point.
(3) J'en reparlerai aussi plus bas.

buer et l'usage qu'on en peut faire dans la science, soit dans l'histoire naturelle et dans la physique, soit dans la métaphysique et particulièrement dans la théologie (1).

Cette entreprise revenait de droit au père de la critique. En quoi consiste l'idée des causes finales, quelle en est l'origine, quelle en est la valeur, quelles en sont les applications légitimes, quelle place lui faut-il faire dans l'ensemble des sciences humaines, soit, comme je viens de le dire, dans les sciences naturelles et physiques, soit dans la métaphysique et la théologie? Voilà des questions que Kant sinon souleva le premier, au moins le premier posa d'une façon précise et méthodique, le premier traita d'une manière vraiment scientifique (2). En sorte qu'on peut dire de cette partie de son œuvre ce qui est vrai de sa philosophie tout entière, à savoir que, quand bien même on n'admettrait pas toutes les conclusions de sa critique, toujours elle aurait rendu les plus grands services à la science, en la forçant à ne pas se contenter d'assertions sans preuves, mais à remonter aux sources de nos idées et de nos jugements, pour en discuter la nature, l'usage et la valeur, et à établir solidement le terrain sur lequel elle doit élever son édifice. Voilà, en effet, ce qu'il y a d'éternellement vrai dans la philosophie critique ; voilà ce qui survivrait à la ruine de toutes ses conclusions particulières ; et cela, ce n'est pas autre chose que la méthode proclamée dans l'antiquité par le plus sage des Grecs, proclamée de nouveau par Descartes

---

(1) Il faut ici faire une exception en faveur de Bacon. Je montrerai plus loin la part qui lui revient dans l'histoire de la question des causes finales.

(2) « Une exposition, dit Dugald-Stewart (*Esquisses de Philosophie morale*, trad. Jouffroy, p. 284), des avantages et des abus possibles attachés aux spéculations concernant les causes finales, est encore un *desideratum* dans la science, et formerait une importante addition à cette branche de la logique qui a pour but d'établir les règles de l'investigation philosophique. » Ce n'est point là précisément la tâche que Kant se propose dans la *Critique du Jugement téléologique*, mais il en pose du moins les principes. Malheureusement Dugald-Stewart ne connaissait point cet ouvrage. — Ailleurs (*Philosophie de l'esprit humain*, trad. Peisse, t. II, p. 328), il cite Le Sage de Genève comme ayant traité avec un grand talent la question des règles logiques de la recherche des fins, et il renvoie au Mémoire de Prévost de Genève sur la vie et les écrits de son ami (Genève, 1805).

au début de la philosophie moderne, mais appliquée ici avec une rigueur et une précision incomparables.

Examinons d'abord la théorie de Kant sur les causes finales, en les considérant indépendamment de toute application à la théologie. Nous étudierons plus tard en un chapitre spécial l'opinion de notre philosophe touchant cette application, ou sur ce qu'on appelle vulgairement l'argument des causes finales, ou encore les preuves physiques de l'existence de Dieu, ce qu'il nomme lui-même l'argument physico-théologique. L'idée que Kant se fait des causes finales, ou, comme il dit, de la finalité de la nature, l'origine qu'il assigne à cette idée, la valeur qu'il lui accorde, l'usage qu'il veut qu'on en fasse dans la science de la nature, et la place qu'il lui assigne dans l'ensemble des connaissances humaines : voilà ce que je veux maintenant exposer et examiner.

Il faut distinguer avec Kant deux espèces de causes et de causalité : les causes efficientes et les causes finales, la causalité efficiente et la causalité finale ou la finalité. Expliquons d'abord cette distinction par un exemple, où ceux-là mêmes qui condamnent toute application de l'idée des causes finales à la nature ne pourront refuser de la reconnaître. Soit un être intelligent, l'homme par exemple. Je produis volontairement une certaine action, en vue d'un certain but. Eh bien ! ma volonté qui a résolu cette action, et mes membres qui l'exécutent, voilà les causes efficientes de l'action. Mais, puisque j'agis en vue d'un but, soit l'accomplissement d'un devoir, soit la jouissance d'un plaisir que je me promets, ou la fuite d'une peine dont je me vois menacé, et que c'est ce but qui détermine mon action, celle-ci n'a pas seulement une cause efficiente, mais elle a aussi une cause finale, et cette cause finale, c'est ce but même pour lequel j'agis. Cette espèce de causalité qui consiste à agir pour un certain but, ou qui est déterminée par une certaine fin, est au moins, tout le monde en conviendra, celle des êtres intelligents, c'est-à-dire la nôtre.

Mais il s'agit de savoir si nous devons aussi attribuer à ce qu'on appelle vulgairement la nature une causalité semblable ou analogue, une causalité agissant pour un but déterminé par une fin. Lorsque nous n'avons pas besoin d'avoir recours à l'idée de but ou de fin, pour y chercher, en partie du moins, la cause des phénomènes que nous observons dans la nature, le rapport de causalité que nous établissons entre ces phénomènes est un rapport de causalité efficiente, un *nexus effectivus*; nous ne sortons pas du mécanisme. Que si, au contraire, pour nous expliquer ces phénomènes ou certains d'entre eux, pour nous expliquer certains êtres, il nous faut recourir à une idée de ce genre, et placer dans cette idée même, au moins en partie la cause de leur production, c'est-à-dire, si nous sommes forcés de concevoir que la nature en les produisant a agi pour certains buts, il n'y a plus là seulement pour nous un rapport de causalité efficiente, un *nexus effectivus*, un pur mécanisme, il y a un rapport de causalité finale ou de finalité, un *nexus finalis*. Ne devons-nous concevoir la causalité de la nature que comme une causalité purement mécanique ; ou ne faut-il pas, pour expliquer quelques-uns au moins de ses effets, lui attribuer une causalité finale, téléologique, comme dit Kant, c'est-à-dire supposer entre elle et ses effets un rapport de finalité, comme si elle n'agissait pas seulement d'une manière mécanique, mais pour certains buts, qui seraient ainsi les causes, les causes finales de ses effets ? Voilà la question. Pour la bien comprendre, il importe de se faire une idée nette de la distinction sur laquelle elle porte. Je l'explique par des exemples. Une pierre poussée par le vent en rencontre une autre et la met en mouvement, celle-ci une troisième et ainsi de suite : je ne vois dans cet enchaînement de phénomènes ou de causes et d'effets qu'un *nexus effectivus*; et comme, pour l'expliquer, je n'ai besoin d'avoir recours à aucune idée de but ou de fin, je n'y reconnais pas autre chose qu'une causalité mécanique. Maintenant supposez que je ne puisse concevoir la production de l'œil, sans admettre que la nature, en le produisant, a eu pour but le don de la vue, il y a là autre chose qu'une causalité mécanique, qu'un simple *nexus effectivus*, il y a un *nexus finalis*, un rapport de finalité. La vue est la cause finale de l'œil, c'est-à-dire que, en produisant l'œil, la nature a eu pour but la vue elle-même, et que c'est ce but qui a déterminé la production de cet effet (1). La question est de savoir si nous devons réellement attribuer à

(1) Cette espèce de finalité, qui, à la différence de celle dont il a été question dans la *Critique du Jugement esthétique*, est *objective*, c'est-à-dire regarde les objets, Kant l'appelle *matérielle*, pour la distinguer d'une autre espèce de finalité, qui est objective aussi, mais qui n'est que *formelle*. Expliquons ici ce qu'il entend par celle-ci, et comment il la distingue de la précédente (§ LXI. — Trad. franç. t. II, p. 7). Voici une figure géométrique dont la définition et la construction sont bien simples : le cercle. Cette figure contient la solution d'une foule de problèmes qui paraissent d'abord fort compliqués, mais qu'elle résout de la manière la plus simple à la fois et la plus variée, comme celui-ci par exemple : construire un triangle avec une base donnée et l'angle opposé, ou cet autre : tracer deux lignes qui se coupent de telle sorte que le rectangle formé par les deux parties de l'une soit égal au rectangle formé par les deux parties de l'autre. De même des autres figures, de la parabole par exemple et de l'ellipse. Elles ont de merveilleuses applications. Or, comme ces figures servent à résoudre de difficiles et importants problèmes, comme il y a une parfaite conformité entre leurs propriétés et certains buts déterminés, c'est-à-dire la solution de ces problèmes, il faut reconnaître ici une certaine finalité, bien différente de cette finalité purement subjective dont il a été question dans la *Critique du Jugement esthétique*, c'est-à-dire une finalité intellectuelle et objective. Mais pourtant, pour expliquer les propriétés de ces figures, nous n'avons pas besoin d'avoir recours à un concept de fin, car ces propriétés sont nécessaires : elles peuvent bien convenir à tel ou tel usage, mais ce n'est pas de là qu'elles tirent leur possibilité. Aussi les anciens mathématiciens les étudiaient-ils, sans même songer à toutes les applications qu'on en pourrait faire un jour. La finalité, dont il est ici question, bien qu'intellectuelle et objective, ne supposant néanmoins aucun concept de fin, est purement formelle. Maintenant, si, au lieu de construire et de considérer par la pensée cette figure qu'on appelle le cercle, pour en déduire *à priori* toutes les propriétés et en rechercher les diverses applications, je rencontre et considère dans la nature un ordre et une régularité que je ne puisse expliquer autrement qu'en supposant un certain but, la finalité dans ce cas n'est plus simplement formelle, elle est réelle, matérielle. Dans le premier cas, il ne s'agissait que de déduire *à priori* les propriétés et les applications d'une certaine circonscription arbitraire de l'espace, faite *à priori* d'après un certain principe; il n'était point question d'objets réels et par conséquent de cause et d'effet, et c'est pourquoi on n'avait pas besoin d'avoir recours à un concept de fin. Mais, dans le second, il s'agit d'objets de la nature ou donnés dans l'expérience, et l'on conçoit qu'on puisse être forcé d'invoquer ici le concept d'une fin de la nature. Telle est la distinction établie d'abord par Kant entre la finalité objective formelle et la finalité objective matérielle. — Il remarque que la première ne

la nature une causalité de ce genre, à quelles conditions et dans quelles limites nous pouvons le faire.

Ce qui distingue, selon Kant, cette dernière espèce de causalité de la première, c'est que dans la première la série des causes et des effets va toujours en descendant, c'est-à-dire que la même chose ne peut être conçue comme étant à la fois cause et effet d'elle-même, tandis que c'est le contraire dans la seconde. Ainsi, suivant le *nexus effectivus*, le

cause pas moins d'étonnement et d'admiration que la seconde. Nous ne pouvons voir en effet sans étonnement et sans admiration qu'une figure aussi simple que le cercle contienne la solution de si nombreux et si difficiles problèmes. D'où vient cela ? L'objet à l'unité duquel nous ramenons ici la variété n'est pas un pur concept de l'entendement, mais c'est un objet d'intuition, ou un objet que nous représente l'imagination. Or il résulte de là que cette unité ou cette concordance d'un objet d'intuition avec le besoin de règles inhérent à notre entendement nous semble fondée empiriquement sur un principe différent de notre faculté de représentation, c'est-à-dire sur un principe de finalité, et de là vient notre étonnement. Sans doute, comme ce n'est pas l'expérience qui me révèle cette concordance ou cette unité, mais que je la reconnais *a priori*, je suis conduit à reconnaître aussi que l'espace n'est pas une qualité des choses en soi, mais un simple mode de représentation en nous, et que, par conséquent, c'est moi qui introduis dans la chose, sans être instruit empiriquement par la chose même, l'unité ou la concordance qui cause mon étonnement; mais cette considération suppose déjà une certaine critique de la raison, qui ne vient qu'après l'étonnement. Et puis, alors même que notre première illusion est dissipée, l'étonnement ne cesse pas pour cela, ou plutôt il se change en admiration ; car l'admiration n'est autre chose qu'un étonnement qui ne cesse pas, alors même que la première cause de notre étonnement, c'est-à-dire le doute sur la question de savoir si nous avons bien ou mal jugé, a disparu. « C'est qu'en effet, dit Kant, (p. 13) non-seulement il nous est impossible d'expliquer pourquoi l'union de cette forme de l'intuition sensible (qui s'appelle l'espace) est précisément telle et non pas une autre; mais cette union même étend l'esprit en lui faisant comme pressentir quelque chose encore qui repose au-dessus de ces représentations, et qui peut contenir le dernier principe (inconnu pour nous) de cet accord. Nous n'avons pas besoin, il est vrai, de le connaître, quand il s'agit simplement de la finalité formelle de nos représentations *a priori* ; mais la seule nécessité où nous sommes d'y songer excite notre admiration pour l'objet qui nous l'impose. » — On donne ordinairement le nom de beautés, ajoute Kant, aux propriétés des figures et des nombres qui causent ainsi notre étonnement et notre admiration ; mais on voit qu'il ne s'agit pas là de ce genre de beauté qui est l'objet propre des jugements de goût, et que par conséquent l'expression de beauté est ici impropre. Ce qu'il faut appeler proprement de ce nom, ou ce qui doit être considéré comme l'objet d'un véritable jugement esthétique, c'est le caractère qu'on peut donner à la démonstration de ces propriétés, ou ce qu'on appelle l'élégance de la démonstration. Car nous pouvons trouver là une satisfaction subjective, tandis que celle qui s'attache à ces propriétés mêmes est objective.

mouvement de mon bras est la cause du mouvement de cette première bille, laquelle est la cause du mouvement de cette seconde, et ainsi de suite ; mais le mouvement de cette bille, qui est l'effet du mouvement de mon bras, n'en est pas cause à son tour. Suivant le *nexus finalis*, au contraire, si l'on suppose, comme nous le faisions tout-à-l'heure, que la nature, en produisant l'œil, a eu pour but le don de la vue, la vue, qui est l'effet de l'œil, en sera donc aussi la cause en ce sens, la cause finale. C'est ainsi que, dans l'industrie humaine, la maison est la cause du loyer qu'on reçoit, et l'idée de ce revenu possible, la cause de la construction de la maison (1). Kant se sert, comme on le verra tout-à-l'heure, et nous nous servirons aussi de ce caractère, pour résoudre la question que nous venons de poser.

Mais auparavant il faut encore distinguer avec lui deux espèces de finalité possibles dans la nature (2). Ou bien, considérant une production de la nature en elle-même, nous supposons que la nature a eu immédiatement pour but cette production ; ou bien, nous la considérons comme un moyen relativement à d'autres choses, que nous regardons comme des fins de la nature. Dans le premier cas, la finalité que nous attribuons à la nature est *intérieure* ; elle est *relative* dans le second. Nous ne reconnaissons la première que dans les productions de la nature que nous ne pouvons concevoir sans les regarder elles-mêmes comme des fins de la nature, c'est-à-dire, ainsi que nous allons l'expliquer, dans les êtres organisés. Nous pouvons supposer la seconde en des choses qui n'exigent point par elles-mêmes le concept d'une fin de la nature. Cette seconde espèce de finalité est nécessairement liée à la première ; en effet, comment supposer que la nature se soit, en quelque sorte, proposé comme but l'existence de certains êtres, de l'homme par exemple, sans supposer en même temps qu'elle ait disposé les choses de telle sorte que

---

(1) § LXIV. — Trad. franç. t. II, p. 27.
(2) § LXII.

ces êtres pussent exister et se développer conformément à leur destination? Dès que nous admettons une finalité intérieure, il faut donc admettre aussi une finalité relative. Cette distinction, que nous venons de rapporter d'après Kant, est de la plus grande importance, et elle jette une grande lumière sur la question difficile et souvent embrouillée des causes finales.

Laissons, pour le moment, de côté cette finalité extérieure dont nous venons de parler ; et, nous bornant à la finalité intérieure, voyons si et comment nous sommes conduits à l'attribuer à la nature, et dans quels êtres nous la lui devons attribuer.

Selon Kant, dont nous n'avons guère ici qu'à suivre la pensée, nous ne pouvons concevoir la production des êtres organisés sans la rapporter à une finalité intérieure, c'est-à-dire sans supposer que la nature, en les produisant, a eu cette production même pour but (1).

Considérez en effet un être organisé : il forme un tout auquel se lient et duquel dépendent les diverses parties, de telle sorte que nous ne pouvons les concevoir que dans leur rapport avec le tout lui-même. Ainsi, qu'est-ce que les bras, les yeux, la bouche, sans le tout, l'être organisé auquel ces membres se rapportent? Cela ne se conçoit pas. Ces parties ne peuvent être conçues, et par conséquent ne sont possibles que dans leur rapport avec le tout. C'est comme dans une œuvre de l'industrie humaine, dans une montre par exemple ; la montre est un tout dont dépendent si bien les diverses parties, les roues, les aiguilles, le cadran, qu'elles ne peuvent être conçues que dans leur rapport avec ce tout.

En outre, et par là il se distingue de toutes les œuvres de l'industrie humaine, qui partagent avec lui le caractère que nous venons de signaler, l'être organisé a la propriété d'être à la fois, selon l'expression de Kant, la cause et l'effet de lui-

---

(1) § LXIII et LXIV.

même. L'arbre par exemple (je me sers de l'exemple même fourni par notre philosophe) est la cause et l'effet de lui-même, et cela en plusieurs manières. D'abord un arbre en produit d'autres de la même espèce, et ainsi chaque espèce d'arbre va sans cesse se reproduisant et sans cesse reproduite par elle-même. Ensuite un arbre se produit lui-même comme individu. Il n'y a rien de commun entre ce genre d'effet qu'on appelle croissance, et ces accroissements que produisent des lois mécaniques : la plante attire à elle, élabore et s'assimile les matières propres à la renouveler et à la développer, et par conséquent la matière par laquelle elle s'accroît et se renouvelle est son propre produit. Aussi, remarque Kant (1), « tout l'art du monde est-il impuissant à reconstituer une production du règne végétal avec les éléments qu'il a séparés en la décomposant, ou avec la matière que la nature fournit pour la nourrir. » Enfin, pour ne citer que les faits les plus simples, il y a entre les diverses parties d'un arbre un rapport de cause à effet : les feuilles sont le produit de l'arbre, mais à leur tour elles le conservent, et il périrait si on le privait à plusieurs reprises de son feuillage. Il faut mentionner aussi ces secours que, dans les êtres organisés, la nature apporte d'elle-même aux parties malades, ces moyens extraordinaires qu'elle emploie pour suppléer à l'absence ou au vice de certains organes, en un mot tous ces effets étonnants pour lesquels on a supposé dans la nature une vertu particulière, à laquelle on a donné le nom de *vis medicatrix*. Le caractère que nous venons d'indiquer n'appartient qu'aux êtres organisés, et ne se rencontre pas dans les œuvres de l'industrie humaine. Si une montre, comme un être organisé, est un tout dont chaque partie n'existe que par sa relation aux autres et au tout lui-même, elle ne produit pas d'autres montres à son tour ; — ses parties ne sont pas entre elles dans le rapport réciproque de **causes**

---

(1) P. 24.

et d'effets ; — elle ne supplée pas à l'absence ou au vice de ses pièces, elle ne répare pas d'elle-même le désordre qui peut s'introduire dans son action. Mais l'être organisé n'est pas seulement doué de force motrice, comme les machines à qui on l'a communiquée ; il a aussi une vertu formatrice, qu'il communique aux matières, qui ne l'ont pas, en se les assimilant, et qu'il transmet en se reproduisant.

Telle est donc la double propriété des êtres organisés. Or cette double propriété nous conduit à attribuer à la nature autre chose qu'une causalité purement mécanique, et à supposer que ces êtres sont des fins pour elle, ou qu'en les produisant ce sont des buts qu'elle poursuit. Comment, en effet, concevoir que des causes purement mécaniques puissent produire un tout dont chaque partie ne peut être conçue que dans son rapport avec le tout, c'est-à-dire où toutes les parties dépendent de l'idée même du tout ? C'est comme si on voulait attribuer à des causes purement mécaniques la production d'une montre. Si donc il y a des productions de la nature qui nous présentent ce caractère que nous ne pouvons rencontrer dans les œuvres de l'art ou de l'industrie des hommes, sans les rapporter à quelque fin, il nous faut bien aussi avoir recours à une idée de ce genre, ou reconnaître dans la nature même une certaine finalité. Comment concevoir autrement des êtres qui sont à la fois causes et effets d'eux-mêmes, dans le sens que nous avons exposé tout-à-l'heure? Je puis bien expliquer par des causes purement mécaniques la formation d'une pierre : car dans une pierre je ne trouve pas ce rapport, ce concert, cette action réciproque que me montre un être organisé; mais, pour concevoir celui-ci, les causes mécaniques ne me suffisent plus, et c'est pourquoi j'ai recours à l'idée d'une autre espèce de causalité, c'est-à-dire à l'idée d'une causalité analogue à celle que je trouve en moi-même.

Ainsi, pour conclure sur ce point, où je me trouve entièrement d'accord avec Kant, le rapport des parties au tout comme à une idée qui détermine le caractère et la place de chacune, révèle dans la production de la chose où il se montre une certaine finalité; et, lorsque ces parties, outre qu'elles concourent à l'unité du tout qui les détermine, concourent aussi à le produire, en se produisant réciproquement, nous reconnaissons là une finalité de la nature. Or, tel est précisément le double caractère des êtres organisés. Nous ne pouvons donc en concevoir la possibilité sans recourir à un concept de fin ou de but, ou sans attribuer à la nature dans la production de ces êtres une finalité intérieure. Comme on le voit, le concept de l'organisation et celui d'une finalité intérieure sont des concepts corrélatifs et inséparables. On peut donc définir les êtres organisés des productions de la nature dans lesquelles tout est réciproquement fin et moyen (1).

De là vient, selon Kant, ce principe, que dans les êtres organisés il n'y a pas d'organe qui n'existe pour une fin, ou que dans ces êtres la nature ne fait rien en vain. Ce principe est universel et nécessaire, c'est-à-dire que nous l'appliquons toujours et ne pouvons pas ne l'appliquer à l'observation des êtres organisés. Aussi en étudiant les plantes et les animaux, cherchons-nous à déterminer la destination de chacune des parties de la plante ou de l'animal que nous considérons. « Et, dit Kant (2), on ne peut pas plus rejeter ce principe téléologique que le principe universel de la physique : rien n'arrive par hasard ; car, de même qu'en l'absence de ce dernier, il n'y aurait plus d'expérience possible, de même, sans le premier, il n'y aurait plus de fil conducteur pour l'observation d'une espèce de choses de la nature que nous avons une fois conçues téléologiquement sous le concept des fins de la nature. » En effet, dès qu'on s'élève au-dessus du mécanisme de la nature, pour concevoir que, dans la production d'un certain être, elle a agi pour un certain but, il faut bien concevoir aussi que dans cet être tout se rap-

---

(1) § LXV. — p. 33.
(2) P. 34.

porte à ce but, c'est-à-dire a sa place dans l'ensemble, sa destination particulière dans la destination générale.

Ajoutons tout de suite, pour compléter la pensée de Kant sur l'extension du concept de la finalité de la nature et du principe téléologique que nous lui appliquons, qu'une fois que nous avons introduit ce concept dans la nature, pour concevoir la production des êtres organisés, nous l'étendons à tout l'ensemble des choses. Dès-lors nous ne concevons plus seulement les êtres organisés comme des fins de la nature, mais tout l'ensemble de la nature comme un système de fins, c'est-à-dire d'êtres liés entre eux suivant des rapports de moyens à fins. Et c'est ainsi que ce principe, que nous limitions d'abord aux êtres organisés: dans les êtres organisés rien n'existe en vain, devient un principe qui embrasse la nature entière : dans le monde en général rien n'existe en vain ; tout est bon à quelque chose. La considération des êtres organisés nous le suggère d'abord ; puis, une fois que, pour certains êtres, nous avons introduit dans la nature une causalité différente du pur mécanisme, la finalité, c'est pour nous une nécessité de rattacher à ce même principe la nature tout entière, ou de la concevoir comme un système de fins et de l'envisager sous ce nouveau point de vue. En considérant ainsi les choses de la nature, on ouvre à l'esprit un source d'investigations intéressantes (1).

(1) Kant signale ici (p. 40), une application particulière du principe de la finalité de la nature, qu'il est bon d'indiquer, parce qu'elle se rattache à une grande question déjà traitée, à la question du beau. On se rappelle que, selon lui, pour porter des jugements sur la beauté des objets de la nature, nous n'avons pas besoin de nous enquérir de leur destination, ni même de la question de savoir si la nature a produit ces formes tout exprès pour notre satisfaction : toute considération téléologique est étrangère aux jugements esthétiques purs, ou aux jugements de goût. Mais, quand une fois nous en sommes venus à concevoir la nature comme un système de fins dont l'homme est membre, nous sommes conduits à admettre dans les beautés mêmes de la nature une finalité objective. « Nous pouvons, dit Kant, regarder comme une faveur de la nature de ne s'être pas bornée à l'utile, mais d'avoir répandu la beauté avec profusion, et l'ai-

Mais ajoutons aussi que, selon Kant, s'il est nécessaire et même intéressant de considérer la nature comme un vaste système ordonné suivant des fins, la détermination de ces fins est toujours hypothétique, dès qu'il s'agit non plus des êtres organisés en eux-mêmes, mais de leurs rapports entre eux et avec les êtres du monde inorganique. C'est qu'il n'est plus question alors de la possibilité intérieure de choses que nous ne saurions concevoir qu'au moyen de causes finales. « Ainsi, dit Kant (1), parce que les *fleuves* facilitent le commerce des peuples dans l'intérieur des terres; parce que les *montagnes* contiennent des sources qui forment ces fleuves, et des provisions de neige qui les entretiennent dans les temps où il n'y a pas de pluie ; parce que les *terrains* sont inclinés de manière à conduire les eaux et à ne pas inonder le pays, on ne peut pourtant pas prendre ces choses pour des fins de la nature ; car, bien que cette forme de la surface de la terre soit très-nécessaire à la production et à la conservation du règne végétal et du règne animal, elle n'a cependant rien en soi dont la possibilité nous oblige à admettre une causalité déterminée par des fins. Cela s'applique aussi aux plantes que l'homme emploie pour son plaisir, aux animaux, au chameau, au bœuf, au cheval, au chien, etc., dont l'homme fait usage de tant de manières, soit pour sa nourriture, soit pour son service, et dont en grande partie il ne saurait se passer (2). »

Il y a pourtant un rapport extérieur de finalité que Kant fait rentrer dans les conditions de la finalité intérieure, ou de l'or-

---

mer à cause de cela, de même que nous la considérons avec respect pour son immensité et nous sentons ennoblis par cette considération, précisément comme si la nature avait établi exprès dans ce but son magnifique théâtre. »

(1) *Critique du Jugement*, t. II, p. 36.

(2) Kant remarque en outre que toutes ces fins, que nous supposons ainsi dans la nature, ne se suffisent pas à elles-mêmes, et qu'elles exigent une fin dernière, catégorique, que nous ne pouvons trouver dans le monde lui-même, et qu'il faut chercher dans un autre ordre de choses, auquel ce genre de considérations nous prépare déjà, mais sans nous y introduire. C'est là un point très-important que nous retrouverons plus tard, et que je me borne ici à indiquer.

ganisation : c'est celui que révèle l'organisation des deux sexes dans les relations qui existent entre eux pour la propagation de l'espèce. En effet, si l'individu de chaque sexe est un tout organisé ; séparés, ils ne peuvent se reproduire, mais ensemble ils forment un tout capable de produire d'autres créatures de la même espèce, ou, comme dit Kant, un tout organisant. Or, s'ils sont nécessaires l'un à l'autre pour se reproduire, et si, sans les rapports réciproques que la nature a établies dans leurs organisations, l'espèce ne pourrait se propager, il est juste de considérer ces rapports comme leur organisation même, et de reconnaître dans cette finalité extérieure les caractères attribués exclusivement jusqu'ici à la finalité intérieure.

Nous reviendrons tout-à-l'heure sur l'idée de la finalité extérieure de la nature, et sur les applications particulières que nous en pouvons faire ; mais d'abord quelle valeur Kant accorde-t-il à cette idée même d'une finalité intérieure, qui lui sert de point de départ, et au principe téléologique auquel elle le conduit ?

Il soutient, et en cela nous sommes de son avis, qu'il est impossible de concevoir un être organisé sans supposer dans la nature autre chose qu'une simple causalité mécanique, et sans lui attribuer quelque chose comme un rapport de finalité ; selon lui, les idées d'organisation et de finalité sont des concepts corrélatifs et inséparables. Il proclame en même temps la nécessité de ce principe, que dans les êtres organisés la nature ne fait rien en vain. Mais il soutient aussi, et sur ce point nous nous permettons de combattre sa doctrine, que le concept d'une finalité intérieure de la nature et le principe qu'il en fait sortir n'ont qu'une valeur subjective, c'est-à-dire que ce concept n'est qu'une manière, nécessaire pour nous, de concevoir, par analogie avec notre propre causalité, la production des êtres organisés, que nous ne pouvons nous expliquer par un pur mécanisme de la nature ; et ce principe, qu'une maxime servant à nous diriger dans la considération et dans l'étude des êtres organisés, c'est-à-dire un principe régulateur. Exposons d'abord cette opinion ; nous la discuterons ensuite.

Cette valeur purement subjective à laquelle il réduit le concept d'une finalité intérieure de la nature, et par suite le principe qu'il y fonde, Kant la déduit de l'origine même qu'il assigne à ce concept. Selon lui, ce n'est là ni un concept empirique ou *à posteriori*, ni un concept *à priori* de l'entendement (1). D'un côté, nous ne pouvons tirer ce concept de la connaissance empirique des objets, et l'expérience ne saurait démontrer la réalité de ce rapport de moyen à fin que nous attribuons à la nature. Elle peut bien nous faire connaître la conformation et les propriétés d'un être organisé ou d'un organe ; mais comment démontrerait-elle que la nature, en le formant, a agi pour un but déterminé ? Et, d'un autre côté, que la nature agisse en effet pour certains buts, c'est ce que nous ne pouvons conclure *à priori* de l'idée que nous en donne l'entendement ; car, loin que l'idée d'une finalité rentre dans celle que nous nous faisons de la nature au moyen des lois de l'entendement, nous ne pouvons admettre la première sans sortir des limites de la seconde. Qu'exprime en effet la loi de la causalité, telle que l'entendement l'applique à la nature, sinon ce *nexus effectivus* dont nous parlions plus haut, et dont le caractère essentiel est la nécessité ? et ne concevons-nous pas ainsi la nature comme un ensemble de phénomènes produits par une causalité toute mécanique ? Quelle est donc l'origine de ce concept, que la nature agit pour des fins, si nous ne le tirons ni *à posteriori* de la connaissance empirique de la nature, ni *à priori* de l'idée que nous en donne l'entendement ? C'est nous qui l'introduisons, par analogie, dans la considération de la nature. Ce mode de causalité qui consiste à agir en vue de certaines fins, c'est le nôtre. Or, comme nous ne pouvons nous contenter de ne voir dans certaines productions de la nature qu'un pur mécanisme,

(1) § LX. — P. 4.

nous lui attribuons un mode de causalité analogue à celui que nous trouvons en nous-mêmes. Nous concevons ainsi la nature par analogie à ce qui se passe en nous, et nous formons de cette manière un nouveau concept ou un nouveau principe, dont nous nous servons comme d'un moyen ou d'une règle d'observation et d'investigation, là ou nous ne pouvons nous borner à invoquer les lois d'une causalité purement mécanique. Il suit de là que le jugement téléologique ne détermine pas, à proprement parler, une véritable connaissance de la nature, mais qu'il nous sert seulement à l'observer et à l'étudier, en l'interprétant d'une certaine manière. C'est pourquoi, dans le langage kantien, il n'est pas *déterminant*, mais *réfléchissant* ; et c'est pourquoi aussi Kant ne lui attribue qu'une valeur subjective (1). L'idée d'une finalité intérieure de la nature, ou cette idée, que la nature en produisant les êtres organisés agit pour des fins, n'exprime donc autre chose qu'un mode suivant lequel nous l'envisageons et réfléchissons sur ces productions, sans en déterminer par là aucune connaissance ; et le principe téléologique, ou ce qu'on appelle vulgairement le principe des causes finales, n'est autre chose qu'un principe régulateur, et n'a de valeur qu'à ce titre (2).

Examinons cette importante conclusion de la philosophie

---

(1) Les jugements qui dérivent de l'application des *concepts de l'entendement* aux objets des sens, sont au contraire des jugements *déterminants*, en ce sens que les concepts sur lesquels ils se fondent servent à constituer l'expérience, qui sans eux serait absolument impossible ; et en ce sens aussi, ces jugements et ces concepts ont une valeur objective. A la vérité, Kant prétend que l'application des concepts de l'entendement aux objets des sens ne nous fait connaître les choses que comme *phénomènes*, et non pas comme *noumènes* ; mais du moins ces concepts sont-ils les conditions constitutives de l'expérience ? Mais le concept et le principe des causes finales n'ont pas même cette valeur objective : ils ne servent pas à rendre possible l'expérience même, mais seulement à envisager d'une certaine manière les productions de la nature, et à diriger nos recherches dans un certain sens. Je ne fais qu'indiquer ici en passant la distinction établie par Kant entre les jugements réfléchissants, tels que les jugements téléologiques, et les jugements déterminants. J'y reviendrai plus tard.

(2) § IX. — P. 5 et 6. — § XXIV. — P. 31 et 32.

kantienne, savoir que le concept et le principe des causes finales, appliqués à la nature, n'ont qu'une valeur subjective.

Selon Kant, l'expérience ne saurait nous montrer dans la nature quelque chose comme un rapport de finalité. Il faut bien s'entendre ici. L'expérience, c'est-à-dire la contemplation de la nature, me montre une parfaite appropriation entre un organe et l'usage de cet organe, par exemple, entre l'œil et la vue, entre l'oreille et l'ouïe. Elle ne me dit pas, ajoutera-t-on, que cet organe existe précisément pour cet usage, qu'il a été établi par la nature tout exprès pour cela, et qu'ainsi cet usage même est une fin que la nature s'est proposée dans la production de cet organe, ou qu'il est la cause finale de cette production. Non, mais c'est là une conclusion, à mon sens très-légitime, que je tire de l'expérience. L'expérience n'est rien sans doute, si elle n'est interprétée par l'esprit de l'homme; mais, convenablement interprétée, ne m'apprend-elle rien? Ici je vois une telle harmonie entre un certain organe, et je ne dirai pas encore son but, sa destination, puisque c'est précisément cette idée qui est en question, mais son usage, qu'il m'est impossible d'expliquer la production de cet organe par des causes purement mécaniques, et de ne pas reconnaître là un rapport de moyen à fin. Que sera-ce si, au lieu de considérer dans un être organisé un seul de ses organes, j'en considère l'ensemble, et si ce concert, cette unité que j'ai trouvée entre les parties de chacun, je la retrouve entre eux tous? D'accord, dira Kant; j'admets cette nécessité d'avoir recours à une idée différente de celle d'un pur mécanisme; mais de quel droit attribuer à la nature même quelque chose qui ne représente qu'une manière de l'envisager, propre à l'esprit humain? Mais quoi! ne porté-je pas ici un jugement qui se fonde sur l'expérience même? L'expérience ne me montre-t-elle pas dans les êtres organisés, dans cette admirable harmonie qui fait concourir toutes les parties d'un organe à un certain usage, et tous ces organes ensemble à l'unité de la vie, l'expérience ne me montre-t-elle pas les traces évidentes d'un dessein? Que l'on dise tant qu'on voudra que c'est moi qui interprète ainsi la nature; toujours cette interprétation a son fondement dans la nature même. Comment ne lui attribuer qu'une valeur subjective? Si elle n'en avait point d'autre, comment dans certains cas l'expérience la suggérerait-elle? et comment, après l'avoir suggérée, viendrait-elle la confirmer (1)? En effet, plus nous approfondissons l'étude d'un être organisé, ou seulement d'un de ses organes, plus éclate à nos yeux l'appropriation des moyens à la fin. Mais l'expérience, me dira-t-on de nouveau, ne vous révèle qu'une chose : l'appropriation des parties et de la conformation de l'organe à son usage. Je réponds que cette appropriation est précisément ce qui me révèle dans la nature une véritable finalité; car, comment les diverses parties et toute la conformation d'un organe seraient-elles si merveilleusement appropriées à son usage, si cet usage même n'était une fin pour la nature, ces parties et cette conformation, des moyens relativement à cette fin? Ne pas vouloir reconnaître ici un rapport de ce genre, n'est-ce pas se refuser à l'évidence? Je suppose que l'idée de ce rapport, ou d'une finalité de la nature, ne soit d'abord qu'une pure hypothèse; cette hypothèse n'est-elle pas parfaitement justifiée par l'expérience, et n'acquiert-elle pas ainsi une réalité objective? Ainsi, par exemple, je n'affirme pas d'abord, mais je suppose que les yeux soient faits tout exprès pour voir. S'il en est ainsi, ils seront conformés de la manière la plus propre à remplir cette fin. Or, c'est précisément ce que je découvre en les étudiant. Etant supposé que la nature, en nous donnant des yeux, ait eu pour but de nous accorder le privilége de la vue, elle ne pouvait s'y pren-

---

(1) Herbart demandait comment il se fait, si le concept de la finalité est purement subjectif, que nous ne trouvions pas à en faire partout l'application. Puisque, dans beaucoup de cas, la finalité nous échappe, et que nous cherchons en vain à y appliquer cette loi de notre esprit, tandis que, dans d'autres cas, nous la pouvons discerner, n'est-ce pas une preuve qu'elle est fondée dans la nature même des choses, en même temps que dans celle de notre esprit? Voy. l'*Histoire de la Philosophie allemande*, de M. Willm, t. II, p. 161.

dre mieux qu'elle ne l'a fait réellement. J'en conclus qu'elle s'est en effet proposé ce but, et je ne puis m'expliquer autrement l'étonnante appropriation que j'y découvre. Bien plus, nous ne pensons connaître et expliquer véritablement un organe, que quand nous avons découvert sa destination : tant que nous l'ignorons, nous la cherchons; et, alors même que nous l'avons trouvée, nous ne sommes satisfaits que quand nous savons comment chacune des parties qui le composent concourt à cette fin. Or, si cette idée de destination ou de finalité n'a pas de valeur réelle ; si elle n'exprime autre chose au fond que l'usage qui résulterait pour ainsi dire mécaniquement d'une chose; d'où vient que nous cherchons cet usage, alors même qu'il nous échappe, et que, quand nous l'avons découvert, nous entreprenons de déterminer le rôle, la fonction de chacune des parties qui y concourent, comme s'il s'agissait, en effet, d'une chose faite tout exprès pour cet usage même? Que parlons-nous d'ailleurs ici de connaissance et d'explication?

J'avoue qu'il m'est très-difficile de concevoir ce que peut être dans la nature, qui par elle-même n'est point intelligente, cette causalité agissant pour des fins, et j'accorde à Kant que je ne puis m'en faire une idée que par analogie, en considérant ce qui se passe en moi-même; seulement on peut aller plus loin que lui dans cette voie. Je suis un être raisonnable, agissant volontairement en vue de certaines fins; cette causalité, qui m'est propre, est un fait de conscience. Mais ce n'est point précisément une causalité semblable que j'attribue à la nature, lorsque je lui attribue de la finalité, car je ne la conçois pas comme un être doué d'intelligence et de volonté; c'est simplement un genre de causalité analogue. Or, il est facile de pousser plus avant l'analogie entre ma propre causalité et celle que j'attribue à la nature. En effet, entre cette causalité raisonnable, dont je viens de parler, et celle que j'attribue à la nature, il y a un intermédiaire, dont je puis me servir pour passer de l'une à l'autre et que je trouve aussi en moi même. Je veux parler de l'instinct. Avant d'être arrivé à l'âge de raison, j'agissais instinctivement ; et maintenant encore que je jouis de cette faculté, souvent l'instinct reparait en moi et y joue son rôle, à côté de ma raison et de ma volonté. L'enfant qui vient de naître suce le lait que lui offre le sein de sa nourrice : ses mouvements, outre les causes efficientes qui les produisent, ont un but dont il ne se rend pas compte, mais relativement auquel ces mouvements sont des moyens ; ils ont une cause finale. Il faudrait être insensé pour nier cela. Le rôle de l'instinct diminue, mais ne périt pas, lorsque intervient celui de la raison et de la volonté ; à chaque instant il continue d'agir en moi. Je prends l'exemple le plus simple et le plus vulgaire : quelqu'un passe rapidement sa main devant mes yeux ; aussitôt, sans presque le savoir et sans le vouloir, j'abaisse mes paupières, pour garantir mes yeux du danger qui semble les menacer. Ce mouvement instinctif de mes paupières a une cause efficiente ; mais il a aussi une cause finale : la préservation d'un danger. Si nous descendons ensuite des êtres qui joignent à l'instinct la raison et la liberté, comme les hommes, à ceux qui n'ont que l'instinct, comme les animaux, nous pouvons nous faire une idée de ce que l'instinct est chez eux par ce qu'il est en nous. Seulement, précisément parce que l'instinct y existe seul, son rôle y est plus important. Or, comment attribuer ce merveilleux rôle de l'instinct à des causes purement mécaniques ? comment ne pas voir là une finalité réelle, un rapport manifeste de moyens à fins ? Pourtant l'animal n'a pas l'idée de ces fins auxquelles il tend certainement, quoique instinctivement. Descendons encore dans l'échelle des choses ; passons de l'instinct à l'organisation physique : si nous voulons concevoir comment la nature agit dans celle-ci pour des fins, nous le pouvons jusqu'à un certain point, en rapprochant de la finalité que révèle l'instinct celle que suppose l'organisation. Dans l'instinct, l'animal poursuit un but dont il n'a pas l'idée ; il en est de même de la nature dans l'organisation. Seulement, dans ce dernier cas, elle ne revêt pas, comme dans le premier, la forme de la sensibilité.

J'accorde donc que nous ne pouvons concevoir ce que peut être une finalité de la nature que par analogie ; mais cette analogie est, selon moi, moins éloignée que celle qu'indique Kant, et surtout j'en tire une conclusion toute contraire. Puisqu'il y a dans l'instinct une finalité dont l'animal n'a pas conscience, il peut bien y avoir dans la nature organique une finalité analogue, aussi éloignée de l'instinct que celui-ci l'est de la raison. Et il est incontestable qu'il y a dans la nature une finalité de ce genre, puisqu'il serait absurde de rapporter l'organisation à des causes purement mécaniques.

Maintenant, veut-on se renfermer dans les limites de la nature, et ne pas dépasser les conclusions qu'il est permis de tirer de l'expérience dans ces limites mêmes ? j'accorderai encore à Kant que, quand nous disons que la nature agit pour tel but, nous ne devons pas lui supposer, à proprement parler, une intention ; car il est impossible d'attribuer de l'intention, dans le sens propre du mot, à une matière inintelligente ; et, pour la même raison, nous ne devons parler que sous une certaine réserve de la sagesse, de l'économie, de la prévoyance, de la bienfaisance de la nature (1). Appliquées à la nature même, ces expressions ne peuvent, en effet, être employées que par analogie ; ou, si on les entend dans leur sens propre, ce ne peut être qu'à la condition qu'on les rapporte à une cause intelligente, auteur de la nature. J'ai écarté provisoirement cette dernière idée ; mais, en accordant la première, je ne veux point pousser la réserve jusqu'au scepticisme. Je conclus donc en disant que l'observation des êtres organisés me force à reconnaître dans la nature, je ne dirai pas une causalité intentionnelle, puisque Kant repousse cette expression, mais, pour employer le mot dont il se sert, en lui donnant le sens objectif qu'il lui refuse, une véritable finalité.

En résumé, il n'est pas vrai que l'expérience n'ait rien à nous

---

(1) § LXVII. — P. 43-44.

apprendre ici ; elle a besoin sans doute d'être interprétée, car l'expérience, sans l'esprit qui l'interprète, est un livre fermé ; mais, en l'absence même de toute conception antérieure de la raison, elle nous révèle dans les êtres organisés un rapport de moyens à fins, une finalité de la nature ; et, puisque le concept d'une finalité de la nature a ainsi son fondement dans les choses mêmes, il a évidemment une valeur objective, quoique nous ne puissions le déterminer que par analogie avec notre propre causalité.

Nous n'avons parlé jusqu'ici que de ce que nous avons appelé avec Kant la finalité intérieure de la nature, ou de celle qui éclate dans tout être organisé, considéré en lui-même, isolément. Passons maintenant à la finalité extérieure, tout en continuant de nous renfermer dans les limites de l'expérience, c'est-à-dire de nous borner à ce que nous pouvons légitimement conclure de nos observations sur la nature, indépendamment de tout principe conçu *à priori* par la raison.

Il suffit de considérer le plus chétif des êtres organisés, une plante, un insecte, pour être forcé de reconnaître dans la nature autre chose que des causes purement mécaniques. Un jour Leibnitz, comme Kant lui-même le raconte quelque part (1), après avoir examiné un insecte avec un microscope, fut si pénétré d'admiration qu'il le replaça avec précaution sur la feuille où il l'avait pris. C'est qu'apparemment dans l'organisation de ce petit être, qui semble avoir si peu de prix, il voyait autre chose que l'effet du hasard ou de causes purement mécaniques : il y trouvait un admirable agencement de moyens et de fins, un art merveilleux. Maintenant si, au lieu de considérer les êtres organisés séparément, nous les considérons dans leurs rapports réciproques, ou dans leurs relations avec les autres êtres inanimés, nous sommes forcés d'étendre ce rapport de finalité, que nous attribuions tout-à-l'heure à la nature dans la production des êtres organisés ; et ce nouveau rapport de finalité n'est pas en général moins évident pour

(1) *Critique de la raison pratique*, trad. franç., p. 387.

nous que le précédent, quoique la détermination en soit plus difficile et souvent même hypothétique.

Que l'on rapproche d'abord les organisations différentes des deux sexes ; comment ne pas voir dans les rapports qui se manifestent au sein de cette diversité même une véritable finalité? comment nier que ces dispositions diverses, qui concourent si harmonieusement à l'œuvre de la propagation, n'existent pas réellement pour ce but, et que celui-ci n'en est pas en effet la cause finale? Kant, on l'a vu plus haut, ramène cette finalité, qui réside dans les relations organiques que les sexes ont entre eux pour la propagation de l'espèce, à la finalité intérieure, attendu que, si le mâle et la femelle forment séparément des touts organisés, ensemble ils forment un tout organisant. Et il a raison ; mais comment réduire à une simple idée de l'esprit, sans valeur objective, une finalité aussi manifestement réelle? Ce n'est pas tout. Le mâle et la femelle ont, au moyen des organes de la génération, produit un ou plusieurs petits êtres de leur espèce. Il faut que ces êtres vivent, et, s'ils ne peuvent trouver immédiatement par eux-mêmes leur nourriture, que leur mère ou leur père la leur fournisse. Dans certaines espèces, la femelle a des mamelles ; et, lorsqu'elle devient mère, ces mamelles se remplissent de lait, et ce lait, sucé par le petit, dont la bouche se prête merveilleusement à cette opération, est justement la nourriture qui lui convient (1.) Eh quoi ! hésiterai-je à reconnaître que ces mamelles et ce lait ont été donnés à la mère pour nourrir sa jeune progéniture ? et de même que je ne puis nier que les organes de la génération ne soient en effet des instruments destinés à la génération, et par conséquent existent réellement pour ce but, puis-je nier davantage, puis-je

---

(1) « In iis animantibus, quæ lacte aluntur, omnis fere cibus lactescere incipit; eaque, quæ paulo ante nata sunt, sine magistro, duce natura, mammas appetunt, earumque ubertate saturantur. » Cicéron, *De Natura Deorum*, lib. II, c. LI.

douter seulement que les organes servant à nourrir d'abord le nouvel être qui vient au monde existent en effet pour cette fin?

En général, de ce que la nature, ou sa cause, quelle qu'elle soit, — je ne m'explique pas encore sur ce point, — a produit des êtres organisés, c'est-à-dire, je ne crains plus d'employer cette expression, des êtres destinés à vivre, nous pouvons conclure légitimement qu'elle a dû établir entre eux de telles relations, ou disposer les choses dans leurs rapports avec eux, de telle façon qu'ils pussent vivre et se développer conformément à leur destination. Autrement elle irait contre son propre but, et l'expérience confirme cette induction. Ainsi la nature produit des animaux herbivores, c'est-à-dire des animaux destinés à manger de l'herbe; il faut qu'elle produise aussi de l'herbe pour les nourrir. Et c'est ce qu'elle fait : elle fournit à ces animaux la nourriture qui leur convient, et nous voyons que cette nourriture est admirablement appropriée à leur organisation. Entre l'herbe et les animaux herbivores, il y a donc encore un rapport de finalité. Je ne dis pas que l'herbe existe uniquement pour nourrir les animaux herbivores; mais je dis qu'entre l'herbe et les animaux herbivores il y a en général un rapport de moyen à fin. Aussi ne puis-je m'expliquer la conformation de leurs dents, par exemple, sans la rapporter à ce but, savoir qu'ils sont destinés à manger de l'herbe. Il y a des rapports de finalité moins frappants. A le prendre d'une manière générale, ce rapport de finalité extérieure, que nous considérons ici, est aussi incontestable que celui même de la finalité intérieure, dont nous avons parlé tout-à-l'heure : il en est la conséquence, et celui-ci sans celui-là serait un non-sens; mais, lorsqu'il s'agit de le déterminer, c'est alors qu'il faut bien prendre garde de substituer des conjectures de notre esprit ou de pures hypothèses à la réalité des choses. Ainsi le cheval sert à nous porter ou à tirer des fardeaux; dirai-je qu'il a été fait tout exprès pour cela? Cela serait au moins fort hasardé. En général, partout où nous n'avons pas besoin d'admettre un rapport de finalité entre les choses, pour expliquer ces choses mêmes, nos interprétations sur ce sujet sont conjecturales et hypothétiques.

Il faut aussi remarquer ici que les êtres organisés forment, par leurs ressemblances et leurs différences, des systèmes réguliers et permanents. Tel est le caractère de ce que l'on appelle en histoire naturelle les règnes, les ordres, les classes, les familles, les genres, les espèces et les variétés. Or, cette ordonnance savante, et cette permanence qui se montre si manifestement dans la fixité des espèces, tout cela n'atteste-t-il pas dans la nature un plan, et en ce sens une finalité? Comment rapporter à des causes purement mécaniques cette savante distribution de tous les êtres organisés, et cette fixité des espèces, que la nature maintient si bien que, lorsqu'elle permet par hasard le croisement de deux espèces, elle frappe de stérilité les bâtards qui résultent de cet accouplement (1) ?

Mais ce n'est pas seulement aux rapports des êtres organisés entre eux, c'est aussi à leurs rapports avec toutes les autres choses qui composent la nature, qu'il nous faut étendre cette finalité que nous lui attribuons. Car, comme je l'ai dit tout-à-l'heure, de ce que la nature a produit des êtres organisés, c'est-à-dire des êtres ayant la vie pour but, il suit qu'elle a dû disposer toutes choses de manière à ce que ces êtres pussent y trouver les moyens d'atteindre ce but. C'est ainsi que le système des choses inor-

(1) Ou du moins leur fécondité est-elle très-bornée. Le *mulet* du cheval et de l'âne est stérile dès la première, ou, au plus tard, dès la seconde et la troisième génération ; celui du chien et du loup, dès la seconde ou la troisième. Voyez l'*Histoire des travaux et des idées de Buffon*, par M. Flourens, ch. V. « L'Histoire naturelle, » dit l'historien de Buffon, p. 106, après avoir renvoyé à ce grand naturaliste l'honneur d'avoir trouvé dans la *fécondité continue* le caractère positif de l'espèce, « l'histoire naturelle n'a pas de fait mieux démontré que celui de la fixité des espèces ; et, pour qui sait voir la beauté de ce grand fait, elle n'en a pas de plus beau ! » Voyez aussi, du même écrivain, l'*Histoire raisonnée des travaux de Georges Cuvier*, p. 249-269.

ganiques, comme la terre, l'eau, l'air et le feu, devra se lier à celui des êtres organisés. Ainsi, par exemple, l'organisation du poisson nous prouve qu'il est destiné à vivre dans l'eau, et celle de l'oiseau, à voler dans l'air; et de là je conclus, non pas que l'eau existe pour le poisson, et l'air pour l'oiseau, mais qu'entre le poisson ou l'oiseau d'une part, et l'eau ou l'air de l'autre, il doit y avoir des rapports tels que la destination de ces êtres puisse être remplie. Et l'expérience atteste ces rapports. Mais, si ce lien est incontestable en général, il faut remarquer avec Kant que l'explication des choses inorganiques, à la différence de celle des êtres organisés, n'exige directement aucune idée de fin et de finalité; ce n'est qu'en les considérant dans leurs rapports avec les êtres organisés que nous y pouvons introduire une idée de ce genre. Aussi est-ce surtout ici qu'il se faut garder d'appliquer faussement le concept de la finalité de la nature; et, comme nous le montrerons plus loin, en cherchant à déterminer le rôle de ce concept dans les diverses sciences qui ont pour objet la nature, ce rôle n'est-il pas dans ce qu'on appelle particulièrement la physique et la chimie ce qu'il est dans l'anatomie et la physiologie? Ici, en effet, on ne peut se passer du concept des causes finales; là, au contraire, il faut l'écarter, au moins provisoirement et comme principe d'explication naturelle.

Ainsi ce que Kant appelle la finalité extérieure est en général aussi incontestable que la finalité intérieure, puisqu'elle en est la conséquence, et que l'expérience nous atteste en effet, soit entre les êtres organisés eux-mêmes, soit entre ces êtres et les autres choses de la nature, des rapports qui confirment cette conclusion. Seulement, si la finalité extérieure est aussi incontestable, elle est plus difficile à déterminer dans les cas particuliers, et cette détermination est ordinairement moins certaine et plus conjecturale, précisément parce qu'elle porte sur des rapports extérieurs, et encore sur des choses qui par elles-mêmes ne nous révèlent aucune finalité, et que des causes mécaniques suffisent à expliquer.

J'admets donc la distinction établie par Kant entre une finalité intérieure et une finalité extérieure de la nature, mais sous certaines réserves. La finalité extérieure n'est pas toujours hypothétique : elle ne l'est pas, si on la considère en général ; et, dans les cas particuliers, elle ne l'est pas, lorsqu'on la considère dans certains rapports des êtres organisés entre eux, ou même avec les choses inorganiques, toutes les fois, par exemple, que ce rapport est une conséquence de l'organisation même. Mais il est vrai qu'on ne peut l'invoquer comme un principe d'explication, lorsqu'on étudie les choses inorganiques elles-mêmes, quoiqu'on puisse bien admettre que, dans l'établissement des lois auxquelles elles sont soumises, la nature ait eu égard à cette fin.

En résumé, l'expérience, interprétée par l'esprit, nous atteste dans les êtres organisés une véritable finalité ; nous étendons ensuite cette finalité aux rapports des êtres organisés entre eux et avec la nature inorganique, et l'expérience vient confirmer cette vue de notre esprit.

Je me suis renfermé jusqu'ici à dessein dans les limites de l'expérience, et me suis borné aux conclusions et aux inductions qu'on en peut tirer. Mais n'y a-t-il pas ici un principe de la raison, antérieur et supérieur à l'expérience, en ce sens que, quoique celle-ci puisse bien servir à l'exciter et à le confirmer, elle ne le produit pas, et que nous le concevons *à priori* comme une loi universelle et nécessaire ; ce principe, que rien n'existe en vain, que toute chose, tout être a sa fin? On sait qu'Aristote rangeait au nombre des premiers principes de la philosophie le τὸ οὗ ἕνεκα. Or, si ce principe, dont nous avons fait jusqu'ici abstraction, est bien réellement un principe *à priori* de la raison ; si, comme tout principe de la raison, il est universel et nécessaire ; s'il do-

mine ainsi l'expérience, nous n'en chercherons pas l'origine
et l'explication, mais seulement l'occasion et la confirmation
dans l'expérience. Celle-ci, en effet, pourra bien le suggérer
et le confirmer, mais elle ne saurait le produire et suffire à en
rendre compte. Dès-lors il y aurait ces deux ordres de considération, qu'il importe de bien distinguer, mais qu'on peut
aussi réunir sans tourner dans un cercle : d'une part, l'expérience, bien interprétée, nous montre dans la nature une
finalité réelle ; celle-ci est donc prouvée par l'expérience ;
— d'autre part, la raison nous enseigne que dans le monde
rien ne peut exister en vain, que tout doit avoir son but ;
c'est là un principe *à priori* de la raison. Maintenant l'expérience, en nous révélant dans la nature une véritable
finalité, peut exciter en nous ce principe, et à son tour il
peut servir à la diriger et y trouver sa confirmation. Sans
doute, si je prouvais d'un côté le principe de la finalité
par l'existence d'une finalité dans la nature, et de l'autre
l'existence de cette finalité par ce principe, il y aurait là
un cercle vicieux ; mais où est le cercle, si le principe est non
pas produit, mais suggéré, non pas prouvé, mais confirmé par
l'expérience ? Ne peut-on pas dès-lors passer sans paralogisme
de l'expérience au principe, et du principe à l'expérience ?

J'ajoute que, si ce principe est réel, il est absolu ; c'est-à-
dire qu'il n'est pas nécessaire seulement d'une nécessité
relative à la constitution de notre esprit, mais nécessaire
absolument, ou qu'il n'est pas simplement une loi nécessaire de l'intelligence humaine, mais aussi de la nature des
choses. Tel est, en effet, le caractère de tous les vrais principes de la raison. Il est donc objectif.

Mais voyons ce qu'en fait Kant : il le regarde bien comme
un principe universel et nécessaire ; il lui assigne bien une
origine *à priori*, puisqu'il ne croit pas pouvoir faire sortir
de l'expérience l'idée d'une finalité de la nature ; mais de
quelle manière l'entend-il ? On se rappelle comment il explique l'origine de l'idée d'une finalité de la nature, et comment

de cette idée il déduit ce principe universel et nécessaire, que tout dans la nature doit exister pour une fin. Nous ne pouvons nous expliquer la production des êtres organisés, sans introduire dans le concept de la nature celui de la finalité ; et dès-lors nous sommes nécessairement conduits à supposer que dans ces êtres tout organe doit avoir une fin, et par suite que dans le monde en général rien n'existe en vain. Mais on se rappelle aussi comment, selon Kant, ce principe n'a, comme la conception qui l'engendre, qu'une valeur subjective. Nous ne pouvons nous en passer dans la considération des êtres organisés et de la nature en général, et en ce sens il est nécessaire ; mais cette nécessité est toute relative à la constitution de notre esprit.

J'ai prouvé tout-à-l'heure par l'expérience que l'idée d'une finalité de la nature n'était pas une idée purement subjective. Or, il suit déjà de là que, quand le principe, dont il s'agit ici, ne serait qu'une généralisation de l'expérience, il aurait au moins la valeur que lui donne l'expérience, et par conséquent une autre valeur que celle à laquelle Kant le restreint. Mais si en outre c'est un principe *à priori* de la raison, et à ce titre essentiellement universel et nécessaire, comment prétendre qu'il n'a qu'une valeur subjective ? Cela n'est-il pas contraire à la raison même, qui nous le donne pour une loi absolue de la nature des choses, en même temps qu'à l'expérience, qui en confirme la réalité ?

Kant ne nie pas la nécessité du principe téléologique, mais il prétend que cette nécessité est relative à la constitution de notre esprit : nous sommes ainsi faits que nous ne pouvons concevoir la nature, sans y supposer un système de moyens et de fins ; mais nous n'avons pas le droit d'en conclure que ce système ait, en dehors de nous, quelque réalité. Je demanderai d'abord si une supposition nécessaire, ou dont il nous est impossible de nous passer, n'est pas par cela même nécessairement vraie ; autrement, ce serait tout simplement une hypothèse, que nous pourrions admettre ou rejeter à notre gré, et qui ainsi n'aurait rien de nécessaire. Une hypothèse nécessaire n'est plus une hypothèse, c'est une vérité. Kant a beau dire que nous ne pouvons déterminer l'idée d'une finalité de la nature que par analogie avec ce que nous trouvons en nous-mêmes ; il ne s'ensuit pas que nous ne puissions attribuer à cette analogie quelque valeur réelle. Mais il y a ici autre chose qu'une analogie ; il y a un principe que la raison déclare universel et nécessaire, et auquel elle attribue par là même une valeur absolue. Or, à moins que l'on ne conteste en général l'autorité de la raison, il faut prouver que celle-ci ne donne pas à ce principe un tel caractère, c'est-à-dire qu'il n'est autre chose qu'une conception, qui peut bien être nécessaire pour nous, mais qui ne nous apprend rien quant à la nature des choses. C'est précisément ce que Kant entreprend. Mais le prouve-t-il en effet ? Là est la question. Pour y bien répondre, il faut le suivre jusqu'au bout dans son entreprise. Poussant plus avant ses recherches sur l'origine, et par suite sur la valeur du principe téléologique, Kant veut expliquer comment ce principe dérive uniquement de la constitution de notre esprit, et par conséquent n'a rien d'absolu, puisqu'il disparaîtrait avec elle. Il faut descendre avec lui dans ces profondeurs. Mais nous touchons ici à une nouvelle et importante partie de la *Critique du Jugement téléologique* (1), qu'il est bon d'exposer d'abord dans son ensemble.

Les jugements téléologiques se fondent sur un concept dif-

(1) *La Dialectique du Jugement téléologique*, § LXVIII-LXXVIII, p. 49-108. Ce que nous avons exposé jusqu'ici sur l'origine, le sens et la valeur du concept ou du principe de la téléologie physique, compose l'*Analytique* du Jugement téléologique. Mais comme, selon Kant, l'application de ce concept ou de ce principe semble mettre l'esprit humain en contradiction avec lui-même ou susciter une antinomie, de là une nouvelle partie, la *Dialectique*, dont le but est d'examiner cette antinomie, d'en rechercher l'origine et la solution. Cette recherche conduit Kant à discuter les divers systèmes dogmatiques qui se sont élevés sur la question de la réalité objective de l'idée d'une finalité de la nature ; et cette discussion même le ramène à celle de l'origine et de la valeur de cette idée.

férent de celui du mécanisme de la nature, et supposent dans la nature une causalité agissant suivant des fins. Cette espèce de jugements appartient à ce que Kant appelle le Jugement *réfléchissant*. Or, si, en considérant certaines productions de la nature, le Jugement réfléchissant est forcé d'invoquer ou de tirer de lui-même le principe de la finalité, d'un autre côté l'entendement lui fournit un autre principe, celui du mécanisme, dont il est forcé aussi de se servir dans sa réflexion sur les lois empiriques de la nature. De là ces deux maximes contraires en apparence, et qui semblent former une *antinomie :* première maxime, *thèse :* toute production des choses matérielles et de leurs formes doit être jugée possible d'après des lois purement mécaniques; — deuxième maxime, *antithèse :* quelques productions de la nature ne peuvent être jugées possibles d'après des lois purement mécaniques (1).

Ces deux maximes ne forment une véritable antinomie que si, au lieu d'y voir de simples principes régulateurs, nous en faisons des principes objectifs, ou si nous convertissons ici le jugement *réfléchissant* en jugement *déterminant*, comme si elles signifiaient, la première, que toute production des choses matérielles n'est possible que d'après des lois purement mécaniques; — la seconde, que certaines productions naturelles ne sont pas possibles d'après des lois purement mécaniques. Dans ce dernier cas, il y aurait entre la thèse et l'antithèse une véritable contradiction, et il serait impossible de les admettre ensemble. Mais l'antinomie disparaît, dès qu'on ne les considère que comme deux principes de réflexion, comme deux points de vue différents, sous lesquels il est également nécessaire d'envisager la nature, mais qui, ne décidant rien quant aux choses en elles-mêmes, peuvent être admises toutes deux sans contradiction. Et c'est là, en effet, la seule valeur qu'il nous soit permis de leur donner; car la raison est tout aussi impuissante

---

(1) § LXIX. — P. 50 et suiv.

à établir la réalité objective de l'un de ces principes que celle de l'autre. Ainsi, quand je dis qu'il faut juger tous les événements et toutes les productions de la nature comme possibles par des lois purement mécaniques, cela ne veut pas dire qu'ils ne sont possibles que de cette manière, mais seulement qu'il faut toujours les envisager ainsi, afin de pénétrer plus avant dans la connaissance de la nature. Et de même, lorsque, considérant certaines productions de la nature, je dis qu'il les faut juger suivant un autre principe que celui du mécanisme, suivant le principe des causes finales, je ne dois pas prétendre davantage découvrir par là le fond des choses, qui me reste toujours inaccessible. En ce sens et dans ces limites, on peut admettre et suivre à la fois sans contradiction les deux maximes, qui semblent former une antinomie. Quant à la question de savoir si, dans le fond des choses, ou dans ce que Kant appelle leur *substratum* intelligible, la finalité que j'attribue à la nature a un principe différent de celui du mécanisme, ou si ces deux principes, distincts au regard de mon esprit, se confondent réellement en un seul et même principe, comme nous ne pouvons savoir ce que sont les choses en soi ni en pénétrer le principe, nous ne pouvons rien décider à ce sujet. C'est du moins ce que Kant déclare ici (1); nous verrons tout-à-l'heure que lui-même ne s'est pas toujours montré aussi réservé, et qu'il finit par résoudre, dans un certain sens, la question qu'il a d'abord déclarée insoluble.

En attendant, il entreprend de passer en revue les divers systèmes objectifs qu'a suscités la question de la finalité de la nature. L'ensemble de ces systèmes représente l'ensemble des hypothèses objectives que l'on peut faire sur ce sujet. Ici, comme dans presque toutes les questions spéculatives, l'esprit humain a dû tenter d'abord toutes les voies dogmatiques possibles. Mais, n'ayant pu parvenir à élever

---

(1) P. 51.

définitivement aucune de ces doctrines sur les ruines des autres, il est naturellement conduit à se demander si leur défaut commun ne résiderait pas dans l'impuissance même où nous serions d'établir quelque assertion objective sur ce point, et en quelles limites il se doit ici renfermer. Dès-lors, il ne prend plus ces doctrines que pour ce qu'elles sont, c'est-à-dire pour des hypothèses dont il est impossible d'établir la réalité objective; et, tout en se servant du principe téléologique, puisqu'il ne saurait s'en passer, il ne lui attribue plus d'autre valeur que celle d'un principe régulateur, sans prétendre en affirmer ou en nier la valeur objective. Telle est la solution critique du haut de laquelle Kant va juger tous les systèmes qu'il passera en revue (1).

De deux choses l'une : ou bien on ne reconnaît dans la nature d'autre principe réel que celui du mécanisme, et cet art qu'on lui suppose en certaines productions n'est qu'une apparence, qu'on explique par notre ignorance de ses lois; — ou bien on y admet un autre mode de causalité et un autre principe que celui du mécanisme, et l'on regarde comme réelle la finalité que nous lui attribuons. Dans le premier cas, l'art, ou, comme dit Kant, la *technique* que nous prêtons à la nature, à cause de l'apparence de finalité que nous y trouvons, est *naturelle*, c'est-à-dire qu'elle dérive de lois purement mécaniques; dans le second, elle est *intentionnelle*, c'est-à-dire qu'elle suppose en effet un mode de causalité différent du pur mécanisme. De là deux sortes de systèmes, dont l'une regarde la finalité de la nature comme *idéale*, et l'autre comme *réelle*, et que Kant désigne et distingue, à cause de cela, par les expressions d'*idéalisme* et de *réalisme* de la finalité de la nature.

Maintenant chacun de ces deux genres de systèmes se subdivise en deux espèces particulières. Parmi les systèmes pour qui la finalité n'est qu'apparente, idéale, les uns rapportent tout à des causes purement physiques agissant *au hasard*, tel

(1) § LXXI-LXXII. — P. 57-68.

est le système de Démocrite ou celui d'Épicure (1) ; — les autres remontent au-delà de la nature, à une cause *hyperphysique*, dont les déterminations nécessaires produisent *fatalement* tout ce qui est, et cette apparence même de finalité que nous rencontrons dans la nature, tel est le système dont Spinoza n'a point sans doute inventé l'idée fondamentale, mais qu'il a développé avec une force et une rigueur incomparables. Suivant ce système, il n'y a point de causes finales, puisque tout dans le monde dérive de la nécessité de la nature de l'être premier, et que rien n'est l'effet de son libre choix ou de son entendement (2) ; et cette apparence de concert, de dessein, ou de finalité que nous trouvons dans la nature, s'explique par l'unité du principe dans la variété de ses modifications.

Quant aux systèmes qui regardent la finalité de la

(1) Nam certe neque consilio primordia rerum
Ordine se quæque, atque sagaci mente locarunt,
Nec quos quæque darent motus, pepigere profecto :
Sed quia multimodis multis mutata, per omne,
Ex infinito vexantur percita plagis;
Omne genus motus, et cœtus experiundo,
Tandem deveniunt in tales dispositúras,
Qualibus hæc rebus consistit summa creata.

LUCRÈCE, *De Natura rerum*, liber primus.

J'ai cité plus bas les vers célèbres de ce disciple d'Épicure sur les causes finales.

(2) Voyez l'*Ethique* de Spinoza, traduction de M. E. Saisset. *Première partie : De Dieu.* Prop. XVI : *De la nécessité de la nature divine doivent découler une infinité de choses infiniment modifiées, c'est-à-dire tout ce qui peut tomber sous une intelligence infinie.* Propos. XXXII, coroll. 6. — « Dieu n'agit pas en vertu d'une volonté libre. » — Dans l'*Appendice* qui suit, Spinoza déclare hautement : « que la nature ne se propose aucun but dans ses opérations, et que toutes les causes finales ne sont rien que de pures fictions imaginées par les hommes. » Et plus loin : « Quand nos adversaires considèrent l'économie du corps humain, ils tombent dans un étonnement stupide; et, comme ils ignorent les causes d'un art si merveilleux, ils concluent que ce ne sont point des lois mécaniques, mais une industrie divine et surnaturelle qui a formé cet ouvrage et en a disposé les parties de façon qu'elles ne se nuisent point réciproquement. » — Sur le système de Spinoza en général, et en particulier sur la question dont il s'agit ici, consultez la belle Introduction de son savant traducteur.

nature comme réelle, ils sont aussi de deux espèces. Ou bien on attribue au monde lui-même une puissance naturelle, analogue à une faculté agissant d'après des fins; cette puissance, c'est la *vie de la matière*, soit qu'on la rapporte à la matière elle-même, soit qu'on la fasse dériver d'un principe intérieur vivant, d'une *âme du monde*. On reconnaît là la doctrine des stoïciens. Kant désigne cette espèce de système en général sous le nom d'*hylozoïsme* (1). — Ou bien enfin, pour expliquer la finalité de la nature, on remonte au-delà de la nature, jusqu'à une cause première du monde, à laquelle on attribue l'intelligence et la volonté, et c'est le *théisme* (2). Dans le premier cas, le réalisme de la finalité de

(1) C'est cette doctrine que chante Virgile dans ces beaux vers (Æn. vi, vers 724):

> Principio cœlum ac terram camposque liquentes,
> Lucentemque globum lunæ, Titaniaque astra,
> Spiritus intus alit, totamque infusa per artus
> Mens agitat molem et magno se corpore miscet.

Et ailleurs (Georg. iv, vers 221):

> . . . . Deum namque ire per omnes
> Terrasque tractusque maris cœlumque profundum:
> Hinc pecudes, armenta, viros, genus omne ferarum,
> Quemque sibi tenues nascentem arcessere vitas.
> Scilicet huc reddi deinde ac resoluta referri.

Voyez dans le *De Natura Deorum* de Cicéron (lib. ii), le discours du stoïcien Balbus: il montre bien quelle idée les stoïciens se faisaient de Dieu et de ses rapports avec le monde. — On trouvera dans l'*Essai sur la Métaphysique d'Aristote*, de M. Ravaisson (tom. II, liv. i, ch. 2), une remarquable exposition de la métaphysique stoïcienne.

(2) Kant distingue le théisme et le déisme. Voici comment il exprime cette distinction dans la *Critique de la raison pure* (Dialect. trans. c. III, sect. vii): « Le premier, dit-il, en parlant du déiste, accorde qu'en tous cas nous pouvons, par la seule raison, reconnaître l'existence d'un être suprême, mais que nous n'en avons qu'un concept transcendental, c'est-à-dire que nous le concevons comme un être qui possède toute réalité, mais sans pouvoir le déterminer autrement. Le second (le théiste), soutient que la raison est en état de le déterminer plus nettement par analogie avec la nature, c'est-à-dire de le concevoir comme un être qui est par son intelligence et sa liberté le principe de toutes les autres choses. Aussi, celui-là ne désigne-t-il sous le nom de Dieu qu'une *cause du monde* (sans décider si elle agit librement, ou suivant la nécessité de sa nature); pour celui-ci, Dieu est l'*auteur du monde*.

la nature est *physique;* dans le second, il est *hyperphysique.*

Ainsi une matière inanimée ou un Dieu inanimé; ou bien une matière vivante, ou un Dieu vivant, telles sont les quatre grandes solutions dogmatiques auxquelles est arrivée la philosophie sur le problème de la finalité de la nature. On sait déjà quel est aux yeux de Kant le vice radical de toutes ces doctrines; voyons maintenant comment il apprécie chacune d'elles en particulier.

D'abord, l'Epicuréisme, ou cette doctrine qui attribue tout au hasard, non-seulement l'art que nous croyons rencontrer dans la nature, mais même les lois du mouvement ou tout le mécanisme de la nature, cette doctrine n'explique rien du tout, pas même cette apparence de finalité qu'il faut au moins reconnaître, ou les jugements téléologiques que nous portons sur la nature. — Le Spinozisme n'est guère plus heureux, quoiqu'il soit moins grossier, et quoiqu'il soit aussi plus difficile à réfuter, précisément parce qu'il invoque un principe suprasensible. Le concept d'une finalité de la nature ne peut avoir de réalité pour lui, puisque toutes les choses existantes ne sont à ses yeux que les modes nécessaires d'une substance unique. Spinoza ne peut donc admettre dans la nature quelque chose comme un plan, un dessein, un système de causes finales; car, selon lui, tout est nécessaire, ou dérive nécessairement d'un principe qu'il ne conçoit pas comme une activité intelligente, mais comme une substance dont toutes les choses particulières ne sont que les modes (1). Mais du moins réussit-il à expliquer cette apparence de finalité que nous trouvons dans la nature, ou les jugements téléologiques qu'elle provoque en nous? Il prétend l'expliquer par l'unité de substance dans la variété des modes. Or, sans doute il assure ainsi aux formes de la nature l'unité de principe nécessaire à toute finalité, et par là son système est préférable à la gros-

(1) « Les choses particulières ne sont rien de plus que les affections des attributs de Dieu, c'est-à-dire les modes par lesquels les attributs de Dieu s'expriment d'une façon déterminée. Spinoza, *Ethique, de Dieu,* propos. xxv, coroll trad. E. Saisset.

sière doctrine d'Épicure; mais cette unité purement ontologique ne peut nous donner l'idée d'une unité pareille à celle qu'implique une finalité, car elle ne contient autre chose au fond qu'une nécessité aveugle. Or, comment passons-nous du concept de l'unité de substance au concept bien différent d'une finalité de la nature? C'est ce que le Spinozisme n'explique pas.

Donc ni l'Épicuréisme ni le Spinozisme, qui nient la possibilité d'une finalité de la nature, ne peuvent rendre compte de nos jugements téléologiques. Les systèmes qui accordent de de la réalité aux causes finales et prétendent en démontrer la possibilité, réussissent-ils mieux dans leur entreprise? Attribuer la vie à la matière implique contradiction, puisque l'inertie en est le caractère essentiel. D'un autre côté, supposer une âme du monde, comme les stoïciens, et faire de la nature une sorte d'animal, est une hypothèse dénuée de fondement. Car, d'une part, nous ne saurions la justifier *à priori*; et, d'autre part, comment la confirmer par l'expérience? Comme nous ne pouvons nous faire aucune idée de la vie que par les êtres organisés, nous ne pouvons, sans tourner dans un cercle, invoquer le principe même de la vie pour les expliquer. — Enfin, si le théisme a l'avantage d'arracher à l'idéalisme la finalité de la nature, en attribuant un entendement à l'être premier, et en invoquant une causalité intentionnelle pour expliquer cette finalité, il ne saurait prouver sa thèse.

Il est impossible, en effet, de prouver que le principe téléologique diffère en réalité du principe mécanique; tout ce que nous pouvons dire, c'est que, pour concevoir la possibilité de certaines productions de la nature, nous sommes forcés d'avoir recours à une espèce de causalité différente de celle du mécanisme. Toute autre affirmation, toute assertion dogmatique ne peut être justifiée, et par conséquent est sans valeur. Le concept de la finalité de la nature est soumis, il est vrai, à certaines conditions empiriques; mais il suppose dans la nature un rapport à quelque chose qui est distinct de la nature même, et que la raison seule peut concevoir. Or, cette conception a-t-elle un objet réel, ou bien est-elle, comme dit Kant, objectivement vide? C'est ce que la raison est incapable de décider. Ainsi, prétendre que la nature agit réellement pour des fins et qu'elle renferme un système de causes finales, est une assertion sans preuve (1). S'il en est ainsi, nous ne sommes pas fondés non plus à admettre l'existence d'une cause intelligente, qui a conçu et produit ce système. C'est, à la vérité, une nécessité pour notre esprit d'appliquer à la contemplation de la nature un concept distinct de celui du pur mécanisme, et de s'élever par là à l'idée d'une cause intelligente du monde; mais cette nécessité n'exprime pas, selon Kant, quelque chose d'absolu, et nous n'avons pas le droit de l'étendre à toute intelligence possible. Nous n'en pouvons rien conclure, sinon que, d'après la nature de nos facultés de connaître, nous ne saurions nous faire aucune idée de la possibilité du monde qu'en concevant une cause suprême *agissant avec intention* (2).

Kant va plus loin. Jusqu'ici il a semblé écarter comme essentiellement insoluble la question de savoir si le concept d'une finalité de la nature exprime quelque chose de réel en dehors de notre esprit. Tout en avançant que nous ne pouvons légitimement attribuer à ce concept une autre valeur que celle d'un principe régulateur, il n'en niait pas pour cela la réalité objective: seulement il ne se croyait pas fondé à l'affirmer, et il semblait nous prescrire le doute à ce sujet. Maintenant il prétend prouver, par une analyse plus approfondie de notre constitution intellectuelle, que l'idée de la finalité de la nature dépend si bien de cette constitution qu'elle disparaîtrait avec elle, et que par conséquent elle n'a point de réalité objective, en sorte que la question, regardée jusque là comme insoluble, se trouve, en définitive, résolue,

---

(1) § LXXIII.
(2) § LXXIV.

dans un sens purement subjectif. Nous revenons ici au point que j'avais annoncé tout-à-l'heure, et qui est l'un des plus curieux à la fois et des plus difficiles de la *Critique du Jugement téléologique*. C'est aussi un des endroits par où la nouvelle philosophie allemande aime à se rattacher à celle de Kant (1). Je montrerai tout-à-l'heure le lien qui les rapproche sur ce point, en même temps que la profonde différence qui les sépare. Mais il faut d'abord s'attacher à bien comprendre en elle-même la pensée de notre philosophe (2).

Selon Kant, la distinction que nous établissons entre le mécanisme et la finalité de la nature est, comme celle du réel et du possible, du vouloir et du devoir, du contingent et du nécessaire, indispensable, mais relative à la constitution de notre esprit ; et elle disparaît, dès qu'on suppose un entendement autrement constitué que le nôtre, comme celui que nous devons attribuer à Dieu. Pour un tel entendement, le principe de la finalité et celui du mécanisme se confondraient en un seul et même principe, que, nous autres hommes, nous pouvons bien concevoir, mais qui,

---

(1) Voyez la préface écrite par Rosenkranz pour son édition de la *Critique du Jugement*, p. xi. « La *Critique du Jugement*, dit-il, nous donne le spectacle d'un combat qui est vraiment unique : Kant s'élève plus haut qu'il ne le croit lui-même ; mais il ne cesse de s'en défendre. Toutes les fois qu'il a touché le sol de l'idée absolue, il s'empresse de reculer, doutant qu'une telle chose soit possible pour nous. Il indique supérieurement les plus hauts mystères de la philosophie, et aussitôt il cache derrière une étroite critique les ouvertures qu'il vient de faire. Il concilie l'idéal et le réel, le sensible et le rationnel ; il voit le particulier dans le général, le général dans le particulier ; il définit la perfection une finalité intérieure ; mais bientôt il n'y a plus là pour lui qu'un véhicule subjectif, sans lequel nous ne pourrions nous élever au concept du beau, de l'art, de la nature organique. Dans le libre essor de sa pensée, il est d'une hardiesse divine ; puis il se reproche d'avoir manqué de cette prudence qui convient à l'esprit humain. La *Critique du Jugement* est, dans la série des ouvrages kantiens, le vrai chemin qui conduit à la philosophie de Schelling ; et il est remarquable que celui-ci termine ainsi la dernière note de son premier écrit, *Du moi comme principe de la philosophie :* « On n'a peut-être jamais entassé autant de profondes pensées en un si petit nombre de pages que dans le § 76 de la *Critique du Jugement*. » — C'est le chapitre même que nous allons analyser.

(2) § LXXV-LXXVI.

en réalité, nous est inaccessible. Voilà ce qu'il nous faut expliquer d'après Kant.

La distinction du réel et du possible dérive de la constitution de notre esprit, et disparaîtrait avec elle. La connaissance humaine suppose deux éléments hétérogènes : *l'intuition sensible*, qui lui donne une matière, mais sans la lui faire connaître par là même ; et *l'entendement*, qui lui fournit les concepts auxquels l'esprit humain ramène cette matière pour former la connaissance. Or, là est le principe de la distinction du réel et du possible. Tout ce que nous pouvons concevoir sans contradiction aux lois de l'entendement est possible, mais n'est pas réel pour cela ; et tout ce qui nous est donné par l'intuition sensible est réel, mais n'est pas par cela même conçu comme possible. Ainsi, l'intuition sensible correspond au réel, mais sans le faire connaître ; l'entendement, au possible, mais sans le rendre réel. Supposez maintenant une intelligence autrement constituée que la nôtre, qui ne soit plus *discursive*, comme celle de l'homme, mais *intuitive*, comme celle de Dieu, elle n'aura pas d'autre objet que le réel. N'ayant plus ni intuitions sensibles, ni concepts, elle n'aura plus lieu de distinguer le possible du réel, et par suite la contingence de la nécessité. Car une chose qui, n'étant pas, peut être conçue sans contradiction, est possible, et cette chose est contingente, dès qu'elle existe. Il n'y a donc là qu'une distinction subjective. Aussi notre raison s'élève-t-elle à l'idée d'un être absolument nécessaire, en qui se confondent la possibilité et la réalité. Mais, si cette idée lui est indispensable, elle est pour notre entendement un concept problématique et inaccessible. En effet, de deux choses l'une : ou nous concevons cet être, ou il nous est donné dans l'intuition. Si nous le concevons, nous ne pouvons affirmer autre chose que sa possibilité, et de sa possibilité nous n'avons pas le droit, quoi qu'en dise Leibnitz, de conclure sa réalité. Que s'il nous est donné dans l'intuition, nous ne concevons rien touchant sa possibilité, à moins qu'on ne nous fasse sortir des conditions de notre nature. La raison peut donc nous ouvrir ici une perspective nouvelle ; elle ne nous fait pas connaître et ne nous donne pas le droit d'affirmer quelque chose. Nous voyons seulement que la distinction du possible et du réel est toute subjective, et n'a pas son fondement dans la nature des choses.

C'est ce que l'on comprendra mieux encore, en considérant cette distinction dans l'ordre moral. Les actions que nous concevons comme absolument nécessaires moralement, nous les concevons aussi comme physiquement contingentes, c'est-à-dire qu'encore qu'elles doivent avoir lieu, elles peuvent ne pas avoir lieu. C'est pour cela que nous les concevons comme des *devoirs*. Mais, si on suppose un être, en qui la raison soit absolument indépendante de la sensibilité, sa conduite sera toujours conforme à la loi morale, et tout ce qui sera possible en tant que bien sera réel par là même, c'est-à-dire que pour un tel être il n'y aura plus de distinction entre le possible et le réel, entre le devoir et l'action. Telle n'est pas la condition de l'homme : cette causalité libre, absolument indépendante de la sensibilité, ne nous est ni donnée, ni connue en soi ; elle n'est pour nous qu'une règle d'après laquelle nous devons nous conduire, ou qu'un idéal que nous devons chercher à réaliser autant qu'il est en nous.

Revenons maintenant à la distinction qui nous occupe. Comme celle dont nous venons de parler, elle a son origine dans la constitution de notre esprit ; et, pour un entendement qui différerait du nôtre en nature, et non pas seulement en degré, le concept de la finalité se confondrait avec celui du mécanisme en un principe supérieur, qu'il nous est interdit, à nous, de pénétrer.

L'entendement humain est discursif, c'est-à-dire qu'il va du particulier au général, et le Jugement consiste à subsumer le premier sous le second : la connaissance humaine est à cette condition. Or, le particulier, que nous saisissons dans la nature, n'est pas déterminé par le général, auquel l'entendement nous permet de le ramener, et par conséquent il n'en peut être dérivé. En ce sens il est contingent. D'un autre côté, pour que le particulier puisse être subsumé sous le général, il faut qu'il s'accorde avec le besoin d'unité inhérent à notre faculté de juger, car sans unité, pas de jugement, pas de connaissance possible. Mais la concordance du particulier, que nous présente la nature, avec notre faculté de juger, est contingente, comme le particulier lui-même. Or, cette concordance, ou cette unité, nécessaire à l'exercice de cette faculté, mais indéterminée en elle-même, et par conséquent contingente, nous ne pouvons la concevoir qu'au moyen du concept d'une finalité de la nature, et l'unité dans le contingent n'est pas autre chose. Comment, en effet, avec notre entendement discursif, concevoir autrement un tout dont l'unité est contingente, comme l'ensemble des lois de la nature, ou comme le système des êtres organisés, et, dans ce système, chaque genre, chaque espèce, chaque individu? Considérons un être organisé : voilà un tout, une unité contingente, c'est-à-dire une unité que nous ne pouvons déterminer *à priori*, comme s'il s'agissait, par exemple, d'une figure géométrique, et que nous ne saurions davantage expliquer *à posteriori* par la nature et l'action des parties, comme s'il s'agissait d'une composition chimique ; telle est, au contraire, la liaison des parties entr'elles et avec le tout que, loin de pouvoir l'expliquer uniquement par la nature et l'action de ces parties, nous ne les pouvons concevoir elles-mêmes que dans leur rapport avec le tout. Ne trouvant pas dans les éléments particuliers qui composent le tout la raison de son unité, nous la cherchons dans le tout lui-même. Par là nous imitons, en quelque sorte, l'entendement *intuitif*, qui détermine le particulier par le général, les parties par le tout. Mais, comme notre entendement est discursif, non intuitif, le rapport des parties entre elles et avec le tout reste pour lui contingent, et c'est pourquoi il ne le peut concevoir qu'au moyen d'une idée de but, de fin, ou du concept de la finalité. C'est donc dans l'idée même du tout qu'il cherche la raison de son unité, et c'est ainsi qu'il introduit dans la nature un principe différent du principe mécanique, le principe téléologique. Mais ce principe n'est autre chose qu'un principe régulateur, que la constitution de notre esprit nous force d'appliquer à la contemplation de la nature, tout comme si c'était un principe objectif; nous ne devons lui accorder aucune valeur objective.

Supposons, en effet, un entendement, comme celui dont je parlais tout-à-l'heure, qui n'aille pas, ainsi que fait le nôtre, du particulier au général, mais qui saisisse spontanément son objet dans l'intuition, en un mot, un entendement *intuitif*; nous pouvons concevoir, au moins négativement, un entendement de cette nature. Pour lui le particulier n'est plus indéterminé comme pour nous; mais il le saisit en même temps que le général. Pour lui, par conséquent, disparaît la contingence, qui, pour nous, est le caractère du particulier que nous saisissons dans la nature; et avec elle la finalité que nous supposons pour en concevoir la possibilité. Mais cet entendement n'est pas le nôtre; et, quant à nous, nous ne pouvons chercher à déterminer, à son exemple, le particulier par le général, les parties par le tout, sans avoir recours à un concept de finalité, car le rapport du particulier au général est contingent à nos yeux. Le principe des causes finales n'est donc, encore une fois, qu'un principe régulateur, nécessaire, mais relatif à l'entendement humain.

Kant conclut de là deux choses (1). 1° Ce principe, tout en servant à nous diriger dans l'investigation de la nature, ne peut nous suffire dans l'explication de ses productions, et l'on ne saurait, dans l'étude de la nature, remplacer l'explication mécanique par l'explication téléologique, car il ne concerne pas la possibilité des choses, mais simplement celle de notre

---

(1) § LXXVII.

Jugement. D'ailleurs, si la nature est, en effet, subordonnée à des fins, si elle contient un système de causes finales, il faut admettre aussi qu'elle puisse tendre à ces fins et réaliser ce système par des moyens mécaniques ; et, à supposer qu'un architecte suprême a créé et conserve le monde suivant un certain plan, nous ne connaissons pas la manière dont il agit dans le monde et y réalise ses idées. Aussi est-ce notre droit et notre devoir de pousser l'explication mécanique aussi avant que possible. 2º Il serait tout aussi impossible de bannir de l'esprit humain le concept des causes finales, et de prétendre tout expliquer dans la nature, même un simple brin d'herbe, par des causes purement mécaniques; car, on l'a vu, ce concept nous est indispensable pour concevoir la production des êtres organisés et nous diriger dans la recherche des lois particulières de la nature. Que si nous pouvons concevoir un principe supérieur au sein duquel se confondent le mécanisme et la finalité, ce principe nous étant tout-à-fait inaccessible, nous n'en saurions dériver l'explication des choses, et c'est pourquoi nous sommes forcés de maintenir toujours la distinction établie par nous entre le principe mécanique et le principe téléologique. Aussi n'est-il point à craindre que quelque nouveau Newton vienne un jour expliquer aux hommes la production d'un brin d'herbe par des lois naturelles, auxquelles aucun dessein n'aurait présidé (1). Mais cette distinction, si nécessaire qu'elle soit, est purement relative à la constitution de notre esprit, et disparaîtrait avec lui.

Soumettons maintenant à notre examen toute la partie de la *Critique du Jugement téléologique* que nous venons d'exposer, en commençant par où nous avons fini, car c'est là que Kant a poussé le plus avant son investigation, et qu'il a dit en quelque sorte son dernier mot sur l'idée d'une finalité de la nature. C'est par là aussi que, comme je l'ai dit tout-à-

(1) § LXXIV. — p. 77.

l'heure, la nouvelle philosophie allemande prétend se rapprocher le plus de celle de Kant.

J'ai déjà relevé dans cette partie de l'œuvre kantienne, qui nous occupe en ce moment, une sorte de contradiction. Kant soutient d'abord qu'il nous est impossible de décider la question de savoir si, dans le fond des choses, le principe mécanique et le principe téléologique sont réellement distincts, comme ils le sont au regard de notre esprit, ou bien si ces deux principes n'en font qu'un ; et la raison qu'il en donne, c'est qu'il ne nous est pas permis de pénétrer ce fond, ou, comme il dit, ce *substratum* des choses, puisqu'il ne tombe pas sous notre intuition, et que, par conséquent, si nous pouvons le concevoir, nous ne pouvons pas le connaître. Puis, oubliant la réserve qu'il s'est d'abord imposée, il affirme que la distinction du mécanisme et de la finalité n'a pas son fondement dans la nature des choses, mais seulement dans celle de notre esprit, qu'elle n'existerait pas pour une intelligence autrement constituée, et qu'en réalité elle disparaît au sein d'un principe supérieur, que nous pouvons, sinon connaître, du moins concevoir. Il maintient, à la vérité, que ce principe nous est inaccessible ; mais, tandis que tout-à-l'heure il ne se croyait pas le droit de résoudre un tel problème, il prétend maintenant qu'au sein de ce principe doivent se confondre le mécanisme et la finalité, puisque la distinction que nous établissons entre ces deux choses est toute relative à la constitution particulière de notre esprit et disparaîtrait avec lui. Faut-il voir là une contradiction réelle, qui a échappé à Kant ? Ou bien cette contradiction n'est-elle pas plutôt dans l'expression, ou, si l'on veut, dans le développement, que dans le fond même de la pensée de l'auteur ? La vraie pensée de Kant, celle qui perce partout dans cet ouvrage, n'est-ce pas, sauf quelques expressions, que le principe des causes finales n'a qu'une valeur subjective, et que, par conséquent, la distinction que nous établissons entre le mécanisme et la finalité de la nature dépend entièrement de la constitution de notre esprit et n'a pas son fondement dans les choses mêmes? Ce qu'il y a de certain, c'est que cette pensée n'est nulle part aussi nettement dégagée ni aussi profondément établie que dans les dernières pages de la partie de son ouvrage que nous venons d'analyser. N'oublions pas d'ailleurs que, tout en affirmant ce qu'il avait paru d'abord vouloir laisser douteux, à savoir que le mécanisme et la finalité de la nature se confondent en réalité dans un seul et même principe, Kant, conséquent avec lui-même sur ce point, persiste à soutenir que, si nous pouvons concevoir un tel principe, la nature nous en est entièrement inaccessible.

Mais, pourrait-on lui objecter, si vous continuez de reconnaître que ce principe vous est impénétrable, d'où vient que vous n'hésitez plus à soutenir que le mécanisme et la finalité s'y confondent réellement; et n'étiez-vous pas tout-à-l'heure plus conséquent avec vous-même en déclarant cette question insoluble? A cette difficulté, qui porte plutôt sur le fond que sur la forme de sa pensée, Kant, à son tour, pourrait répondre : si je prouve que la distinction du mécanisme et de la finalité de la nature est toute relative à la constitution particulière de notre esprit, et qu'ainsi elle n'a pas de fondement dans la nature des choses; je puis, tout en avouant mon ignorance à l'endroit du fond des choses, affirmer sans contradiction que, dans ce fond des choses qu'il m'est au moins permis de concevoir, quoiqu'il ne me soit pas donné de le connaître, la distinction du mécanisme et de la finalité disparaît, puisque ces deux principes ne sont distincts qu'au regard de notre esprit. Quelle contradiction y a-t-il là? — J'accepte en partie cette réponse ; je crois seulement, et je vais essayer de le montrer, que, pour être tout-à-fait conséquent, Kant devrait, non seulement confondre en un même principe le mécanisme et la finalité, mais n'admettre en réalité que le principe mécanique, sauf à conserver le principe téléologique comme un principe régulateur.

En effet, de deux choses l'une : ou l'idée de la finalité de la nature n'a aucune valeur objective, et alors ce principe supérieur, au sein duquel vous voulez que le mécanisme et la finalité se confondent, n'est lui-même en réalité qu'un principe mécanique. Ou bien cette idée a quelque valeur objective, et alors ce principe ne peut pas être un principe purement mécanique. Or, Kant fait de l'idée de la finalité un principe purement régulateur; donc le principe supérieur, qu'il invoque, ne peut être pour lui au fond qu'un principe mécanique. Que parle-t-il de l'identification du mécanisme et de la finalité de la nature au sein d'un principe supérieur, puisque la finalité n'est pas pour lui quelque chose de réel ? Sans doute nous concevons que, en définitive, le principe de la finalité et celui du mécanisme se rattachent à un seul et même principe, qui se manifeste à nous tantôt sous la forme du mécanisme, tantôt sous celle de la finalité ; mais c'est que la finalité est autre chose pour nous qu'une pure conception de notre esprit ; autrement le principe mécanique nous suffirait. Kant, qui n'attribue à l'idée d'une finalité de la nature qu'une valeur subjective, devait s'arrêter là. Que si ce principe ne lui suffit pas, et s'il place en un principe supérieur le fondement du mécanisme et de la finalité, c'est donc que la finalité de la nature est pour lui autre chose qu'une conception de notre esprit. Mais il le nie ; qu'il soit donc conséquent jusqu'au bout, en n'admettant autre chose en réalité qu'un principe mécanique.

Mais pourquoi refuse-t-il toute valeur objective à l'idée d'une finalité de la nature? Cette finalité nous est attestée par l'expérience, et elle est en même temps un principe *à priori* de la raison. La raison et l'expérience se trouvent ici d'accord et se prêtent un mutuel appui. Or, comment l'expérience pourrait-elle fournir une idée ou confirmer un principe qui n'aurait point de réalité; et comment un principe qui n'aurait point de réalité pourrait-il être un principe de la raison, ne fût-ce qu'à titre de principe régulateur ?

Qu'on suppose tant qu'on voudra un entendement autrement constitué que le nôtre, on ne fera pas que cet entendement voie un pur mécanisme, là où il y a des traces évidentes de dessein. Je veux qu'il aperçoive ce que nous n'apercevons pas, mais nous bornons à concevoir, comment la finalité et le mécanisme se rattachent à un seul et même principe; s'ensuit-il que la finalité ne soit pas quelque chose de réel? Je veux encore que ce principe me soit entièrement impénétrable en soi, et que je ne puisse pas même décider s'il fait partie de la nature, ainsi que le prétendaient les stoïciens, ou s'il est en dehors de la nature comme cause intelligente, distincte du monde; toujours on ne peut nier qu'il ne soit autre chose qu'un principe purement mécanique, c'est-à-dire un principe obéissant à une nécessité aveugle et fatale, sans but et sans dessein, puisque la finalité elle-même n'est pas une illusion de notre esprit. Voilà donc une conclusion assurée; si bornée qu'elle soit, c'est toujours un point de gagné.

J'ai essayé de juger la doctrine de Kant sur le principe de la finalité de la nature, telle qu'elle se présente à la fin de la *Dialectique*. Entre cette doctrine et la nouvelle philosophie allemande on a vu une profonde analogie. Il est vrai qu'elles semblent se rapprocher par cet endroit; mais il est vrai aussi que là même elles restent séparées par un abîme. En effet, l'identification du mécanisme et de la finalité de la nature au sein d'un seul et même principe, n'est-ce pas déjà la conception fondamentale du système de Schelling, qui identifie l'idée et l'être, l'esprit et la matière, et que, pour cette raison, l'on appelle la *doctrine de l'identité*? Mais, tandis que pour Kant ce principe, en qui se confondent le mécanisme et la finalité, nous est entièrement inaccessible, parce qu'il échappe à notre intuition; pour Schelling, il est, au contraire, l'objet d'une intuition transcendante. Par là Schelling, tout en paraissant se rapprocher de Kant, qui avait identifié le mécanisme et la finalité de la nature au sein d'un principe supérieur, s'éloigne infiniment du philosophe critique, qui regarde comme impossible pour nous toute intuition du supra-sensible, de l'intelligible, et pour qui, par conséquent, toute la philosophie de Schelling serait comme non avenue, puisqu'elle repose sur une hypothèse chimérique, celle d'une intuition rationnelle. En outre, à vrai dire, pour Kant la distinction que nous établissons dans la nature entre le mécanisme et la finalité n'a qu'une valeur subjective, c'est-à-dire qu'elle ne représente rien de réel, mais qu'elle dépend uniquement de la constitution particulière de notre esprit. Pour Schelling cette distinction n'est pas sans doute absolue : elle n'est que modale, en ce sens qu'elle n'exprime que des modes et non des principes distincts ; mais elle n'est pas purement subjective : elle a, au contraire, son fondement dans la réalité, puisqu'elle représente deux manifestations diverses du même principe. Telle est la différence qui sépare Kant et Schelling, là même où ils semblent se rapprocher le plus. C'est la différence des conclusions négatives, ou tout au moins sceptiques, de la philosophie critique aux conclusions positives et dogmatiques de la nouvelle philosophie allemande. Ainsi le dogmatisme, que Kant avait voulu renverser à jamais sous les coups de sa Critique, reparaît, après lui, plus ambitieux et plus hardi que jamais. Tant il est difficile de réprimer l'audace de l'esprit humain !

On a vu tout-à-l'heure comment Kant, du haut de sa Critique, apprécie, après les avoir classées et exposées, toutes les doctrines dogmatiques, auxquelles a donné lieu la question de la valeur objective de l'idée des causes finales. Toutes ces doctrines, qui représentent, selon lui, l'ensemble des hypothèses objectives que l'on peut faire sur cette question, ont, à ses yeux, le défaut commun, d'être impuissantes à justifier leurs conclusions; et c'est pourquoi elles se combattent indéfiniment les unes les autres, sans qu'aucune d'elles puisse s'élever sur les ruines de toutes les autres. Kant veut que, les déclarant toutes également vaines, nous nous reposions dans la solution critique qu'il nous propose. Mais la réfutation qu'il fait de ces doctrines est-elle juste de tous points, et la doctrine qu'il prétend y substituer est-elle beaucoup plus propre à satisfaire l'esprit ?

On se rappelle qu'il divise ces systèmes en deux classes, sous les noms d'*idéalisme* et de *réalisme* de la finalité de la nature : l'une qui rejette absolument comme chimérique l'idée de la finalité de la nature, l'autre qui admet et prétend expliquer l'existence des causes finales; et qu'il subdivise ces deux classes en deux espèces de systèmes, dont il prend pour types l'Epicuréisme et le Spinozisme d'une part, le Stoïcisme et le Théisme de l'autre.

Je reconnais avec lui que l'Epicuréisme, ou la philosophie atomistique, n'explique rien. Comment, en effet, la rencontre fortuite de certains atômes expliquera-t-elle cette apparence de concert, de dessein et de finalité, que nous trouvons partout dans la nature ? On connaît ces vers de Lucrèce sur les causes finales (1).

> Lumina ne facias oculorum clara creata
> Prospicere ut possimus; et, ut proferre vidi
> Proceros passus, ideo fastigia posse
> Surarum ac feminum pedibus fundata plicari :
> Bracchia tum porro validis ex apta lacertis
> Esse, manusque datas utraque a parte ministras,
> Ut facere ad vitam possimus quæ foret usus.
> Cætera de genere hoc inter quæcumque petantur,
> Omnia perversa præpostera sunt ratione.
> Nil ideo quoniam natum est in corpore, ut uti
> Possemus, sed quod natum est, id procreat usum.

Mais qu'y a-t-il là, sinon des assertions sans preuve? Pour avoir été cent fois, mille fois répétées, toujours à peu près dans les mêmes termes, elles n'en ont pas acquis plus de valeur (2). Il ne faut pas dire, selon vous, que nous

---

(1) De Natura rerum, lib. IV.

(2) Voici pourtant un argument plus sérieux. Je l'emprunte au savant illustre, qui a entrepris de vulgariser parmi nous la *Philosophie positive* de M. A. Com-

avons des yeux pour voir, mais seulement que nous voyons, parce que nous avons des yeux ; car tout dans le monde est l'effet du hasard ou d'une aveugle fatalité. Mais d'abord c'est là une hypothèse gratuite ; et puis, en présence des traces

te, c'est-à-dire le matérialisme contemporain. Je laisse parler M. Littré (voyez *Revue des deux mondes*, 1846, *de la Physiologie*) : « A côté de l'horreur pour le vide, il faut mettre la force médicatrice attribuée à l'économie vivante. C'est un autre exemple de cette erreur qui fait outrepasser à l'esprit les données de l'expérience. Admettre que les lésions organiques sont réparables intentionnellement, c'est changer le caractère de l'observation pure. Quelques mots vont le démontrer. Ce qui favorisa l'illusion et l'entretint jusque dans ces derniers temps, c'est qu'en effet il s'exécute dans le corps malade des travaux de réparation compliqués. Un os est rompu ; bientôt un liquide s'épanche, ce solidifie peu à peu, et réunit les deux fragments ; un canal médullaire se creuse dans la substance de nouvelle formation, et à la longue la soudure est complète. — Maintenant tournons la médaille et voyons-en le revers. Un serpent à venin subtil enfonce ses crochets dans la chair ; comme il n'y a de danger que si la substance malfaisante est absorbée et entre dans la circulation, que faut-il faire ? Détruire le venin dans la partie blessée, et pour cela, nous qui n'avons que des ressources bornées, nous y portons le feu ou un caustique chimique. Au contraire, que fait la nature ? elle se hâte de pomper le poison comme elle pomperait une matière salutaire, et bientôt éclatent les accidents redoutables qui amènent la mort. Quand du fluide de petite vérole est inoculé, au lieu de le circonscrire et de l'éliminer, elle l'introduit dans l'économie, et, comme un de ces animaux ombrageux qui, effarouchés, se lancent au hasard dans toutes les directions pour échapper aux apparences du péril, elle s'agite sous l'impression de l'agent délétère, bouleverse l'économie et compromet la peau, les intestins, les voies aériennes, le cerveau, en proie qu'elle est à un ennemi qu'elle n'aurait pas dû recevoir. De l'opium arrive dans l'estomac : si le viscère s'en débarrasse en toute hâte, aucun mal n'en résultera ; mais point ! la nature, cette prétendue gardienne, n'éveille pas de mouvement anti-péristaltique, ne suspend pas l'absorption, laisse pénétrer le poison jusqu'au système nerveux, et le narcotisme une fois accompli suscite d'inutiles convulsions. Une anse intestinale s'enroule, et le trajet alimentaire est intercepté, accident qui pourrait n'être pas grave, si la nature procédait avec adresse et précaution ; mais ce qu'elle fait empire la situation du patient en proie aux plus affreuses douleurs : elle engorge les vaisseaux, épaissit les tuniques, produit des exsudations agglutinatives, et le tout ne tarde pas à former un nœud inextricable. En présence de ces faits tellement palpables, il a fallu une singulière préoccupation d'esprit pour laisser dans l'ombre tout un côté de la question, et ne pas voir, avec la nature bienfaisante, la nature malfaisante, c'est-à-dire uniquement des propriétés en action. » — Ainsi, la force médicatrice attribuée de tout temps au principe de l'organisation est reléguée par M. Littré au rang des chimères d'une vaine métaphysique, à côté de l'horreur pour le vide. Pourtant cette vertu de la nature organique n'éclate-t-elle pas dans une foule de faits,

évidentes de dessein que je trouve partout dans la nature, comment admettre cette hypothèse? Comment expliquer par le hasard, ou par une aveugle fatalité, ce qui est ordonné, harmonieux? Comment, lorsque tout dans l'œil concourt si

qu'on ne saurait expliquer autrement? Mais à côté de ces faits, qui révèlent, selon nous, une nature bienfaisante, M. Littré nous en montre d'autres, qui, à ce compte, révéleraient une nature malfaisante, et il en conclut que, dans les uns et dans les autres, il ne faut voir que des propriétés en action. Je réponds que ce côté de la question, que M. Littré reproche aux partisans des causes finales et de la force médicatrice d'avoir laissé dans l'ombre, n'empêche pas que, dans un très-grand nombre de cas, la nature ne nous présente des faits, desquels il est juste de conclure qu'ils ont pour but la réparation de quelque mal, ou qui sont une nouvelle preuve de la finalité, que l'étude des êtres organisés nous force d'attribuer à la nature, en même temps qu'ils en sont la conséquence naturelle. La nature a beau être malfaisante dans un certain nombre de cas, cela ne fait pas qu'elle ne soit pas bienfaisante dans un grand nombre d'autres, et que ses bienfaits ne révèlent un dessein, un but poursuivi et atteint. D'ailleurs, les faits allégués par M. Littré ne peuvent-ils pas s'expliquer dans notre système? S'il y a dans la nature des traces de dessein, et particulièrement une vertu médicatrice, la nature n'est pas elle-même une cause intelligente : elle suit aveuglément les lois auxquelles elle est soumise; et, si ces lois ou les propriétés dont elle est douée nous forcent à remonter à un principe intelligent, elle ne les connait pas et ne les gouverne pas. Or, de l'action et de la rencontre de ces lois et de ces propriétés ne peut-il pas résulter tel effet, qui peut être funeste à l'organisation, mais que la nature n'a pu ni prévoir ni vouloir, et que par conséquent elle ne pouvait pas non plus éviter? Mais alors, dira-t-on, c'est donc l'auteur de la nature qu'il faut accuser? Nullement; car, comme Kant l'a très-bien remarqué, si une intelligence suprême est la cause du monde, cette intelligence n'a pu réaliser son plan qu'au moyen des lois et des propriétés qu'elle a données à la nature; et de la combinaison de ces lois et de ces propriétés naturelles, qui en général révèlent une cause intelligente, peut sortir aussi tel effet funeste, qui en est la suite nécessaire. Voyez, à l'appui de l'idée que je viens d'exprimer, ce qu'Aulu-Gelle rapporte de Chrysippe, (lib. vi, c. 1). Dans son *Dictionnaire historique et critique*, article *Chrysippe*, Bayle cite et traduit ce passage, et Leibnitz l'emprunte à Bayle dans ses *Essais de Théodicée*, partie II, 209. « Idem Chrysippus in cod. lib. quarto, περὶ προνοίας, tractat consideratque dignumque esse id quæri putat, εἰ αἴ τῶν ἀνθρώπων νόσοι κατὰ φύσιν γίνονται. Id est naturane ipsa rerum, vel providentia quæ compagem hanc mundi et genus hominum fecit, morbos quoque et debilitates et ægritudines corporum, quas patiuntur homines, fecerit. Existimat autem non fuisse hoc principale naturæ consilium, ut faceret homines morbis obnoxios. Nunquam enim hoc convenisse naturæ auctori parentique rerum omnium bonarum. Sed cum multa, inquit, atque magna gigneret pareretque aptissima et utilissima, alia quoque simul agnata sunt incommoda iis ipsis, quæ faciebat, cohærentia : eaque non per naturam, sed per sequelas quasdam neces-

admirablement à cet effet qu'on appelle la vue, et qui lui-même est si utile à la vie de certains êtres, comment ne pas admettre que l'un a été fait pour l'autre? N'est-ce pas se refuser à l'évidence? Quand on ne pourrait faire ici que des hypothèses, celle-ci serait mille fois plus vraisemblable que la supposition contraire; car elle est confirmée par la réalité, tandis que l'autre lui fait violence. Mais que penser d'une doctrine qui érige en une audacieuse négation ce qui ne peut pas même être admis à titre d'hypothèse? Kant a raison, l'Epicuréisme n'explique rien; mais, je le demande, qu'expliquera-t-il lui-même, si son explication n'a aucune valeur objective? A-t-on le droit de reprocher à cette doctrine, de n'avoir admis qu'un principe mécanique, quand soi-même on enlève à la finalité de la nature toute réalité, pour n'y voir plus qu'une pure conception de notre esprit? L'Epicuréisme, selon Kant, n'explique pas même cette conception; soit: mais, dirai-je à mon tour, suis-je beaucoup plus avancé, lorsque vous me rendez la conception, sans me rendre la chose? Que peut, en effet, expliquer une idée de finalité de la nature qui n'exprime rien de réel? Autant vaudrait la rejeter absolument comme chimérique, ainsi qu'ont fait les atomistes. Cela même serait beaucoup plus conséquent; car, dès qu'une idée n'a pas d'objet dans la nature des choses, ce n'est plus qu'une conception abstraite ou négative, indigne d'occuper un moment l'esprit humain.

Le Spinozisme est, selon Kant, un système moins grossier que l'Epicuréisme, mais tout aussi impuissant à expliquer l'idée de la finalité de la nature. La réfutation qu'il fait de ce système sur ce point est juste: il y a loin d'un simple rapport de modes à substance, tel que celui par lequel Spinoza veut

---

sarias facta dicit, quod ipse appellat κατὰ παρακολούθησιν. Sicut, inquit, cum corpora hominum natura fingeret, ratio subtilior et utilitas ipsa operis postulavit ut tenuissimis minutisque ossiculis caput compingeret. Sed hanc utilitatem rei majoris alia quædam incommoditas extrinsecus consecuta est; ut fieret caput tenuiter munitum, et ictibus offensionibusque parvis fragile. Proinde morbi quoque et ægritudines partæ sunt, dum salus paritur.......

expliquer le monde, à un rapport de moyens à fins, tel que celui que nous attribuons à la nature. Pas plus que le Hasard des épicuriens, la Substance de Spinoza ne peut expliquer l'idée de la finalité ; car celle-ci est tout aussi aveugle que celui-là. Ici encore Kant a raison, mais ici encore ce qu'il dit de l'insuffisance du système de Spinoza se retourne contre son propre système. En effet, ou bien son principe est, comme celui de Spinoza, un principe aveugle, et alors plus de causes finales, et nos jugements sur la finalité de la nature ne sont que des illusions ; ou bien ce n'est pas un principe purement mécanique, et alors la finalité de la nature est donc pour lui quelque chose de réel. Dira-t-il qu'il ne sait ? je comprends qu'alors il reproche à Spinoza d'affirmer ou de nier ce que nul ne peut connaître, et ce qui devrait être pour tous un objet de doute. Mais lui-même, on l'a vu, va plus loin : il refuse toute réalité objective au principe des causes finales ; en quoi donc son opinion sur les causes finales diffère-t-elle tant de celle de Spinoza? Est-ce seulement parce que ce philosophe n'explique pas nos jugements téléologiques? Mais, encore une fois, vous-même qu'expliquez-vous, vous qui, tout en admettant l'idée de la finalité de la nature, lui refusez toute valeur objective? Spinoza n'est-il pas plus conséquent, en rejetant cette idée comme chimérique?

La réfutation faite par Kant des deux doctrines dont nous venons de parler, juste en partie, est donc tout au moins insuffisante, parce que lui-même s'en tient aux jugements de l'esprit et ne pousse pas jusqu'à la réalité. Il eût fallu montrer que ces doctrines non-seulement ne peuvent rendre compte de nos jugements sur la nature, mais de la nature elle-même, et qu'elles sont à la fois contraires à l'expérience et à la raison.

Ces deux doctrines ont pour caractère de prétendre démontrer l'impossibilité des causes finales ; les deux autres prétendent au contraire en établir la réalité et le fondement.

La doctrine qui, tenant pour réelle la finalité de la nature, en cherche le principe dans une âme du monde, et conçoit ainsi la nature comme une sorte de tout vivant, cette doctrine, que Kant désigne sous le nom d'Hylozoïsme, est une autre hypothèse gratuite et qui n'explique rien. Sur quoi se fonde-t-elle en effet? et comment expliquer ce que la nature a d'harmonieux et d'intelligent, en la faisant émaner d'une âme du monde, à laquelle on peut bien donner le nom de Dieu, mais qui n'est autre chose au fond qu'une sorte de *fatum* ou de loi naturelle? N'y a-t-il pas même dans cette doctrine, comme Kant l'a remarqué, une sorte de cercle vicieux? Il s'agit d'expliquer l'organisation et la vie dans la nature, et c'est dans la vie et l'organisation de la nature qu'elle cherche son principe d'explication. Quoi qu'il en soit, il faut savoir gré aux stoïciens de n'avoir pas méconnu les signes de dessein ou de finalité qui éclatent partout dans la nature, et de n'avoir pas, comme les épicuriens, entièrement banni l'intelligence du monde. Si leur explication de la finalité de la nature et leur conception de Dieu sont encore insuffisantes, nulle école de philosophie dans l'antiquité n'a mieux parlé de la destination des êtres, de l'appropriation des moyens aux fins dans la nature, de la sagesse et de la bonté de la Providence (1).

Reste la doctrine qui, s'élevant au-dessus de ce naturalisme des stoïciens, cherche dans une cause intelligente, distincte de la nature, le principe de la finalité qu'elle contient. Faut-il admettre avec Kant qu'elle ne puisse rien établir qu'une conception, nécessaire il est vrai, mais sans valeur objective? C'est une question que je ne veux point discuter ici, car nous allons la retrouver tout-à-l'heure, en traitant, à la suite de Kant, de l'argument des causes finales.

---

(1) Voyez dans le *De natura Deorum* le discours de Balbus, que j'ai déjà cité, et en général tout ce qui nous reste des stoïciens grecs et latins. — Dans son *Cours de Droit naturel* (15ᵐᵉ leçon), M. Jouffroy remarque avec raison que l'idée de fin est une des conceptions fondamentales de la philosophie et de la morale stoïcienne.

En comme, Kant prétend réfuter tous les systèmes que nous venons de parcourir, en soutenant qu'il est impossible d'établir, soit pour, soit contre les causes finales, aucune doctrine dogmatique, et que, par conséquent, il faut s'en tenir à la solution critique. Si cette solution n'exprimait au fond que le doute auquel nous condamneraient en cette matière la nature et les bornes de notre esprit : je comprendrais que Kant l'opposât imperturbablement à toutes les solutions dogmatiques, positives ou négatives, que peut produire la philosophie. Il resterait seulement à savoir si nous devrions, en effet, nous condamner au doute et nous interdire en cette matière toute assertion positive ou négative. Mais, on l'a vu, Kant lui-même ne se montre pas toujours aussi réservé, et la solution critique qu'il nous présente est elle-même dogmatique au fond. Il ne se tient pas suspendu entre les deux systèmes qu'il oppose l'un à l'autre, sous les noms d'*idéalisme* et de *réalisme* de la finalité de la nature, car sa doctrine est elle-même un véritable *idéalisme*. Sans doute cet idéalisme diffère de celui d'Epicure, s'il est permis d'appliquer ce mot à la doctrine de ce philosophe, et de celui de Spinoza ; il admet au moins comme principe régulateur un concept que ceux-ci déclarent absolument chimérique ; mais, tout en maintenant ce concept, il lui ôte toute valeur objective, et par là se rapproche singulièrement de la doctrine dont il veut s'éloigner (1).

(1) On pourrait demander si la nouvelle philosophie allemande trouve sa place, et, en ce cas, quelle place elle doit occuper dans le tableau des systèmes que Kant nous présente comme épuisant toutes les solutions dogmatiques que l'esprit humain peut élever sur la question de la finalité de la nature. S'il fallait la ranger sous une des étiquettes qui nous sont ici fournies par Kant, je choisirais celle d'Hylozoïsme ; car elle conçoit en général la nature comme un organisme, et par là elle rappelle le panthéisme stoïcien, quoiqu'elle en diffère à certains égards et se rapproche par d'autres côtés du panthéisme spinoziste. Mais je ne veux pas entrer dans l'examen de ces questions, qui m'entraîneraient beaucoup trop loin. Je ne chercherai pas non plus les rapports de toutes ces doctrines et de celle de Kant avec celles qu'on a désignées au moyen-âge sous le nom de nominalisme et de réalisme. Les questions que je ne puis me dispenser de traiter sont déjà assez difficiles et assez nombreuses, pour que je n'étende pas mon cadre outre mesure.

Que si nous cherchons pour notre part la vérité entre tous ces systèmes, elle n'est ni dans les doctrines que Kant qualifie assez improprement sous le nom d'*idéalisme*, ni dans la solution qu'il nous propose ; car le principe des causes finales n'est ni un mot vide de sens qu'il faut bannir de la langue philosophique, ni un concept de l'esprit, auquel il faut refuser toute valeur objective, ou du moins auquel on n'est pas fondé à attribuer une telle valeur ; mais, comme l'attestent de concert l'expérience et la raison, il a son fondement dans la réalité. C'est donc ici, pour employer cette expression de Kant, le *réalisme* qui est le vrai. Il y a là sans doute de grandes difficultés, et plus d'un système a vainement tenté de les résoudre ; mais ces difficultés n'empêchent pas qu'il n'y ait de la finalité dans la nature, et, en elle ou au-dessus d'elle, un principe d'où elle émane et qui l'explique.

Nous pouvons maintenant, pour finir par où nous avions commencé, juger l'*antinomie* élevée ici par Kant. On se rappelle comment il la formule : toute production des choses naturelles et de leurs formes doit être jugée possible d'après des lois purement mécaniques ; — quelques productions de la nature ne peuvent être jugées possibles de cette manière. On se rappelle aussi comment il la résout, en considérant les deux thèses, qu'il oppose l'une à l'autre, non comme deux assertions objectives qui seraient en effet contradictoires, mais simplement comme deux maximes de réflexion, qui peuvent très-bien aller ensemble. Et c'est seulement ainsi qu'il faut, selon lui, les considérer ; car, au point de vue objectif, il est tout aussi impossible d'établir l'une que l'autre. Je réponds que le concept de la finalité de la nature est quelque chose de plus qu'une maxime de réflexion, et que, quoi qu'en dise Kant, nous pouvons très-bien établir la vérité absolue de cette thèse, savoir que certaines productions de la nature ne sont pas possibles d'après des lois purement mécaniques, et par conséquent la fausseté de la thèse contraire, que toutes les productions de la nature sont possibles d'après des lois purement mécaniques. Mais cela posé, il faut reconnaître avec notre philosophe que nous devons pousser aussi loin que nous le pouvons l'explication mécanique, afin, comme il le dit fort bien, de pénétrer aussi avant que possible dans la connaissance de la nature même ; car, si l'on doit admettre que la nature soit en effet subordonnée à des fins et qu'elle renferme un système de causes finales, il faut admettre aussi qu'elle puisse tendre à ces fins et réaliser ce système par des moyens mécaniques ; et, si un architecte suprême a créé et conserve le monde d'après certaines idées, comme nous ne connaissons pas la manière dont il agit dans le monde et y réalise ses idées, nous ne devons pas négliger l'explication mécanique. Ainsi l'explication téléologique ne dispense pas de l'explication mécanique, de même que celle-ci ne dispense pas de la première. Il faut les faire marcher de front (1). Kant a bien vu cela ; il est fâcheux seulement qu'il se soit placé à un point de vue aussi exclusivement subjectif.

Dans la dernière partie de son ouvrage (2), Kant revient sur l'application des principes dont il a précédemment discuté l'origine, la valeur et l'usage, pour bien fixer la méthode que doit suivre ici l'esprit humain.

Une question générale s'offre d'abord à lui (3) : toute science digne de ce nom doit avoir sa place déterminée dans l'ency-

---

(1) Pourtant, comme Kant lui-même l'a reconnu, en un certain sens, elles s'excluent absolument. Si, par exemple, nous expliquons la production d'un insecte, d'un ver, par des causes purement mécaniques, par la putréfaction, il faut renoncer à toute idée de causes finales ; et réciproquement, si nous la rapportons à quelque fin de la nature, nous ne pouvons plus invoquer ce mode d'explication.
(2) La *Méthodologie*. Ici, comme dans la *Méthodologie de la Critique de la raison pure*, Kant soulève ou reprend une foule de questions intéressantes, qu'il traite de telle façon que, s'il ne nous apprend pas toujours ce qu'il faut penser, il a du moins le singulier mérite de nous apprendre à penser.
(3) § LXXVIII. — P. 107. — Voyez plus haut § LXVII. — P. 42.

clopédie des sciences humaines ; quelle est celle de la téléologie, si tant qu'elle soit une science ?

Il divise toute la connaissance humaine en deux grandes parties : la théorique et la pratique ; et il subdivise la première en *physique* ou science de la nature, laquelle, en tant qu'elle étudie les objets de l'expérience, comprend la physique proprement dite, la psychologie et la cosmologie générale, et en *théologie*, ou science de la cause première du monde, considéré comme l'ensemble de tous les objets d'expérience. Maintenant où placer la téléologie? Dans la physique ou dans la théologie ? Si c'est une science, elle doit avoir sa place dans l'une ou dans l'autre ; car la considérer simplement comme une transition qui conduirait de l'une à l'autre, ce serait lui refuser une place déterminée dans le système des sciences, ce serait lui refuser le titre même de science spéciale. Or, quoiqu'on puisse faire de la téléologie un important usage dans la théologie, elle n'appartient pas à cette science, car le jugement téléologique n'est qu'un jugement *réfléchissant*, et le principe de la téléologie, qu'un principe régulateur. Par la même raison, elle n'appartient pas davantage à la physique : elle ne lui fournit qu'un principe régulateur, sans lui rien apprendre de l'origine et de la possibilité interne de ces formes qu'elle rapporte à des fins. Si la téléologie ne rentre ni dans la théologie, ni dans la physique, où donc est sa place ? Uniquement dans la Critique. La Critique constate et explique cette manière d'envisager la nature; et, bien qu'elle nous refuse le droit d'y fonder aucune doctrine, du moins nous permet-elle de nous servir critiquement du principe téléologique, comme d'un fil conducteur pour étudier la nature, et de la téléologie comme d'une transition pour passer de la physique à la théologie.

Avant Kant, je ne vois guère que Bacon, cet autre génie de la méthode et de la classification, cet autre encyclopédiste des sciences humaines, qui ait explicitement traité la question soulevée ici. Il a même, comme le philosophe allemand, entrepris (1) de déterminer exactement la part du principe mécanique et celle du principe téléologique dans la science de la nature, en cherchant à les distinguer à la fois et à les concilier (2). Il n'interdit pas, en effet, à l'esprit humain la recherche des causes finales (3), comme on l'a trop souvent prétendu d'après une phrase célèbre (4), détachée des considérations qui l'expliquent, et détournée ainsi de son véritable sens; mais il la transporte de la *physique* à la *métaphysique*. Encore ne faut-il entendre ici par métaphysique que la partie supérieure de la philosophie de la nature, en sorte que Bacon n'a pas même exclu absolument de cette science la recherche des causes finales (5). Seulement il veut que l'on distingue soigneusement la recherche des causes finales et celle des causes efficientes, l'explication métaphysique, ou téléologique, comme dit Kant, et l'explication physique : la première peut bien s'ajouter à la seconde, mais elle ne saurait en tenir lieu. Bacon voyait que la préoccupation exclusive des causes finales avait souvent nui à la recherche des causes physiques (6); et, sans exclure à son tour la première (car il était loin d'être aussi exclusif qu'on l'en a souvent accusé), il la distingue et la

---

(1) *De dignitate et augmentis scientiarum*, liber III, cap. IV, particulièrement § 18. — Voyez la traduction française de M. F. Rioux, t. I.

(2) « Alioquin, si modo intra terminos suos coerceantur (causæ finales), magnopere hallucinantur quicumque eas physicis causis adversari aut repugnare putant. Nam, causa reddita, quod *palpebrarum pili oculos muniunt*, nequaquam sane repugnat alteri illi, quod *pilositas soleat contingere humiditatum orificiis*..... et sic de reliquis; conspirantibus optime utrisque causis, nisi quod altera intentionem, altera simplicem consecutionem denotet. » (*Ibid.*) — Sur l'union de ces deux espèces de causes ou de principes, on trouvera éparses dans les œuvres de Leibnitz quelques vues justes et profondes, mais qui sont plutôt des aperçus de génie, qu'une solution régulière et systématique de la question.

(3) « Neque hæc eo dicimus, quod causæ illæ finales veræ non sint, et inquisitione admodum dignæ in speculationibus metaphysicis. (*Ibid.*)

(4) « Causarum finalium inquisitio sterilis est, et, tanquam virgo Deo consecrata, nihil parit. » *De Augmentis*, liber III, cap. V, § 1.

(5) « Naturalis philosophiæ partem, quæ speculativa est et theorica, in physicam specialem et metaphysicam dividere placet.... Physica est quæ inquirit de efficiente et materia ; metaphysica, quæ de forma et fine. » *Ibid.* § 1 et § 2.

(6) « Tractatio causarum finalium in physicis inquisitionem causarum physicarum expulit et dejecit... » *Ibid.* lib. III, cap. IV, § 13.

sépare de la seconde, la réservant elle-même pour une recherche ultérieure, à laquelle il donne le nom de métaphysique. Pourtant, s'il ne la proscrit pas, si même il la juge digne des spéculations de l'esprit humain, il la proclame stérile, stérile, il est vrai, au point de vue de l'application physique (1), mais non pas au point de vue moral et religieux, non pas même au point de vue de la philosophie naturelle. Malgré cette réserve, Bacon, sans commettre précisément l'erreur qu'on lui a si souvent imputée, tombe dans une évidente exagération, qui peut bien s'expliquer par l'abus qu'on avait fait avant lui des causes finales et par la réaction naturelle que devait provoquer cet abus, mais qui est aussi une erreur d'un autre genre; car il n'est pas vrai que la recherche des causes finales soit stérile, même au point de vue de l'usage physique (2). — Mais laissons Bacon (3), et revenons à Kant.

Comme il ne croit devoir accorder aucune valeur objective au concept des causes finales, il ne peut en admettre la recherche ni comme une partie de la physique ou de la science de la nature, ni comme le fondement d'une théologie naturelle. Mais aussi, comme, tout en refusant à ce concept toute valeur objective, il l'admet au moins comme un principe régulateur, il le renvoie à la Critique, qui ne nous permet de nous en servir dans l'étude de la nature que comme d'un fil conducteur, et dans la théologie que comme d'un moyen préparatoire, mais radicalement insuffisant. Or, ici reparaît l'objection que nous avons déjà adressée à Kant : Comment un principe, qui n'a

---

(1) C'est là le vrai sens de la phrase célèbre que j'ai citée tout-à-l'heure et dont on a tant abusé contre Bacon.

(2) J'opposerai sur ce point Leibnitz à Bacon : « Le corps de l'animal, dit-il quelque part, est une machine en même temps hydraulique, pneumatique et pyrobolique, dont le but est d'entretenir un certain mouvement ; et en montrant ce qui sert à ce but et ce qui nuit, on ferait connaître toute la thérapeutique. Ainsi on voit que les causes finales servent en physique, non-seulement pour admirer la sagesse de Dieu, ce qui est le principal, mais encore pour connaître les choses et pour les manier. » Ed. Erdmann. p. 143-144.

(3) Voyez les *Éléments de la philosophie de l'esprit humain* de Dugald-Stewart, trad. franç. de M. Peisse, t. II, chap. IV, sect. VI, p. 318.

aucune valeur objective, peut-il servir à nous guider dans la science de la nature? comment un concept, objectivement vide, peut-il être même un principe régulateur? Kant accorde trop ou trop peu. Ou il fallait exclure absolument le concept des causes finales, comme une idée chimérique ; ou, si on lui attribuait un rôle sérieux dans la science de la nature, il fallait lui accorder une autre valeur que celle d'un principe régulateur, sans réalité objective. Rétablissons donc contre Kant le vrai rôle et la vraie valeur de l'idée des causes finales dans la science de la nature. — Je ne parle encore que de cette science, car j'ai réservé pour un chapitre spécial l'usage que l'on peut faire de cette idée dans la théologie naturelle. — Sachons d'ailleurs le reconnaître, sauf le point sur lequel nous sommes en dissentiment avec Kant, et qui à la vérité est capital, il y a ici beaucoup à lui emprunter.

Je pourrais montrer d'abord l'intervention de l'idée des causes finales dans la psychologie, c'est-à-dire dans l'étude des facultés de notre âme ; j'ajoute dans celle de l'instinct des animaux. Est-il possible de ne pas reconnaître que chacune de nos facultés, la sensibilité, la volonté, l'intelligence, avec toutes les facultés particulières qu'elle comprend, comme la mémoire, le raisonnement, etc., existe en nous pour un certain but, auquel elle est merveilleusement appropriée, et que, étroitement liées les unes aux autres, elles concourent harmonieusement à une fin commune, qui est à savoir la vie psychologique? Est-il possible de ne pas reconnaître que, soit en nous, soit surtout chez les animaux, l'instinct est un moyen employé par la nature pour suppléer la raison dans la poursuite de certaines fins? Les causes finales ne se montrent-elles pas là plus claires que le jour, et ne faut-il pas être aveugle pour les nier? Or, s'il en est ainsi, cela n'est-il pas de la science, de montrer quelle est la fin de chacune de nos facultés, et comment toutes ces fins concourent à une fin commune; pourquoi la nature ou son auteur a donné aux hommes et aux animaux certains instincts, et quel admirable rôle ils jouent dans leur vie, particulièrement chez ces derniers, qui n'ont pas, comme les premiers, le privilége de la raison. L'anthropologie de Kant et en général toute sa philosophie expérimentale sont elles-mêmes remplies d'observations de ce genre ; et, en nous découvrant le but ou la destination de certaines facultés, de certains penchants, de certains phénomènes psychologiques, elles nous en fournissent les plus justes et les plus heureuses explications(1). Mais quoi ! tout cela n'aurait-il aucune réalité ? Que parlez-vous alors de destination ou de but, et que prétendez-vous expliquer par une idée qui n'exprime rien de réel ? Kant ne verra-t-il, ici comme ailleurs, dans cette idée qu'un principe régulateur ? Or, sans doute, elle sert à nous diriger dans l'étude de notre propre nature, comme dans celle de la nature extérieure ; car, une fois éveillée en nous, elle nous la fait envisager et étudier sous un certain point de vue, et nous conduit ainsi à rechercher et à découvrir ce qui pouvait nous rester caché. C'est ainsi qu'en nous faisant concevoir la vie psychologique comme un tout dont chaque élément a son rôle spécial, en même temps qu'il concourt à une fin commune, elle dirige en ce sens nos investigations, et par là nous met sur la voie des découvertes. Mais, si elle a cet effet, c'est précisément parce qu'elle a une valeur réelle ; car autrement comment la contemplation ou l'étude de la nature la confirmerait-elle, après l'avoir suggérée, et comment pourrait-elle nous servir même de principe régulateur ? Puis donc qu'il faut reconnaître dans nos facultés, dans nos penchants, dans nos instincts, ou dans ceux des animaux, autre chose que l'effet d'un mécanisme aveugle, et qu'on ne peut les expliquer réellement sans les rapporter à certains buts, la recherche et la

---

(1) Voyez particulièrement ses *Observations sur les sentiments du beau et du sublime* (trad. franç. de la *Critique du Jugement*, t. II), où, entre autres choses, il explique si admirablement, par les différences et les rapports de leurs destinations, les différences et les rapports des qualités des deux sexes. — On trouvera même dans la *Critique du Jugement* de très-heureux exemples de l'usage que l'on peut faire de l'explication téléologique en psychologie. Voyez, par exemple, celle que Kant donne des songes (Trad. franç. t. II, p. 40).

détermination des fins pour lesquelles ils existent, et des moyens par lesquels ils les poursuivent, ne sont pas une vaine étude; mais elles font essentiellement partie de cette science qu'on appelle la psychologie.

Mais laissons l'étude de l'âme et de ses facultés, où les rapports de finalité sont en quelque sorte trop évidents, et considérons celle du corps et de ses organes, c'est-à-dire l'anatomie et la physiologie. Ici encore la finalité est manifeste, et, par conséquent, elle est non-seulement un principe régulateur, mais une partie de la science même. Kant reconnaît bien qu'il est impossible de concevoir un corps organisé sans y faire intervenir l'idée de but ou de fin ; mais il ne voit dans cette idée qu'une manière propre à notre entendement de concevoir une espèce d'êtres qu'il nous est impossible de nous expliquer par des causes purement mécaniques. Nous avons montré que cette doctrine, vraie parce qu'elle affirme, comme dirait Leibnitz, est fausse parce qu'elle nie. Si, en effet, nous ne pouvons considérer un corps organisé ou quelqu'un de ses organes en particulier, sans avoir recours à l'idée de fin, n'est-ce pas que, dans cette habile disposition d'un organe, qui le rend si parfaitement propre à son usage, et dans les rapports des divers organes entre eux, qui font du corps un tout si harmonieux, nous reconnaissons une finalité réelle? J'en demande pardon à Kant, ou à Lucrèce : comment nier, comment douter seulement que les yeux soient faits réellement pour voir, les mains pour toucher, les pieds pour marcher, la bouche pour manger, l'estomac pour digérer, et que tous ces organes, étroitement liés entre eux, forment un tout disposé en vue d'une certaine destination ? Dès-lors, dirai-je encore ici, n'est-ce pas de la vraie et bonne science que de rechercher et de déterminer la fin d'un organe, de montrer comment tout dans cet organe est approprié à cette fin, et d'en expliquer ainsi la conformation? N'est-ce pas de la vraie et bonne science que de décrire ce dessein qui éclate partout dans les rapports des organes et des systèmes dont se compose l'organisme entier, comme il éclate en chacun d'eux, et d'expliquer ainsi ces rapports et ce tout, comme nous expliquons chacune de ses parties ? Sans doute cela n'est pas toute la science : il ne suffit pas de montrer quel rôle joue dans l'économie animale tel système, tel organe, tel élément, le sang par exemple ; il faut encore rechercher quelles lois physiques ou chimiques président à sa formation ou à sa composition. En un mot, à l'explication téléologique il faut joindre l'explication physique, et pousser celle-ci aussi loin que possible, afin d'arriver ainsi à une connaissance plus approfondie de la nature. Kant a raison d'imposer ce devoir à la science : déjà, de son temps, elle avait fait, dans la voie qu'il lui prescrit, de curieuses recherches, que lui-même se plaît à signaler ; depuis, elle s'y est encore engagée davantage, et, si elle s'y est quelquefois égarée, elle s'y est signalée aussi par d'importantes découvertes. On sait quels progrès a faits, de nos jours, dans cette même voie, la chimie organique. Mais l'explication physique, si loin qu'on la pousse, n'empêche pas l'explication téléologique, non-seulement d'être indispensable, comme Kant l'accorde, mais même d'être vraie en soi, comme il le nie, et d'être ainsi elle-même une partie de la science. Elle en fait si bien partie, que les naturalistes ne croient pas avoir expliqué véritablement un organe, en connussent-ils parfaitement la composition, tant qu'ils en ignorent la destination, et qu'ils ne sont complétement satisfaits que lorsqu'ils l'ont découverte, et se sont par là rendu compte de la disposition de chacune des parties de cet organe et de celle de l'organe entier. Les adversaires les plus déclarés des causes finales subissent eux-mêmes cette loi : elle est plus forte que leurs systèmes (1). Les naturalistes

(1) « Je regarde, disait Cabanis, je regarde avec le grand Bacon, la philosophie des causes finales comme stérile ; mais il est bien difficile à l'homme le plus réservé de n'y avoir jamais recours dans ses explications » (*Rapport du physique et du moral de l'homme*, V^e mémoire, § 7). — Voyez dans l'excellente édition de M. Peisse, la note de la page 241, où le savant éditeur répond supérieurement à une sortie de Cabanis contre les causes finales.

acceptent donc au fond la réalité des causes finales, et même ils ne l'admettent pas seulement comme un fait d'expérience, mais comme une vérité nécessaire. Aussi, alors même que la destination d'un organe leur échappe, n'en demeurent-ils pas moins convaincus qu'il doit en avoir une, et ne manquent-ils pas de la rechercher (1). L'idée des causes finales, éveillée en nous par la considération des êtres organisés, devient, à son tour, un principe qui nous dirige dans l'étude de ces êtres, et nous conduit à de nouvelles découvertes. On a souvent cité l'exemple d'Harvey, conduit à la découverte de la circulation du sang par cette pensée, que la nature n'avait pas disposé, comme elle l'a fait, les valvules des veines, sans un certain dessein (2). Ce n'est qu'un cas particulier, mémorable, il est vrai, de l'application des causes finales à la physiologie. Il y a là tout un champ d'investigations et de découvertes, qui n'ont pas moins d'importance que celles dont nous parlions tout-à-l'heure. Kant reconnaît bien que l'idée d'une finalité de la nature sert à nous diriger dans l'étude des êtres organisés ; mais il n'y veut voir qu'une maxime de réflexion sans valeur objective. Mais, encore une fois, comment une idée, qui n'aurait aucune valeur objective, pourrait-elle nous diriger dans l'étude de la nature, et y trouver une si éclatante confirmation ?

(1) C'est ce que M. Jouffroy a très-bien expliqué dans sa Préface aux *Esquisses de philosophie morale* de Dugald-Stewart, III.—Voyez aussi les *Éléments de la philosophie de l'esprit humain*, par Dugald-Stewart, trad. Peisse, t. II, p. 324.

(2) Dans l'ouvrage même que je viens de citer (loc. cit.), Dugald-Stewart rapporte cette curieuse exposition faite par Boyle des circonstances qui ont conduit Harvey à la découverte de la circulation du sang : « Je me souviens que, lorsque je demandai au célèbre Harvey, dans la seule conversation que j'ai eue avec lui, et qui eut lieu peu de temps avant sa mort, ce qui l'avait conduit à l'idée de la circulation du sang, il me répondit que, lorsqu'il eut remarqué que les valvules des veines de toutes les parties du corps sont placées de manière à donner un libre passage au sang veineux vers le cœur et à s'opposer à sa marche en sens contraire, il fut porté à penser que la nature, toujours si prévoyante, n'avait pas placé là ces valvules sans dessein, et *que ce dessein était probablement de faire parvenir le sang aux membres par les artères*, puisque ces valvules s'opposaient à ce qu'il y arrivât par les veines, et de le faire revenir au cœur par les veines, ces mêmes valvules facilitant sa marche dans cette direction. »

On voit quel est ici le rôle et la valeur de l'idée des causes finales. D'où vient donc que de grands esprits, qui n'étaient ni sceptiques comme Kant, ni matérialistes comme Lucrèce ou son maître Épicure, mais dogmatiques et spiritualistes, aient cru devoir exclure absolument toute considération et toute recherche des causes finales? Le père du spiritualisme moderne, Descartes, déclare que « tout ce genre de causes qu'on a coutume de tirer de la fin n'est d'aucun usage dans les choses physiques et naturelles, parce qu'il ne semble pas que nous puissions sans témérité rechercher et entreprendre de découvrir les fins impénétrables de Dieu (1). » Il est vrai que les fins que Dieu ou la nature se propose nous sont souvent impénétrables ; mais est-ce à dire que nous n'en puissions découvrir et déterminer aucune? Quoi ! il y aurait de la témérité à affirmer que la destination de l'œil est de voir, et à chercher dans cette fin la raison de sa constitution (2)? Sans doute

(1) *Méditation* 4e, § 5. — « Nous ne nous arrêterons pas aussi, dit-il ailleurs (*Principes de la philosophie*, 28), à examiner les fins que Dieu s'est proposées en créant le monde, et nous rejetterons entièrement de notre philosophie la recherche des causes finales; car nous ne devons pas tant présumer de nous-mêmes que de croire que Dieu nous ait voulu faire part de ses conseils. »

(2) « Il paraît, disait très-bien Voltaire, qu'il faut être forcené pour nier que les estomacs soient faits pour digérer, les yeux pour voir, les oreilles pour entendre. (*Dictionnaire philosophique; Causes finales.*) » — « On ne comprend pas, disait Maclaurin (*Exposition des découvertes philosophiques de Newton*, liv. I, chap. 2), qu'il y ait de l'arrogance à faire attention à l'art et au dessein déployés partout dans la nature aux yeux de tous les hommes, à soutenir, par exemple, que l'œil a été fait pour voir. » Il pensait au contraire que « parmi les diverses espèces de causes, les finales sont les plus visibles. » (Voyez Dugald-Stewart, *Philosophie de l'esprit humain*, t. II, p. 329.) — J'emprunterai encore à Dugald-Stewart le passage suivant d'un essai de Boyle, écrit justement pour répondre à Descartes : « Supposez qu'un paysan, entrant en plein jour dans le jardin d'un fameux mathématicien, y rencontre un de ces curieux instruments gnomoniques qui indiquent la position du soleil dans le zodiaque, sa déclinaison de l'équateur, le jour du mois, la durée du jour, etc., etc. ; ce serait sans doute une grande présomption de sa part, ignorant à la fois et la science mathématique et les intentions de l'artiste, de se croire capable de découvrir *toutes les fins* en vue desquelles cette machine si curieusement travaillée a été construite ; mais lorsqu'il remarque qu'elle est pourvue d'une aiguille, de lignes et de numéros horaires, bref de tout ce qui constitue un cadran solaire, et qu'il voit l'ombre du style marquer successivement les heures du jour, il y aurait pour lui aussi peu de présomption que d'erreur à conclure que cet instrument, quels que puissent être ses autres usages, est certainement un cadran fait pour indiquer les heures. »

il ne faut pas que la considération des causes finales exclue celle des causes physiques : il en résulterait un grand dommage pour la science ; et, afin de l'éviter, il importe de bien distinguer ces deux espèces de recherches. Mais la considération des causes physiques ne doit pas empêcher non plus celle des causes finales ; car, dans certains cas du moins, celle-ci n'est pas moins exacte et moins utile à la science que la première. Comment prétendre qu'elle ne nous est jamais d'aucun usage? Si Descartes se fût borné à mettre la science en garde contre le danger que je viens de signaler, à plus forte raison contre les étranges abus que la scholastique avait faits des causes finales, il fût resté dans le vrai ; mais, lorsqu'il enveloppe dans une même proscription les abus plus ou moins fâcheux et le légitime usage des causes finales, il tombe lui-même en une erreur manifeste. Chose singulière, Bacon, quoiqu'il ne soit pas tout-à-fait irréprochable, s'est montré ici beaucoup moins exclusif que Descartes (1). Et, chose plus singulière encore, c'est Gassendi, le restaurateur de la philosophie atomistique, qui défend les causes finales attaquées par Descartes (2). Ne semble-t-il pas que les rôles soient ici renversés! Il est certain du moins que le langage de Descartes a lieu d'étonner dans la bouche de ce philosophe.

On n'est pas moins étonné d'entendre Buffon parler à peu près de la même manière : « Ce n'est point, dit-il, par des causes finales que nous pouvons juger des ouvrages de la nature ; nous ne devons point lui prêter d'aussi petites vues, la faire agir par des convenances morales, mais examiner

---

(1) Voyez plus haut, p. 225 et 226.
(2) *Cinquième objection*, § 60-64. « Vous dites « qu'il ne vous semble pas que vous puissiez, sans témérité, rechercher et entreprendre de découvrir les fins impénétrables de Dieu. » Mais, quoique cela puisse être vrai, si vous entendez parler des fins que Dieu a voulu être cachées ou dont il nous a défendu la recherche, cela néanmoins ne peut s'entendre de celles qu'il a comme exposées à la vue de tout le monde, et qui se découvrent sans beaucoup de travail, et qui d'ailleurs sont telles qu'il en revient une très-grande louange à Dieu, comme à leur auteur (62). »

comment elle agit en effet, et employer, pour la connaître, tous les rapports physiques que nous présente l'immense variété de ses productions. » Et encore : « Dire que nous avons des oreilles et des yeux, parce qu'il y a de la lumière et des sons, n'est-ce pas dire la même chose, ou plutôt que dit-on? » Mais, demanderai-je, à mon tour, avec un savant naturaliste, admirateur éclairé de Buffon (1) : « Montrer que tout, dans l'œil, est admirablement disposé pour voir la lumière, comme tout, dans l'oreille, pour entendre les sons, est-ce là ne rien dire? » Evidemment Buffon commet ici une confusion analogue à celle que nous reprochions tout-à-l'heure à Descartes. Pourtant il parle souvent de but, de vues, de plan, de dessein. Ces mots n'auraient-ils donc aucun sens, ou ne seraient-ils pour lui que des métaphores poétiques? Mais ce ne sont pas seulement les paroles de l'habile écrivain, ce sont aussi les recherches et les découvertes du grand naturaliste (2), qui déposeraient au besoin contre une systématique exclusion de toute idée de finalité ; car elles en sont elles-mêmes une confirmation éclatante (3).

(1) M. Flourens. *Buffon, histoire de ses travaux et de ses idées*, p. 259.
(2) Je ne range pas à coup sûr au nombre de ces découvertes celle qui prétend expliquer les cellules des abeilles par la seule compression réciproque de ces insectes l'un par l'autre. (Voyez l'ouvrage que je viens de citer, p. 127.) On a beaucoup déclamé contre l'abus des causes finales ; n'en est-ce pas un bien plus grand, de vouloir expliquer par des causes purement mécaniques les choses où les fins et l'appropriation des moyens aux fins sont le plus manifestes et le plus admirables, à savoir les merveilles de l'industrie des animaux, et particulièrement des insectes ?
(3) L'illustre Geoffroy Saint-Hilaire parle à peu près le même langage que Descarte et Buffon : « Dieu, disait-il, vous a-t-il pris pour confidents? Etes-vous autorisés à parler pour lui ? » (Voyez *Vie, travaux, et doctrine philosophique d'Etienne Geoffroy Saint-Hilaire*, par son fils, M. Isid. Geoffroy Saint-Hilaire, p. 340). « Au lieu, dit celui-ci, avant de rapporter le passage que je viens de citer, au lieu d'observer ce que Dieu a fait, on *ose* s'imaginer ce qu'il a voulu faire. On affirmera, par exemple, non pas qu'un animal vole, parce qu'il a des ailes ; grimpe, parce qu'il a des ongles acérés ; mais bien qu'il a des ailes, parce qu'il a été *organisé* pour le vol ; des griffes, parce qu'il a été *créé* pour grimper. » Grande audace, en effet, que d'oser affirmer que l'oiseau a des ailes pour voler ! Mais quoi ! cette assertion est-elle une vaine hypothèse, dénuée de tout fondement ? Et vous, qui la condamnez et rejetez avec elle des expressions qui sont dans la bouche de tous les hommes et des naturalistes que n'égare pas l'esprit de système,

Ce n'est pas seulement dans l'étude des êtres organisés, considérés en eux-mêmes, que l'idée de la finalité montre sa valeur et son importance ; c'est aussi dans celle des analogies ou des différences de ces êtres, ou dans ce qu'on appelle l'anatomie et la physiologie comparées, cette grande science, qui devait déjà tant au génie de Buffon, et qui depuis a pris un si merveilleux développement. La diversité même des moyens employés par la nature dans les divers animaux pour produire un effet commun, par exemple, la respiration ou la nutrition, n'est-elle pas une nouvelle preuve que la nature a pour fin cet effet même (1)? Et d'un autre côté, l'uniformité que la science découvre dans la variété des êtres n'éveille-t-elle pas ou ne confirme-t-elle pas l'idée d'un plan ou d'un dessein, simple et varié à la fois, suivi par la nature? Et ces conceptions de finalité et de dessein, qu'un examen comparé des êtres organisés éveille en nous, ne nous servent-elles pas elles-mêmes à nous diriger dans cet examen? C'est ainsi qu'étant donné un organe essentiel et sa fonction dans un certain animal, nous sommes conduits à chercher comment la même fonction est remplie dans les autres espèces d'animaux, ou que, sous les différences apparentes, nous voulons trouver des analogies cachées.

Pourtant on s'est servi de l'anatomie comparée pour en tirer des conclusions toutes contraires à celles que nous venons d'indiquer, c'est-à-dire pour battre en brèche les causes finales, et tenter de substituer partout l'explication mécanique à l'explication téléologique. Kant, qui, sans proscrire la considération des causes finales, dont il restreint, il est vrai, singulièrement la valeur, veut qu'on pousse aussi avant que possible l'explication physique, se plaît à signaler ici certaines tentatives de ce genre, fondées sur des recherches

parce qu'elles désignent une idée que le spectacle de la nature, interprété par l'esprit humain, éveille et confirme en chacun de nous, quelle preuve apportez-vous en faveur de votre opinion? Je ne vois là qu'une négation pure et simple, sans l'ombre d'une raison.

(1) Voyez Dugald-Stewart, op. cit. p. 326.

qui commençaient alors à prendre rang dans la science, mais qui s'y sont depuis largement développées, et y ont donné lieu à de mémorables luttes. Il faut citer ici textuellement, à cause de son importance, le passage où il expose ces tentatives et ces recherches :

« Il est beau, dit-il (1) de parcourir, au moyen de l'anatomie comparée, la grande création des êtres organisés, afin de voir s'il ne s'y trouve pas quelque chose de semblable à un système, dérivant d'un principe générateur... La concordance de tant d'espèces d'animaux dans un certain système commun, qui ne paraît pas seulement leur servir de principe dans la structure de leurs os, mais aussi dans la disposition des autres parties, et cette admirable simplicité de forme qui, en raccourcissant certaines parties et en allongeant certaines autres, en enveloppant celles-ci et en développant celles-là, a pu produire une si grande variété d'espèces, font naître en nous l'espérance, bien faible, il est vrai, de pouvoir arriver à quelque chose avec le principe du mécanisme de la nature, sans lequel, en général, il ne peut y avoir de science de la nature. Cette analogie des formes, qui, malgré leur diversité, paraissent avoir été produites conformément à un type commun, fortifie l'hypothèse que ces formes ont une affinité réelle et qu'elles sortent d'une mère commune, en nous montrant chaque espèce se rapprochant graduellement d'une autre espèce, depuis celle où le principe des fins semble le mieux établi, à savoir l'homme, jusqu'au polype, et depuis le polype jusqu'aux mousses et aux algues, enfin jusqu'au plus bas degré de la nature que nous puissions connaître, jusqu'à la matière brute, d'où semble dériver, d'après des lois mécaniques (semblables à celles qu'elle suit dans les cristallisations), toute cette technique de la nature, si incompréhensible pour nous dans les êtres organisés, que nous nous croyons obligés de concevoir un autre principe. »

(1) Trad. franç. t. II, p. 111.

« Il est permis, continue-t-il, à l'*archéologue* de la nature de se servir des vestiges encore subsistants de ses plus anciennes productions, pour chercher, dans tout le mécanisme qu'il connaît ou qu'il soupçonne, le principe de cette grande famille de créatures (car c'est ainsi qu'il faut se la représenter, si cette prétendue affinité générale a quelque fondement). Il peut faire sortir du sein de la terre, qui elle-même est sortie du chaos (comme un grand animal), des créatures où l'on ne trouve encore que peu de finalité, mais qui en produisent d'autres à leur tour, mieux appropriées au lieu de leur naissance et à leurs relations réciproques, jusqu'au moment où cette matrice se roidit, s'ossifie, et borne ses enfantements à des espèces qui ne doivent plus dégénérer, et où subsiste la variété de celles qu'elle a produites, comme si cette puissance formatrice et féconde était enfin satisfaite. »

« Mais, ajoute aussitôt notre philosophe, il faut toujours en définitive attribuer à cette mère universelle une puissance d'organisation qui ait pour but toutes ces créatures ; sinon, nous ne pourrions concevoir la possibilité des productions du règne animal et du règne végétal. On n'a donc fait que reculer l'explication, et l'on ne peut prétendre avoir rendu la production de ces deux règnes indépendante de la condition des causes finales. »

D'ailleurs, fait-il remarquer encore, l'hypothèse d'un type unique ou primitif duquel sortiraient, par une série de transformations simultanées ou successives, tous les êtres organisés, outre qu'elle ne rendrait pas du tout inutile l'idée des causes finales, n'est pas toujours confirmée par l'expérience.

Ces deux points méritent que nous nous y arrêtions ; car l'hypothèse dont il est ici question a joué, depuis Kant, un grand rôle dans les sciences naturelles, où elle a trouvé d'illustres partisans et de non moins illustres adversaires, et où elle a fourni aux premiers des armes contre la doctrine des causes finales admise par les seconds.

Conformément à cette idée, si nettement indiquée par Kant tout-à-l'heure, d'un type, d'un plan ou d'un dessein unique, d'après lequel la nature aurait formé tous les êtres organisés, particulièrement les animaux, et dont les formes les plus diverses ne seraient que des modifications particulières, de grands naturalistes entreprirent de retrouver dans toute l'échelle des êtres, sous les différences apparentes, les analogies cachées, et de les ramener tous à la loi de l'unité de composition, et l'on sait que cette entreprise les conduisit aux plus curieuses découvertes (1). Mais vinrent d'autres naturalistes, tout aussi grands, qui contestèrent ou du moins restreignirent cette loi de l'unité de composition, appliquée par les premiers à tous les animaux, c'est-à-dire qui, là où ceux-ci n'avaient admis qu'un seul dessein, un seul plan, un seul type, crurent devoir en admettre plusieurs, et bornèrent la loi de l'unité de composition aux diverses espèces d'êtres comprises en chacun d'eux (2). Un dissentiment du même genre éclata à propos de l'idée d'une échelle continue des êtres, également indiquée par Kant : tandis que les uns (3) adoptaient cette idée et en cherchaient la confirmation dans l'étude de la nature, les autres s'appuyaient sur cette même étude pour la contester ou la restreindre, en montrant que l'échelle, au lieu d'être continue, était interrompue chaque fois qu'on passait d'un plan à un autre, et qu'elle n'était réellement continue que dans chacun de ces plans (4).

Je ne prétends pas me faire juge de ces graves débats, et décider, sur la première question, entre Geoffroy Saint-Hilaire et Cuvier ; sur la seconde, entre Cuvier et Bonnet ; je constate

---

(1) Au premier rang de ces naturalistes, il faut citer Etienne Geoffroy Saint-Hilaire. Pour l'histoire des travaux et des découvertes de ce grand naturaliste, et, en général, pour celle de l'idée de l'unité de composition, consultez le pieux et intéressant ouvrage que M. Isid. Geoffroy Saint-Hilaire a consacré à la mémoire de son père, chap. V.

(2) A la tête de cette seconde phalange de naturalistes se place Georges Cuvier. Voyez l'*Analyse raisonnée* de ses travaux, par M. Flourens, p. 240.

(3) Bonnet. Voyez l'ouvrage que je viens de citer, p. 230.

(4) Ibid.

seulement que l'unité de composition et l'échelle continue des êtres, adoptées sans restriction par certains naturalistes, ont été rejetées ou restreintes par d'autres.

Mais, quand on admettrait avec Bonnet, que tous les êtres forment une échelle partout continue, qui va du règne minéral au règne végétal, du règne végétal au règne animal, du règne animal à l'homme; ou, quand on admettrait avec Geoffroy Saint-Hilaire ou Gœthe (1), que tous les êtres organisés sont formés sur un plan unique, dont toutes les formes particulières ne sont que des modifications, en quoi la doctrine des causes finales s'en trouverait-elle ébranlée? Voyons.

On prétend expliquer par la loi de l'unité de composition certaines parties de l'organisation, dont la raison des causes finales ne saurait rendre compte, par exemple, les deux mamelles rudimentaires que l'homme porte sur sa poitrine, ou l'humérus caché sous la peau qui couvre la nageoire des cétacés (2). Soit; mais, s'il y a dans l'organisation certaines choses dont ne rend pas compte la raison des causes finales et qu'explique la loi de l'unité de composition, il y en a bien d'autres que celle-ci est insuffisante à expliquer et dont celle-là rend parfaitement compte. Je le demande, si la loi de l'unité de composition explique les mamelles rudimentaires de l'homme, explique-t-elle celles de la femme, et, en général dans chaque être, l'étonnante appropriation de chacune de ses parties essentielles à leur usage et leur harmonieux concours dans l'œuvre de la vie? et ne faut-il pas, pour s'en rendre compte, avoir recours à un autre principe, à celui des causes finales? Quoi! parce qu'il y a dans l'organisation des choses qu'explique le principe de l'unité de composition, et que n'explique pas,

---

(1) *Œuvres d'histoire naturelle de Gœthe,* traduites par M. Martins. Les mémoires de Gœthe sur l'anatomie comparée, où il développe l'idée d'un type ou d'un modèle universel, ont été composés, à ce qu'il nous apprend lui-même, de 1785 à 1796, mais n'ont été publiés que de 1817 à 1825. — Voyez Isid. Geoffroy Saint-Hilaire, op. cit. p. 144.

(2) Voyez un fort intéressant article, publié en 1836 dans la *Revue des deux mondes* par M. Littré, à propos de la traduction des *Œuvres d'histoire naturelle de Gœthe,* par M. Martins.

directement au moins, celui des causes finales, vous rejetez celui-ci ; mais, à ce compte, les partisans des causes finales seraient tout aussi fondés à rejeter le principe de l'unité de composition, parce qu'il est encore plus loin de tout expliquer. Est-ce que, par hasard, ces deux principes seraient incompatibles, en sorte qu'on ne saurait admettre l'un, sans rejeter l'autre? Nullement. On conçoit très-bien que, dans la production des êtres organisés, la nature poursuive certaines fins, auxquelles elle approprie leurs organes, et qu'en même temps elle procède suivant une loi d'unité, qui établisse entre eux certaines analogies, et y amène certaines formes, qui n'ont pas d'usage déterminé, comme les mamelles rudimentaires de l'homme, ou l'humérus caché dans la nageoire des cétacés (1). Quelle contradiction y a-t-il là ? Bien plus, cette uniformité de plan ou cette unité de composition, qui se révèle jusqu'en certaines formes qui ne répondent à aucun usage déterminé et ne sont là en quelque sorte que pour témoigner de ce principe, ne peut-elle, ne doit-elle pas être elle-même considérée comme une fin de la nature, et par conséquent avec elle tout ce qui en dérive? N'est-elle pas un signe, en effet, que la nature procède suivant un certain dessein, simple autant que varié? Aussi ces expressions de dessein, de plan, de type sont-elles dans la bouche de tous les naturalistes, même de ceux qui se déclarent les adversaires des causes finales (2). Je répète ce que je disais tout-à-l'heure à propos de Buffon : n'ont-elles aucun sens? d'où vient alors qu'on ne peut s'empêcher de les employer? N'est-ce pas plutôt que la régularité des formes

(1) Dans l'article que je viens de citer, M. Littré exprime cette opinion que ce n'est qu'après avoir obéi à la règle qui détermine la forme dans une classe d'animaux, que la nature obéit à la règle de la cause finale, c'est-à-dire approprie l'organe à son usage. Mais, secondaire ou non, cette règle n'est donc pas chimérique? et dès-lors pourquoi déclarer qu'un des résultats positifs de l'anatomie physique est de mettre à néant la doctrine des causes finales ?

(2) M. Littré (*ibid.*) condamne ces expressions d'unité de plan, de dessein ou de type, employées par Gœthe et les autres naturalistes de la même école, et il propose d'y substituer celle de loi de développement. Mais, quelque expression qu'on emploie, on ne fera pas que l'étude et la comparaison des êtres organisés n'éveille en nous une idée de plan, de dessein ou de type.

qu'observe la nature dans ses productions organisées n'a rien de commun avec celles de ses cristallisations ; et que, tandis qu'ici les causes mécaniques suffisent aux explications de la science, là elle ne peut se dispenser de remonter plus haut ?

C'est qu'aussi la régularité, dont il s'agit ici, n'exclut pas la variété : si, dans la production des êtres organisés, la nature suit un plan uniforme, elle le varie aussi de mille manières, et par là elle montre qu'elle n'obéit pas à une loi purement physique, mais qu'elle exécute un savant dessein. Comment expliquer autrement cette étonnante variété d'êtres et de formes qu'elle produit et qu'elle maintient, tout en suivant un plan uniforme qui établit entre eux de profondes analogies? Les naturalistes, auxquels je fais allusion, se préoccupent trop de ce qu'il y a d'uniforme dans les productions organisées de la nature, et ne voient pas assez les différences : ce n'est pas l'unité pure, ce n'est pas non plus la pure variété, c'est la variété dans l'unité, c'est-à-dire une savante harmonie, qui est le caractère de la nature, et c'est là ce qu'il est impossible d'expliquer uniquement par des causes mécaniques (1).

Ainsi la loi de l'unité de composition, eût-elle toute l'extension que lui donnent certains naturalistes, n'exclurait pas le moins du monde celle de la finalité. Mais l'esprit humain est naturellement exclusif : il s'attache à un certain principe ou à un certain ordre de faits qu'il approfondit, mais qu'il exagère et qui l'empêche de voir le reste. C'est là une

---

(1) Dans son *Esquisse d'une philosophie* (tom. IV, liv. xii, chap. viii), M. Lamennais adresse justement le même reproche à la théorie de Geoffroy Saint-Hilaire. « Préoccupé, dit-il, de l'unité, et comme absorbé dans cette grande et magnifique vue des choses, il paraît quelquefois avoir trop oublié que la variété n'est pas moins réelle, qu'elle est enveloppée dans l'unité même, qui sans cela n'étant que l'idéalité absolue, éternelle, exclurait, hors d'un premier fait nécessaire, immuable, correspondant à la notion indéterminée de l'être rigoureusement simple, toute cause, tout effet, toute pensée, tout phénomène. » — Puisque j'ai cité cet ouvrage, j'indiquerai, sur la question des causes finales, le chapitre qui précède celui que je viens de citer.

condition de ses progrès, mais aussi une des principales sources de ses erreurs, et le témoignage éclatant de sa faiblesse en même temps que celui de sa force.

Remarquons d'ailleurs que de leur côté les partisans des causes finales n'ont jamais repoussé absolument le principe de l'unité de composition. Ils ont bien pu le restreindre, mais ils l'ont toujours admis dans certaines limites (1), et, dans ces limites, ils n'ont pas pensé qu'il ébranlât le moins du monde celui des causes finales.

Quant à ces recherches, que Kant désigne sous le nom d'*archéologie de la nature* (2), elles n'infirment pas davantage le principe de la finalité. À la vérité, lorsqu'on étudie les vestiges des révolutions ou des transformations par lesquelles a passé la terre, et qui l'ont amenée à l'état où elle est aujourd'hui, on trouve que, si bien appropriée qu'elle paraisse aux besoins des hommes et des autres êtres organisés, elle semble aussi n'être que l'effet de causes purement physiques, comme les éruptions volcaniques, les inondations, etc.; et, si l'habitation des êtres organisés ne découvre aux yeux de ceux qui en étudient les origines qu'un mécanisme aveugle, n'est-on pas conduit à penser que ces êtres eux-mêmes dérivent du même principe (3)? Mais cette hypothèse est absurde, car la raison se refuse à admettre qu'un être organisé puisse être l'effet de causes purement mécaniques. D'ailleurs l'expérience ne la confirme pas, mais plutôt elle la contredit: on n'a jamais pu constater un seul exemple d'un être vivant produit par une matière morte, par la corruption et la pourriture, et les observations de la science moderne ont dissipé les grossières erreurs sur lesquelles s'étayait la déraisonnable hypothèse des *générations spontanées*. A la vérité encore, en cherchant dans les entrailles de la terre les monuments des plus anciennes productions

---

(1) Selon Cuvier, des vertèbres aux mollusques, des mollusques aux articulés, des articulés aux zoophites, le plan change ; mais dans chacun de ces quatre embranchements il est le même. Voyez Flourens, op. cit.

(2) Voyez sur cette expression la note de Kant, p. 128 de ma traduction.

(3) P. 127-128.

organisées de la nature, on a reconnu que les premiers êtres organisés qu'elle produisit n'étaient que de grossières ébauches, que remplacèrent successivement des productions de moins en moins imparfaites, jusqu'à ce qu'arrivât sur la terre l'homme et toutes les espèces d'animaux qui l'habitent maintenant avec lui. Mais que conclure de là contre le principe de la finalité ? Si grossièrement organisés que fussent les premiers animaux qui parurent sur la terre, ce n'en était pas moins des essais d'organisation, et par conséquent quelque autre chose que l'effet d'un mécanisme aveugle. Ensuite ce progrès, qu'accomplit la nature dans la production d'une organisation de plus en plus parfaite, jusqu'à ce qu'elle arrive à celle d'espèces qui ne doivent plus dégénérer, ne prouve-t-il pas qu'elle ne procède point sans dessein et sans but? On a voulu induire de là l'existence d'un type primitif, duquel seraient sortis, par une série de transformations successives, tous les êtres organisés. Comme Kant le remarque (1), cette hypothèse n'est pas précisément absurde, comme celle qui ferait sortir l'organisation de la matière inorganique (2); car elle ne voit dans tout être organisé que le produit d'un autre être organisé (3), quoiqu'elle prétende dériver d'un même principe des êtres spécifiquement différents, comme si, par exemple, certains animaux aquatiques se transformaient peu à peu en animaux marécageux, et ensuite, après quelques générations, en animaux terrestres (4). Seulement, comme Kant l'a très-bien remarqué encore, l'observation ne la confirme pas davantage. En effet, on sait que les êtres produits sont toujours de la même espèce que ceux qui les produisent (5), et que, si parfois des êtres d'espèces différentes peuvent produire ensemble quelque individu bâtard, la nature

---

(1) Voyez la note de la p. 113.
(2) C'est ce qu'il appelle *generatio æquivoca*.
(3) *Generatio univoca.*
(4) *Generatio heteronyma.*
(5) *Generatio homonyma.*

le condamne à la stérilité (1). C'est là une loi qu'elle n'enfreint jamais. Et l'examen des débris de ses plus anciennes productions ne prouve pas qu'elle l'ait jamais enfreinte. On voit bien des espèces différentes se succéder les unes aux autres, mais non pas s'engendrer; et, lorsque l'homme paraît enfin sur la terre, si on lui trouve des antécédents, on ne lui trouve pas d'aïeux. Mais, quoi qu'il en soit, il faut conclure ici, comme tout-à-l'heure, qu'on ne peut se dispenser d'avoir recours au principe de la finalité, pour expliquer l'origine des êtres organisés.

Kant veut même (2) qu'on y rattache les changements qui peuvent survenir dans leurs formes, lorsqu'ils sont héréditaires; car ce serait, dit-il, ébranler la force de ce principe et en rendre l'application désormais incertaine que d'admettre dans les propriétés que se transmettent les êtres organisés quelque chose qui en soit indépendant.

Il a raison, mais pourquoi lui-même ne veut-il voir dans ce principe qu'une maxime de réflexion, sans valeur objective?

Une question se présente ici, que je veux lui laisser le soin de poser et de résoudre (3). Faut-il admettre que la cause suprême du monde produit immédiatement chaque être organisé, conformément à son type, à l'occasion de chaque accouplement matériel? C'est la théorie de l'*occasionalisme*. Ou bien cette cause a-t-elle mis dans les productions primitives de sa sagesse ces dispositions qui font qu'un être organisé produit son semblable, que l'espèce se conserve toujours, et que la nature est sans cesse occupée à réparer la perte des individus, qu'elle travaille sans cesse à détruire? Telles sont, en général, les deux alternatives entre lesquelles se trouvent placés ceux qui rapportent

---

(1) Voyez plus haut, p. 190.
(2) Trad. franç., t. 2, p. 114.
(3) § LXXX. — p. 117.

la production des êtres organisés à un principe téléologique.

Or, la première est en quelque sorte une négation de la nature et un abandon de la philosophie. Quant à la seconde, on peut l'entendre de deux manières, ou faire deux hypothèses : dans l'une, les individus; dans l'autre, les espèces seules sont *préformées*. Les partisans de la première hypothèse ne font pas preuve d'une grande conséquence d'esprit en repoussant l'occasionalisme. Ils veulent éviter le défaut de cette doctrine, qui est d'abandonner du premier coup toute explication naturelle; mais prétendre que Dieu, au commencement du monde, a préformé tous les individus, et que l'accouplement ne sert qu'à déterminer leur développement, c'est toujours avoir recours à une explication surnaturelle. La question de temps ne fait rien ici. L'hypothèse de l'occasionalisme est même plus simple, car elle épargne à Dieu toutes ces dispositions nécessaires pour conserver jusqu'au moment de son développement l'embryon formé au commencement du monde. En outre, comment expliquer les monstres? Dira-t-on qu'ils sont destinés à inspirer aux hommes un triste étonnement? Comment expliquer les bâtards? Le mâle aura-t-il, en s'accouplant avec une femelle d'une autre espèce, la vertu formatrice qu'on lui refuse avec les femelles de sa propre espèce? Il faut donc rejeter cette théorie de la *préformation individuelle* (1); reste celle de la *préformation générique*, que l'on désigne sous le nom d'*épigénèse*. Elle a pour elle l'expérience et la raison. En reconnaissant dans les êtres organisés une certaine puissance productrice, quant à la propagation du moins, elle abandonne à la nature tout ce qui suit le premier commencement, et n'invoque une explication surnaturelle que pour ce premier commencement, contre lequel échoue, en effet, toute explication purement physique. Kant se plaît à rendre ici hommage au génie de Blumenbach qui, selon son expression, a fait plus que personne pour cette théorie. Repoussant l'hypothèse absurde qui fait sortir l'organisation

---

(1) Kant l'appelle encore théorie de l'*évolution*.

de la matière brute, c'est-à-dire la vie de la mort, il admet une organisation primitive, à laquelle Dieu accorde, en la produisant, la puissance de se reproduire (1).

La théorie de Blumenbach a ainsi, selon Kant, l'avantage de n'exclure ni le principe téléologique, auquel il faut en effet remonter pour expliquer l'origine des êtres organisés, ni le mécanisme de la nature, qu'il faut nécessairement adjoindre à ce principe; car, sauf les premiers êtres sortis de la main du Créateur, les êtres organisés sont des productions de la nature, et non des effets immédiats d'une cause surnaturelle. C'est ainsi que Kant veut que l'on concilie le principe téléologique et le principe mécanique dans la considération et l'explication des êtres organisés. Il aurait tout-à-fait raison, si lui-même, comme nous le lui avons déjà tant de fois reproché, n'enlevait au principe téléologique toute valeur objective.

Revenons sur nos pas. Nous avons indiqué le rôle et la valeur du principe des causes finales dans l'anatomie et la physiologie comparées. Aux analogies que cette science découvre dans la variété des organisations, il faut joindre les relations qui unissent les êtres organisés soit les uns aux autres, soit à la nature inorganique, et où intervient également le principe de la finalité. Nous avons dit plus haut qu'on ne pouvait reconnaître, dans l'organisation de certains êtres, une finalité de la nature, sans supposer en même temps entre ces êtres et les autres êtres organisés, ou, en général, les choses au milieu desquelles ils sont destinés à vivre, des rapports de convenance et d'harmonie; et nous avons ajouté que l'observation confirmait cette vue de l'esprit,

(1) Voyez, sur la question de l'origine des êtres organisés et les questions particulières qui s'y rattachent, une remarquable note de M. Peisse dans son édition des *Rapports du physique et du moral* de Cabanis (p. 480). J'aurais bien quelques réserves à faire sur les idées qu'elle contient ; mais ceux qui veulent traiter ce genre de questions d'une manière vraiment philosophique ne la liront pas sans intérêt et sans profit.

qui sert aussi à la diriger. Au premier rang de ces rapports, il faut ranger les relations des sexes qui ont pour but la propagation de l'espèce, et celles de la mère avec sa progéniture, qui ont pour but la satisfaction des premiers besoins de celle-ci. La finalité n'est-elle pas là évidente, et n'entre-t-elle pas dans la science, comme moyen d'explication, en même temps qu'elle nous y sert de guide? J'en dirai autant de beaucoup d'autres rapports qui lient les êtres organisés soit entre eux, soit avec les choses qui composent la nature inorganique, comme la terre, l'eau, l'air, etc. Aussi, étant donnée l'organisation d'un certain être, peut-on en déduire le genre de vie auquel il est destiné et l'espèce de nourriture qui lui convient; et, réciproquement, étant donné le genre de vie d'un certain animal et l'espèce de nourriture qui lui convient, peut-on en déduire son organisation. Ici donc encore il ne faut pas exclure de la science le principe de la finalité. Mais, nous l'avons déjà dit, c'est surtout dans la détermination des rapports de finalité qui lient les êtres organisés soit entre eux, soit avec la nature inorganique, que l'on doit prendre garde de substituer des conjectures et des hypothèses aux vrais desseins de la nature, et en général l'explication téléologique à l'explication physique.

En passant de l'organisation aux autres phénomènes de la nature, nous touchons à un ordre de choses et de sciences tout différent. Kant a fait une remarque importante, qu'il est bon de rappeler ici; c'est que les êtres organisés sont les seuls dont l'explication nous force directement d'avoir recours au principe de la finalité, tandis que les autres choses de la nature n'exigent point par elles-mêmes une explication fondée sur ce principe (1). A la vérité, nous concevons qu'il doit y avoir entre elles et les êtres organisés une certaine convenance, sans laquelle ceux-ci ne pourraient ni naître, ni vivre, c'est-à-dire certains rapports de finalité; mais, à les considérer en

---

(1) Voyez plus haut, p. 191.

elles-mêmes, nous n'avons pas besoin, pour les expliquer, comme cela est nécessaire à l'égard des êtres organisés, d'avoir recours à quelque idée de ce genre. Cette remarque jette un grand jour sur la question qui nous occupe en ce moment, de savoir quel rôle doit jouer dans la science de la nature le principe de la finalité ; car elle nous avertit que ce rôle ne peut être dans les parties de cette science qui n'ont pas pour objets les êtres organisés, comme la minéralogie, la physique proprement dite, la chimie, l'astronomie, etc., ce qu'il est dans l'anatomie et la physiologie. S'agit-il, par exemple, d'expliquer l'organisation de l'homme, ou seulement un de ses organes, nous sommes forcés de faire intervenir dans notre explication l'idée de but et de finalité ; comment expliquer autrement la conformation de l'œil, par exemple, ou celle du corps tout entier ? Mais s'agit-il d'expliquer la composition chimique de l'eau que nous buvons, de l'air que nous respirons, ou tel phénomène physique, l'ascension d'un liquide dans un tube, nous n'avons pas besoin de faire intervenir une idée de ce genre. C'est ici qu'il serait tout-à-fait contraire aux intérêts de la science de prétendre substituer l'explication téléologique à l'explication naturelle. Je ne parle pas de l'horreur de la nature pour le vide, par laquelle on a cru longtemps expliquer le fait physique que je viens de citer : on s'est trop servi de cet exemple comme d'une arme contre l'emploi des idées métaphysiques, particulièrement de celle des causes finales, dans la physique ; c'était là tout simplement une idée creuse, chimérique, aussi indigne de la métaphysique que de la physique. Mais aura-t-on expliqué aux yeux de la science l'air qui nous environne, en alléguant le besoin qu'en ont les êtres organisés, qui ne sauraient vivre sans lui ; ou bien les mouvements de rotation de la terre sur elle-même et autour du soleil, en invoquant l'utilité qu'apportent aux habitants de la terre la succession des jours et des nuits et celle des saisons ? Evidemment elle ne se contenterait pas d'une pareille explication. Elle veut qu'on cherche d'abord de quels éléments se compose l'air que nous respirons, et qu'on pousse cette recherche aussi loin que possible, ou, s'il s'agit des mouvements de la terre, en vertu de quelle loi mécanique elle tourne autour du soleil et sur elle-même ; et, de peur que l'explication téléologique ne nuise à l'explication physique qu'elle poursuit, elle n'admet ordinairement que cette dernière. Mais est-ce à dire que le principe de la finalité n'ait ici aucun rôle ? Il ne faut rien exagérer. D'abord l'idée de l'unité et de la simplicité, de la sagesse et de l'économie, qui doivent présider aux lois de la nature, n'intervient-elle pas dans la physique même ? Sans doute l'application de cette idée ne suffit pas à l'explication d'un phénomène, et elle ne doit pas nous empêcher de rechercher comment il s'explique mécaniquement ; mais ne nous sert-elle pas aussi de guide dans l'étude de la nature, et ne peut-elle pas se joindre heureusement à l'explication mécanique elle-même ? C'est qu'aussi cette explication ne donne pas la raison supérieure des choses et des lois de la nature : par conséquent, si loin qu'on la pousse, elle reste toujours incomplète et insuffisante. Vous avez beau m'expliquer physiquement les éléments et les phénomènes de la nature, vous ne satisfaites pas mon esprit, qui se demande aussi à quelle fin ces éléments et ces phénomènes sont ainsi disposés. Or, si l'on me montre quelle harmonie, quelle concordance il y a entre eux et les êtres organisés, on satisfait en partie ce besoin ; et, comment le nier ? on m'en donne une explication plus élevée. Vous me dites que l'air que nous respirons est composé d'oxigène et d'azote, et vous m'expliquez par quel concours de causes il arrive à se former ; fort bien, je sais de quels éléments il se compose et comment il se forme ; mais un autre, ajoutant qu'il est précisément ce qu'il faut qu'il soit pour que les êtres organisés puissent respirer et vivre, et me montrant comment l'un des deux éléments dont il se compose serait mortel sans l'autre, et comment tous deux réunis concourent à entretenir la vie, trouve dans cette convenance ou dans cette harmonie une raison qui couronne, sans la détruire, l'explication physique, est-ce que mon esprit n'en est pas plus satisfait et plus instruit? Est-ce qu'en général l'étude des harmonies de la nature, quoiqu'on en ait quelquefois abusé (1), ne nous révèle rien au-delà d'un mécanisme aveugle? Sans doute les phénomènes de la nature veulent être expliqués physiquement; mais, comme en définitive les lois auxquelles nous les ramenons, même celle de la gravitation universelle, qui est la plus élevée de toutes, sont toujours contingentes, il est légitime et même nécessaire d'en chercher une raison plus élevée dans un principe supérieur à celui d'un aveugle mécanisme, dans une idée de convenance et d'harmonie. Aussi Newton, qui, en découvrant la loi de la gravitation universelle, avait donné du problème du monde une solution mécanique, ne manquait pas néanmoins de s'incliner, toutes les fois qu'il entendait prononcer le nom de Dieu, c'est-à-dire d'une cause intelligente du monde (2). Les physiciens et les astronomes ont donc raison, lorsqu'ils cherchent à expliquer les choses mécaniquement; mais ils ont tort, lorsqu'ils oublient qu'eux-mêmes sont guidés dans l'étude de la nature par certaines conceptions supérieures, et que l'explication physique n'exclut pas une explication plus élevée. Que, dans l'intérêt de la science, on distingue, on sépare même ces deux ordres de considérations, et que, comme le voulait

---

(1) Nulle part cet abus n'a été poussé plus loin que dans l'ouvrage de Bernardin de Saint-Pierre : *Des harmonies de la nature.* — Le traité de l'*Existence de Dieu*, de Fénelon, est loin aussi d'être exempt de ce défaut. — Je ne parle pas des anciens, chez qui la science de la nature était encore si peu avancée.

(2) Newton fait même de la recherche des causes finales le principal objet de la philosophie naturelle : « Le principal objet de la philosophie naturelle, dit-il (Optique, question 28), est de raisonner sur les phénomènes sans imaginer des hypothèses, de remonter des effets aux causes, jusqu'à ce qu'on arrive à la première cause de toutes, laquelle n'est certainement pas mécanique; et non-seulement d'expliquer le mécanisme du monde, mais surtout de résoudre des questions telles que celles-ci : D'où vient que la nature ne fait rien en vain, et d'où naissent cet ordre et cette beauté que nous voyons dans l'univers? — Comment se fait-il que les corps des animaux soient construits avec tant d'art, et pour quelle fin ont été disposées leurs diverses parties? L'œil a-t-il été formé sans la science de l'optique, et l'oreille sans la connaissance de l'acoustique? »

Bacon et dans le sens où il l'entendait, on renvoie la considération des causes finales de la physique à la métaphysique; soit : mais qu'on sache au moins lui faire sa part, car l'une n'exclut pas l'autre, et la vraie méthode consisterait à les allier toutes deux en une juste mesure.

C'est celle que recommande Leibnitz, et je ne puis mieux conclure qu'en invoquant l'autorité de ce vaste et puissant génie.

« Quand je cherchai, dit-il quelque part (1), les dernières raisons du mécanisme et des lois mêmes du mouvement, je fus tout surpris de voir qu'il était impossible de les trouver dans les mathématiques, et qu'il fallait retourner à la métaphysique. »

Et encore (2) : « Je me flatte d'avoir pénétré l'harmonie des différents règnes, et d'avoir vu que les deux partis (3) ont raison, pourvu qu'ils ne se choquent pas; que tout se fait mécaniquement et métaphysiquement en même temps dans les phénomènes de la nature; mais que la source de la mécanique est dans la métaphysique. Il n'était pas aisé de découvrir ce mystère, parce qu'il y a peu de gens qui se donnent la peine de joindre ces deux sortes d'études. »

Ailleurs (4) : « Bien loin d'exclure les causes finales et la considération d'un être agissant avec sagesse, c'est de là qu'il faut tout déduire en physique. C'est ce que Socrate, dans le Phédon de Platon, a déjà admirablement remarqué, en raisonnant contre Anaxagore et autres philosophes trop matériels, lesquels, après avoir reconnu d'abord un principe intelligent au-dessus de la matière, ne l'emploient point quand ils viennent à philosopher sur l'univers, et, au lieu de faire voir que cette intelligence fait tout pour le mieux, et que c'est là la raison des choses qu'elle a trouvé bon de produire con-

---

(1) Desmaizeaux, II, 134.
(2) Ibid.
(3) Les métaphysiciens qui emploient les vues *a priori*, et les physiciens qui ne s'appuient que sur l'expérience.
(4) Ed. Erdmann, p. 106.

formément à ses fins, tâchent d'expliquer tout par le seul concours des particules brutes, confondant les conditions et les instruments avec la véritable cause (1)...... J'accorde que les effets particuliers de la nature se peuvent et se doivent expliquer mécaniquement, sans oublier pourtant leurs fins et usages admirables que la Providence a su ménager ; mais les principes généraux de la physique et de la mécanique même dépendent de la conduite d'une intelligence souveraine et ne sauraient être expliqués sans les faire entrer en considération. »

C'est un fait reconnu par Kant que nous sommes forcés de concevoir toutes les créatures organisées, et en général toutes les choses qui existent dans le monde, comme formant un système de moyens et de fins. Or, dès que nous concevons que non-seulement dans chaque être organisé chaque organe a sa fin, mais que dans le monde en général chaque chose a la sienne, il nous est impossible de ne pas supposer aussi que le tout lui-même existe pour une fin suprême, à laquelle toutes les autres sont subordonnées, et qui est ainsi le but final de l'univers. Une nouvelle question se présente donc ici, de savoir quelle est cette fin suprême, ce but final pour lequel le monde existe. Est-ce une fin physique, comme par exemple

(1) Le reproche que Platon adresse à Anaxagore, dans l'admirable passage cité par Leibnitz, peut être fondé en un sens ; mais lui-même ne tombe-t-il pas dans une autre exagération, fatale à la science de la nature, en se préoccupant des causes finales, souvent même de causes finales chimériques, à l'exclusion ou au préjudice des causes physiques ? Sans doute le principe du bien ou de la cause finale est la raison suprême des choses ; mais, tout en le reconnaissant, et même en cherchant à l'appliquer, on ne doit pas, si l'on veut pénétrer dans la connaissance de la nature, négliger la recherche des causes physiques. Peut-être Anaxagore n'a-t-il pas tiré le meilleur parti possible du principe qu'il avait le premier proclamé ; mais il a aussi le mérite de n'avoir pas sacrifié à ce principe la considération des causes naturelles, et d'avoir voulu éviter ainsi le vice où, comme Bacon le remarque avec raison (*De Augmentis*, lib. III, cap. IV, 8-13), l'abus de ce principe a trop souvent conduit la philosophie de Platon et celle d'Aristote. — Voyez l'excellente *Dissertation* de M. Zévort *sur la vie et la doctrine d'Anaxagore*.

la jouissance, ou une fin d'un ordre plus élevé ; et cette fin, est-il possible de la déterminer ? Cette question, qui n'aurait pas de sens, si l'on ne voyait dans le monde qu'un mécanisme aveugle, s'élève irrésistiblement dans l'esprit, lorsqu'on ne s'arrête pas à ce principe. Kant ne pouvait manquer de la poser, et voici comment il la résout (1).

Si par but final du monde il faut entendre une fin au-delà de laquelle il soit impossible de remonter, c'est-à-dire une fin qui ne suppose rien autre chose qu'elle-même, et qui soit ainsi, comme dit Kant, inconditionnelle, il est évident qu'on ne peut trouver dans le monde aucun être qui, comme chose de la nature, puisse prétendre à ce rang. L'homme lui-même, le seul être pourtant sur la terre qui puisse concevoir ce que c'est qu'une fin et un système de fins, n'a pas le droit de se regarder comme le but dernier de la nature, tant qu'il ne s'élève pas au-dessus des conditions mêmes de la nature ; et, puisqu'en effet il prétend à ce titre, si cette prétention est légitime, ce ne peut être sous ce rapport. Et c'est ce qu'atteste l'expérience.

Qu'on cherche si le but final de la nature peut être placé dans le bonheur de l'homme. Qu'est-ce que le bonheur (2)? Un idéal que chacun conçoit à sa manière, suivant ses sens et son imagination et selon les circonstances où il se trouve, mais que nul ne peut atteindre. En effet, la nature extérieure ne se règle pas sur nos désirs, et ces désirs sont tellement fantastiques et changeants que, si la nature travaillait à s'y conformer, il serait impossible qu'elle demeurât soumise à des lois fixes et universelles. Mais, quand même on ne comprendrait sous le nom de bonheur que la satisfaction des vrais besoins de notre nature, nous ne l'atteindrions pas encore ; car, je le répète, la nature extérieure ne s'accommode pas à nos

---

(1) § LXXXII et LXXXIII. — P. 131-143.
(2) Sur l'idée du bonheur, voyez les *Fondements de la métaphysique des mœurs*, et la *Critique de la raison pratique*, traduction française, pp. 16, 18, 22, 53, etc.

désirs même les plus légitimes, et puis nous sommes ainsi faits que nous ne pouvons nous borner et nous contenter. « D'un autre côté, ajoute Kant (1), tant s'en faut que la nature ait traité l'homme en favori, que, dans ses funestes effets, la peste, la famine, l'inondation, le froid, l'hostilité des autres animaux, grands et petits, etc., elle ne l'épargne pas plus que tout autre animal. » Et de plus la lutte des penchants de sa nature le jette en des tourments qu'il se forge à lui-même et dont il accable ses semblables. Ce n'est donc pas sous ce rapport que l'homme peut être considéré comme le but final de la nature.

Dans tous les cas, il serait impossible de placer ce but final dans le bonheur, car le bonheur est soumis lui-même à une condition, à savoir que nous nous en rendions dignes par la moralité de notre conduite.

Or, c'est précisément dans cette faculté que nous avons de nous rendre dignes du bonheur, ou dans la liberté morale, qui a pour effet d'assurer dans l'homme l'empire de la raison, indépendamment du concours et en dépit des obstacles de la nature, et qui seule peut donner quelque valeur à notre vie, car seule elle dépend véritablement de nous, c'est dans cette faculté, dis-je, et en elle seule, qu'il faut placer le but final de la création. Elle seule, en effet, est inconditionnelle ; car elle ne relève pas de la nature, mais de la raison ; et, loin de dépendre elle-même d'aucune autre condition, la raison y subordonne au contraire toute autre fin, comme le bonheur, ou même la culture de nos facultés, par exemple de l'intelligence ou du goût. Sans doute ce genre de culture élève déjà l'homme au-dessus de la vie animale : tout en attirant sur lui des maux véritables, il le police et le civilise (2) ; mais il n'est encore qu'une préparation à quelque chose, à quoi il est lui-même subordonné, comme le bonheur, je veux dire à la raison pratique, ou à la liberté morale ; et par conséquent il ne peut être considéré non plus comme le but final de

(1) P. 132.
(2) P. 135-138.

la création. Il en est de même, à plus forte raison, du bonheur : on ne peut donc pas dire que la cause suprême du monde, en créant le monde et en nous y donnant le premier rang, a eu immédiatement pour but de produire des créatures heureuses, mais, ce qui vaut mieux, des créatures dignes de l'être; car le bonheur n'est lui-même qu'une fin conditionnelle, et ce n'est qu'à titre d'être moral que l'homme peut être considéré comme but final du monde.

En passant de l'homme physique à l'homme moral, nous passons d'un monde à un autre, de l'ordre de la nature à celui de la liberté ou de la raison. Les fins auxquelles il tend sous le premier point de vue, et le bonheur, qui les résume toutes, comme en général toutes celles qui se rattachent à la nature, ne peuvent être déterminées que par l'expérience ; au contraire, la fin ou la destination que lui assigne la raison, en dictant des lois à sa volonté, puisqu'elle dérive de la raison même, peut être déterminée *à priori*. Or, on peut essayer de remonter à la cause suprême du monde et d'en déterminer la nature par la considération des fins physiques, ou par celle de la destination morale de l'humanité. En termes techniques, on peut essayer de fonder la théologie sur la téléologie physique ou sur la téléologie morale. Dans le premier cas, la théologie est physique ; elle est morale dans le second. Kant est donc ainsi conduit à examiner ces deux espèces de théologie, ou de preuves de l'existence de Dieu. Nous voici ramenés nous-mêmes à la question que nous avions ajournée à dessein, de l'usage que l'on peut faire de la finalité de la nature dans la théologie naturelle. Ecartant, autant que possible, toute idée de Dieu, ou du principe suprême de la finalité qui règne dans le monde, j'ai voulu me borner d'abord à établir en elle-même l'existence de cette finalité, et à rechercher quelle est la valeur et quel est l'usage de cette sorte de considération. Mais les rapports de finalité que renferme la nature se suffisent-ils à eux-mêmes? Ne nous forcent-ils pas à remonter à une cause intelligente de la nature, distincte de la nature elle-même, c'est-à-dire à Dieu ? Et qu'en pouvons-nous légitimement conclure relativement aux attributs de cette cause? En un mot, quel usage peut-on faire des causes finales dans la théologie naturelle? C'est ici la question de l'argument qu'on appelle des causes finales, ou des preuves physiques de l'existence de Dieu. Cette question, qu'il avait déjà résolue dans la *Critique de la raison pure*, Kant la traite ici avec de nouveaux développements. Nous allons voir ce que la *Critique du Jugement* nous enseigne à ce sujet.

II.

DES PREUVES DE L'EXISTENCE DE DIEU, TIRÉES DE LA FINALITÉ DE LA NATURE.

« Cet argument mérite d'être toujours rappelé avec respect. C'est le plus ancien, le plus clair, et celui qui convient le mieux à la raison de la plupart des hommes. Il vivifie l'étude de la nature, en même temps qu'il y puise toujours de nouvelles forces. Il conduit à des fins que l'observation par elle-même n'aurait pas découvertes, et il étend nos connaissances actuelles.... Ce serait donc vouloir non-seulement nous retirer une consolation, mais tenter l'impossible, que de prétendre enlever quelque chose à l'autorité de cette preuve. La raison, incessamment élevée par des arguments si puissants et qui s'accroissent sans cesse, ne peut être tellement rabaissée par les incertitudes d'une spéculation subtile et abstraite, qu'elle ne doive être arrachée à toute irrésolution sophistique, comme à un songe, à la vue des merveilles de la nature et de la structure majestueuse du monde, pour parvenir de grandeur en grandeur jusqu'à la grandeur suprême. »

C'est en ces termes magnifiques que, dans la *Critique de la raison pure* (1), Kant célébrait l'argument des causes finales.

Il en parle ici à peu près de la même manière (2) : « L'argument qui se tire de la téléologie physique est digne de respect. Il convainc le sens commun comme le plus subtil penseur, et Reimar s'est acquis un honneur immortel par cet ouvrage, qui n'a pas encore été surpassé, où il développe abondamment cette preuve avec la solidité et la clarté qui lui sont propres. »

Et ce n'est pas seulement dans ses écrits, c'est aussi dans la vie ordinaire qu'il se montrait sensible à cette espèce d'argu-

---

(1) *Dialectique*, liv. II, chap. III, sect. 6.
(2) *Critique du Jugement*. Trad. franç., t. II, p. 317.

ment. Il ne se rappelait pas sans émotion ces naïfs entretiens, où sa mère, femme d'un esprit élevé, sinon d'une grande instruction, conduisant le jeune Emmanuel en face des beautés de la nature, comme fit le Vicaire savoyard pour Emile, cherchait à lui faire sentir la grandeur, la puissance et la bonté divines, en lui expliquant de son mieux les merveilles de la création, jusqu'à ce que lui-même, devenu plus instruit, se fît à son tour le précepteur de sa mère et lui montrât plus clairement encore Dieu dans ses œuvres (1). Bien plus tard, après avoir fondé une nouvelle philosophie, où il avait fait une si large part au scepticisme, il aimait encore à développer devant ses amis l'argument des causes finales, et plus d'une fois, après leur avoir expliqué quelque merveille de la nature, il s'écria tout ému : Oui, mes amis, il y a un Dieu (2) !

Pourquoi faut-il que l'esprit de système l'ait conduit à ruiner au fond un argument auquel, comme Socrate (3), comme Cicéron (4), comme Fénelon (5), comme Rousseau (6), comme Voltaire lui-même (7), il accordait une si grande autorité (8) ?

(1) Voyez, dans les *Fragments littéraires* de M. Cousin, l'histoire des dernières années de la vie de Kant. Ed. in-8°, p. 394.
(2) Ibid. 410-411.
(3) Voyez les *Entretiens mémorables de Socrate*, par Xénophon, liv. I, chap. XIX.
(4) Voyez ses Œuvres philosophiques, particulièrement le *De natura Deorum*.
(5) *Traité de l'existence et des attributs de Dieu ; Première partie : Démonstration de l'existence de Dieu, tirée du spectacle de la nature et de la connaissance de l'homme.* Cette première partie parut seule d'abord ; la seconde, où Fénelon suit la méthode et les principes de Descartes, ne fut publiée que plus tard.
(6) *Émile, Profession de foi du Vicaire savoyard.* « Où le voyez-vous exister (Dieu)? m'allez-vous dire. Non-seulement dans les cieux qui roulent, dans l'astre qui nous éclaire ; non-seulement dans nous-mêmes, mais dans la brebis qui paît, dans l'oiseau qui vole, dans la pierre qui tombe, dans la pierre qu'emporte le vent. »
(7) Voyez particulièrement le *Dictionnaire philosophique*, articles : *Athéisme, Bien, Causes finales, Nature* ; et, dans les *Contes philosophiques*, l'*Histoire de Jenni* ou l'*Athée et le Sage*. M. Bersot a réuni dans un excellent recueil, intitulé *Philosophie de Voltaire*, tout ce que ce grand esprit a écrit de plus beau sur la question de l'existence et des attributs de Dieu.
(8) Outre les grands noms que je viens d'indiquer, une foule d'écrivains, à la fois savants et philosophes, ont développé l'argument des causes finales en des ouvrages spéciaux, entr'autres : Boyle, que j'ai déjà eu occasion de citer, *Traité des causes finales*. Il fonda par son testament (1691) une lecture annuelle sur les

Mais, si l'on peut reprocher à la critique de Kant d'avoir ici exagéré le scepticisme, il faut la louer aussi d'avoir, pour la première fois peut-être, soumis cet argument à un examen sévère, et d'avoir entrepris d'en déterminer exactement la portée, en le séparant soigneusement de tout autre, et en le renfermant dans ses propres limites. Et il est vrai de dire que, sauf la conclusion sceptique qui domine tout ce travail, Kant y a merveilleusement réussi.

Manque d'une pareille critique, la plupart des philosophes, qui ont employé et développé l'argument des causes finales, en ont tiré des conséquences qu'il ne contient pas, prenant des inductions plus ou moins fondées pour des résultats solidement établis, ou confondant avec les vraies conclusions de cet argument des idées puisées à une autre source, et compromettant par là ce qu'ils voulaient prouver.

Il était donc nécessaire de ramener à ses vraies limites l'argument des causes finales, en faisant soigneusement abstraction de toute induction arbitraire ou de toute idée venue d'ailleurs, et de chercher ce que, en le considérant ainsi, on en peut légitimement conclure. C'est là le travail que Kant

principales vérités de la religion naturelle et révélée. — C'est à cette fondation même que l'on doit, outre les traités de Clarke et de Bentley, les deux ouvrages de Derham : *Théologie physique*, 1713, et *Théologie astronomique*, 1714. — Nommons encore le savant naturaliste Ray, *La sagesse de Dieu manifestée dans les œuvres de la création*, en anglais, 1691 ; et Nieuwentit, *De l'existence de Dieu démontrée par les merveilles de la nature*, cité par Rousseau en des termes qui exagèrent une idée juste (*Profession de foi du Vicaire savoyard*; voyez, dans l'édition qu'en a donnée récemment M. Cousin, la note qui se rapporte à ce passage de Rousseau). — Reimar, cité par Kant avec éloge, est l'auteur d'un *Traité des principales vérités de la religion naturelle*, et d'un ouvrage intitulé : *Observations physiques et morales sur l'instinct des animaux*. — A l'exemple de Boyle, un auteur anglais, François Henri, comte de Bridgewater, mort en 1829, mit par son testament à la disposition du président de la Société royale de Londres une somme de 8,000 livres sterlings (200,000 fr.), à titre d'encouragement pour un ou plusieurs auteurs auxquels le président confierait l'exécution d'ouvrages ayant pour but de démontrer la puissance, la sagesse et la bonté de Dieu manifestées dans les œuvres de la création. On désigna huit savants, qui furent chargés de faire concourir à la religion naturelle les sciences physiques et mathématiques, avec tout leur ensemble de travaux et de découvertes modernes. Voyez la traduction française du traité de Buckland.

entreprit, et que, je le répète, sauf le point capital que je viens de rappeler, il accomplit admirablement. Déjà, dans la *Critique de la raison pure* (1), il avait indiqué les résultats de ce travail; il se plaît ici à les reprendre et à les développer (2).

Il s'agit de savoir quelles conclusions on peut tirer du spectacle de la finalité de la nature relativement à l'existence et aux attributs d'une cause intelligente du monde. Cette espèce d'argument est *à posteriori*, et la théologie qui s'y fonde est, comme l'appelle Kant, une théologie physique. Pour savoir ce dont elle est capable par elle-même, il faut donc nous supposer privés de toute idée autre que celle que nous en pouvons rigoureusement conclure. Dans le fait, il y a au fond de notre raison une idée d'un être infini et parfait, que le spectacle de la nature peut bien éveiller en nous, mais qu'il ne produit pas, qu'il confirme plutôt qu'il ne la prouve ; et c'est ordinairement cette idée qui dirige les philosophes, même à leur insu, dans les conclusions théologiques qu'ils pensent tirer de l'observation de la nature. Mais il en faut faire complètement abstraction, si l'on veut déterminer exactement la valeur et la portée de l'argument des causes finales, considéré comme preuve *à posteriori*, c'est-à-dire restreint aux seules données de la nature et aux justes conclusions qu'il est permis d'en tirer.

Mais, avant de montrer avec Kant la portée de cet argument, rétablissons-en contre lui la valeur objective ; car, si nous nous rapprochons de ce philosophe sur l'un de ces points, nous nous en séparons complètement sur l'autre.

Kant, n'attribuant au concept de la finalité de la nature qu'une valeur subjective, ne peut accorder une autre valeur à celui d'une cause intelligente du monde, inséparable du premier. Il avoue bien que, comme nous sommes forcés d'introduire dans la considération de la nature le concept de

---

(1) Loc. cit. *De l'impuissance de la preuve physico-théologique.*
(2) § LXXXIV, p. 148-153. — *Remarque générale sur la téléologie*, p. 216 et suiv.

la finalité, il nous est impossible aussi de n'y pas joindre celui d'une cause intelligente du monde; mais, puisqu'il refuse au premier toute valeur objective, il doit la refuser également au second.

Or, comme nous avons déjà rétabli contre Kant la valeur objective du concept des causes finales, si ce concept appelle lui-même celui d'une cause intelligente du monde, la valeur objective de celui-ci, c'est-à-dire l'existence de cette cause intelligente, se trouve par là même établie. Il ne nous reste donc qu'à montrer que le premier ne va pas sans le second, c'est-à-dire que la finalité de la nature ne se suffit pas à elle-même, et qu'elle suppose une cause intelligente.

Dire qu'il y a de la finalité dans la nature, c'est dire qu'elle porte des traces de dessein et d'intelligence. Ces traces se retrouvent partout, dans l'organisation physique et dans chacune des parties qui la constituent, dans l'instinct des animaux, dans l'âme de l'homme, dans les rapports des êtres organisés, dans l'harmonie des divers règnes de la nature, dans toute l'économie du monde. Or, comment les expliquer, sinon en invoquant une cause intelligente? Puisqu'il y a dans l'effet des traces d'intelligence, il faut bien qu'il y ait aussi de l'intelligence dans la cause; autrement, il y aurait plus dans l'effet que dans la cause, c'est-à-dire qu'il y aurait un effet sans cause. De même qu'en présence d'une machine, d'une horloge, par exemple, dont toutes les parties, en remplissant chacune une fonction déterminée, concourent à une fin commune, et où se montre ainsi un dessein manifeste, nous concluons qu'une intelligence y a présidé; de même, en présence de ces traces de dessein que nous montre partout la nature, il nous est impossible de ne pas admettre qu'elle est l'effet d'une cause intelligente, quelle que soit d'ailleurs la nature de cette intelligence et son mode d'action dans le monde. Je considère un être organisé, et, dans cet être, un de ses organes, l'œil par exemple : je trouve une si admirable appropriation entre l'organisation de l'œil et la vue, que je ne puis pas ne pas reconnaître là un rapport de moyen à fin, et la trace d'un dessein véritable. En outre, cette finalité et ce dessein, que me révèle l'organisation de l'œil, je les retrouve dans chacun des autres organes, lorsque je les considère séparément, et dans leurs rapports réciproques lorsque je les rapproche; et l'organisme entier m'apparaît comme un tout où chaque partie, en même temps qu'elle a son rôle déterminé, concourt à l'unité de l'ensemble. Comment rapporter une finalité et un dessein si manifestes à une cause intelligente? De plus, cet être organisé est un animal, un chétif insecte ; mais cet animal, cet insecte obéit à un instinct qui révèle une profonde sagesse, mais dont lui-même n'a pas le secret. Quel est donc le principe de cette sagesse, puisqu'il n'est pas dans l'animal, et ce principe peut il être dépourvu d'intelligence ? Au lieu d'un animal, considérez l'homme : dans la nature, dans les rapports et dans l'ensemble de ses facultés, ou de ce que j'appellerai son organisation psychologique, — car l'âme aussi est à certains égards un organisme, — il n'y a pas moins de finalité et de dessein que dans son organisation physique. Comment le principe de cette finalité et de ce dessein serait-il lui-même sans intelligence? Considérez les rapports des êtres organisés entre eux et avec le monde inorganique, l'harmonie des divers règnes et tout l'ensemble des lois de la nature, partout sautent aux yeux ces traces de finalité et de dessein que révèle le moindre être organisé, le plus chétif insecte, un simple brin d'herbe. Comment ne pas rapporter à une cause intelligente ce qui est si bien ordonné, si harmonieux, si éclatant d'intelligence?

Les Épicuriens et les matérialistes de tous les temps, pour expliquer tout cela, invoquent le hasard ou une aveugle fatalité. Absurdité révoltante! Ou plutôt ils nient tout cela · mais quel incroyable aveuglement, de ne vouloir reconnaître aucune trace de finalité et de dessein, ni dans l'organisation physique, ni dans l'instinct des animaux (1), ni dans les facultés de l'âme, ni dans les rapports des êtres et dans le plan de l'univers !

Les Stoïciens n'hésitent pas à reconnaître ce que les Epicuriens ne veulent pas voir. A la vérité, ils ne s'élèvent pas eux-mêmes au-dessus de la nature, mais ils ne nient pas du moins la finalité et le dessein qui s'y montrent partout; et, s'ils en cherchent le principe dans la nature même, c'est qu'ils déifient la nature, en lui attribuant l'intelligence qu'ils reconnaissent dans ses effets. Mais cette intelligence, à laquelle ils donnent le nom de Dieu, n'est pour eux qu'une loi supérieure de la nature, ou qu'une sorte d'âme du monde, confondue dans le corps qu'elle façonne et vivifie. La question est de savoir si nous ne devons pas chercher le principe des causes finales ailleurs que dans une loi supérieure, qui gouvernerait la nature et lui communiquerait tout ce que nous y trouvons d'ordonné et d'harmonieux, ou, dans une âme du monde, qui donnerait à la matière la forme et la vie, et si des causes finales de la nature nous ne pouvons conclure autre chose que ce dieu-nature des Stoïciens.

(1) Est-ce un matérialiste, est-ce un spiritualiste qui a si admirablement peint, dans les vers suivants, l'instinct de l'amour maternel chez les animaux ?

> Nam sæpe ante Deum vitulus delubra decora
> Thuricremas propter mactatus concidit aras,
> Sanguinis exspirans calidum de pectore flumen :
> At mater, virides saltus orbata peragrans,
> Linquit humi pedibus vestigia pressa bisulcis,
> Omnia convisens oculis loca, si queat usquam
> Conspicere amissum fœtum; completque querelis
> Frondiferum nemus, adsistens, et crebra revisit
> Ad stabulum, desiderio perfixa juvenci.
> Nec teneræ salices, atque herbæ rore vigentes,
> Fluminaque ulla queunt, summis labentia ripis,
> Oblectare animum, subitamque avertere curam,
> Nec vitulorum aliæ species per pabula læta
> Derivare queunt alio curaque levare :
> Usque adeo quiddam proprium notumque requirit.
>
> (LUCRÈCE, *De Natura rerum*, liv. II, v. 352.....)

Il faut convenir en vérité qu'ici le poëte oublie le philosophe.

Il est aisé de voir que le dieu des Stoïciens est insuffisant à expliquer la finalité de la nature. Dieu est bien pour eux le principe de tout ce qu'il y a dans le monde d'intelligence et d'harmonie ; mais ce principe est lui-même aveugle, car il n'est autre chose au fond qu'une puissance ou une loi naturelle : il ne procède pas comme une intelligence qui réalise ce qu'elle conçoit, mais comme une force qui suit aveuglément sa loi. Or, comment un principe aveugle, tel que le dieu-nature des Stoïciens, expliquera-t-il ce qui ne peut dériver que d'une cause véritablement intelligente, comme cette chaîne de moyens et de fins, ces convenances et ces harmonies, toute cette sagesse, en un mot, que montre la nature ? Je puis ignorer ce qu'est l'intelligence de la cause suprême du monde, et comment elle agit sur la nature pour produire l'ordre et l'harmonie qui y règnent ; mais ce que je puis certainement affirmer, c'est que cette cause est elle-même intelligente, puisque cet ordre et cette harmonie me forcent à admettre cette conclusion. Que si l'on se contente d'invoquer une loi ou une puissance supérieure de la nature, on a beau la décorer du nom de Providence ou de Dieu, on n'explique rien du tout ; car cette loi ou cette puissance a elle-même besoin d'une intelligence qui l'établisse ou la gouverne, puisqu'elle se manifeste par des effets qui attestent une véritable intelligence. Dans ce système, le principe suprême de la finalité serait quelque chose d'analogue à ce qu'on appelle aujourd'hui la force vitale, ou à ce qu'est l'instinct chez l'animal ; mais la force vitale n'explique pas les merveilles de l'organisation physique, car, pour les expliquer, il nous faut toujours recourir à un principe intelligent ; et l'instinct ne se suffit pas davantage à lui-même, car il révèle une sagesse dont l'animal n'a pas le secret et qui ne peut dériver que d'une intelligence réelle. Tant que l'on ne s'est pas élevé jusque là, on n'a rien fait encore. D'ailleurs, ce ne sont pas seulement des traces de finalité et de dessein, comme celles qui paraissent partout dans la nature, particulièrement dans l'organisme et dans l'instinct des animaux, qu'il s'agit d'expliquer par une cause suprême; c'est aussi l'intelligence dont sont doués certains êtres. Etre intelligent, l'homme est capable d'apercevoir les traces de dessein qui apparaissent soit dans l'organisation de son corps, soit dans les facultés de son âme, et de comprendre que ce dessein, dont il ne saurait s'attribuer l'honneur, ne peut provenir que d'une intelligence suprême, quelque impénétrable qu'elle soit d'ailleurs; mais, en outre, comme au premier rang de ses facultés, est l'intelligence, c'est-à-dire ce qu'il y a de plus excellent, comment admettre que la cause de son être ne soit pas elle-même intelligente ? Dira-t-on qu'elle l'est en puissance, mais qu'elle n'arrive à l'intelligence actuelle que dans les êtres particuliers qu'elle produit ou qui en émanent; mais alors l'effet est supérieur à la cause, et, si l'homme n'est pas Dieu, il est plus que Dieu.

Ainsi se trouve réfuté, avec le panthéisme stoïcien, ce nouveau panthéisme de la philosophie allemande, pour qui les divers règnes de la nature sont les modifications diverses d'un seul et même principe, qui n'arrive à l'intelligence actuelle ou à la conscience de soi que dans l'homme. Je dis que ce principe n'explique ni l'art merveilleux de l'organisme, ni celui de l'instinct, ni l'harmonie des facultés de l'homme, ni son intelligence; car tout cela suppose déjà une cause actuellement intelligente.

J'arrive donc à cette conclusion, qu'il est impossible d'expliquer la finalité de la nature, sans avoir recours à une cause intelligente. Kant ne la repousse pas absolument, mais il ne lui accorde qu'une valeur subjective. Pourquoi? C'est que l'idée d'une finalité de la nature et d'une cause intelligente dépasse, selon lui, la portée de l'expérience, qu'elle peut bien servir à diriger, mais sans rien nous apprendre en réalité. Je réponds que la finalité de la nature est un fait incontestable, et que, puisqu'elle a quelque réalité, la conclusion qu'elle engendre a aussi une valeur objective. Conclure de l'examen de la nature qu'elle porte des traces de finalité et de dessein, et de ces traces de finalité et de dessein inférer l'existence d'une cause intelligente, c'est sans doute s'élever au-dessus de la nature même; mais ce n'est là qu'une légitime interprétation des caractères qu'y découvre l'observation. En ce sens, il n'y a rien dans la conclusion qui ne soit fondé sur l'expérience. Cela admis, j'accorde que cette cause intelligente m'est d'ailleurs impénétrable en soi : il ne s'ensuit pas qu'elle n'existe pas ; j'accorde que nous ne pouvons nous faire une idée déterminée de son intelligence que par analogie : il ne s'ensuit pas qu'elle ne soit pas réellement intelligente ; j'accorde enfin qu'une fois née dans notre esprit elle sert à nous diriger dans l'étude de la nature : il ne s'ensuit pas qu'elle ne soit qu'un principe régulateur, sans valeur objective ; le contraire serait beaucoup plus juste.

Une cause intelligente, distincte de la nature et de l'humanité; voilà donc ce que me donne certainement l'argument des causes finales. Maintenant, si Kant a eu le tort de n'attribuer à cet argument qu'une valeur subjective, il a bien vu que, lorsqu'on le renferme dans ses limites, c'est-à-dire dans celles de l'expérience et de ce qu'il est légitime d'en conclure, et lorsqu'on ne le complète pas par quelque addition arbitraire, ou qu'on n'y mêle pas quelque idée empruntée à une autre source, il faut restreindre sa portée, et qu'il ne saurait nous donner de Dieu une idée suffisante pour que l'on y puisse fonder une véritable théologie. C'est ici l'un des points les plus neufs et les plus solides à la fois de la critique kantienne. Des causes finales de la nature, on a souvent conclu l'existence d'une cause unique, douée d'une intelligence, d'une puissance et d'une bonté infinies. Selon Kant, cette conclusion n'est pas rigoureuse : elle dépasse singulièrement les prémisses sur lesquelles elle s'appuie, soit qu'on la complète par des additions arbitraires, soit que l'on y mêle des arguments d'un autre ordre. Peut-être cette manière de procéder est-elle d'un usage commode et n'a-t-elle pas de graves inconvénients, tant qu'il ne s'agit que de persuader le dogme de l'existence de Dieu à des esprits qui n'y regardent pas de si près; mais la science ne doit pas se montrer si facile : son devoir est de discerner, par une critique sévère, la portée de chaque espèce d'argument et de remettre chaque chose à sa place, de dissiper par ce moyen toute assertion arbitraire et toute espèce de confusion, et de ne se préoccuper en tout que des intérêts sacrés de la vérité (1). C'est ce devoir que Kant a voulu remplir, en introduisant le premier la critique dans l'argument des causes finales, qu'il ne rejette pas absolument, comme Épicure ou Spinoza, mais dont il n'exagère pas non plus la portée, comme la plupart des théologiens.

Pourtant, outre que, comme nous le lui avons déjà reproché, il le ruine au fond, en lui ôtant en fin de compte toute valeur objective, on peut lui reprocher encore d'avoir poussé beaucoup trop loin le scrupule, en paraissant croire que l'argument des causes finales, ou ce qu'il appelle la théologie physique, ne nous permet pas même de décider si l'intelligence que nous sommes forcés d'attribuer à la cause de la nature, pour en expliquer la finalité, ne serait pas quelque chose d'analogue à l'instinct de l'animal, ou quelque autre chose (2). J'avoue que cette intelligence nous est impénétrable; que nous ne la connaissons pas directement, au moins par l'argument dont il est ici question, puisque nous n'en jugeons que par ses effets; qu'il ne nous apprend pas quelle est sa nature et comment elle agit dans le monde, et que même, en général, ce sont là pour l'esprit humain d'invincibles mystères; mais il est certain qu'elle n'est pas quelque chose d'analogue à l'instinct de l'animal; car, comme nous l'avons déjà remarqué, l'instinct ne s'explique pas lui-même sans une intelligence qui en contienne le secret et le principe; et, si l'intelligence divine est analogue à quelque chose dans le monde, ce ne peut être qu'à l'intelligence humaine, la seule qui soit

(1) P. 224.
(2) P. 153.

capable de se proposer et de poursuivre librement certaines fins. Sur tout le reste, je suis à peu près d'accord avec Kant, que je ne ferai plus guère que suivre, en commentant ou en développant sa pensée.

Il faut remarquer d'abord avec lui (1) que l'expérience semble nous fournir des arguments contradictoires, en nous montrant à côté de l'ordre le désordre, à côté de l'harmonie la discorde, à côté du bien le mal. Comment concilier tout cela? Tout cela s'explique peut-être dans le système général du monde; mais l'expérience ne saurait embrasser ce système, et, en attendant, les irrégularités, les anomalies, le désordre, qui ne sont peut-être qu'apparents, nous frappent comme s'ils étaient réels. Aussi certains philosophes et certains peuples, frappés de ce spectacle, ont-ils cru devoir admettre deux principes, l'un du bien, l'autre du mal, et a-t-on vu toute une époque de l'humanité reconnaître plusieurs dieux, que les hommes faisaient à leur image. Doctrine absurde sans doute, mais que l'expérience excuse jusqu'à un certain point (2).

Ici s'élèvent en effet tous les arguments qu'on a tirés de la présence du mal dans le monde, soit contre l'unité, soit contre la perfection, soit même contre l'existence de Dieu. Il s'agit de savoir si l'expérience peut y répondre, je ne dis pas la raison, puisque nous devons nous supposer ici renfermés dans les limites de l'expérience. Or, quand elle prouverait que la somme du bien l'emporte sur celle du mal; quand elle montrerait, ce qui lui est plus difficile, que dans tous les cas le mal est la condition ou la suite d'un bien (3), toujours elle atteste le mélange du bien et du mal, et par conséquent ne nous permet pas de conclure du spectacle

---

(1) P. 146.
(2) P. 147.
(3) Cette explication *à posteriori* du mal est possible dans certains cas, et les philosophes y ont quelquefois très-bien réussi ; mais il s'en faut qu'elle le soit dans tous ; et c'est le tort des optimistes, particulièrement de Leibnitz, de forcer souvent l'expérience, pour la mettre d'accord avec la raison.

de la nature à une perfection infinie dans sa cause (1).

Mais laissons le mal, ne voyons que le bien. Quand l'expérience ne serait pas contradictoire, elle est bornée. Qu'est-ce que ce peu que nous connaissons au prix de tout ce que nous ne connaissons pas? Or, de quel droit d'une connaissance si restreinte des choses conclure à une sagesse et à une puissance infinies? Sans doute la finalité, dont la nature nous donne le spectacle, est bien propre à nous remplir d'admiration et d'étonnement; mais la grandeur de la puissance intelligente à laquelle nous la rapportons reste toujours indéterminée pour nous, tant que nous ne sortons pas des limites de l'expérience. Elle nous force à reconnaître dans la cause que nous lui attribuons une intelligence et une puissance extrêmement grandes, ou, si l'on veut, indéfinies, mais non pas une puissance et une intelligence infinies, dans le vrai sens de ce mot; car entre le fini ou l'indéfini, que nous fournit l'expérience, et l'infini, que conçoit la raison, il y a un abîme, que l'expérience toute seule sera toujours impuissante à combler (2). Il en est de même de l'unité de Dieu : nous pouvons bien la supposer, pour expliquer l'unité que nous trouvons dans le monde; mais, comme l'expérience est, sinon contradictoire, certainement bornée, et que, si elle nous force à remonter à l'idée d'une cause intelligente du monde, elle ne nous en donne pas un concept déterminé, il suit que nous n'en pou-

---

(1) On cite souvent les monstres. Oublions les monstres, qui sont des accidents; combien de caprices et de bizarreries n'offre pas le spectacle de la nature, qui semblent souvent annoncer plutôt une intelligence capricieuse et bizarre qu'une sagesse infinie! En outre, s'il y a entre les diverses espèces d'êtres organisés des rapports de finalité évidents, et si ces rapports révèlent une Providence, annoncent-ils toujours une cause souverainement bonne? Tout le monde connaît ces sombres pages de l'éloquent auteur des *Soirées de Saint-Pétersbourg* (*Septième entretien*) sur la loi de la nature qui fait de l'échelle des animaux jusqu'à l'homme une longue chaîne de carnage. Faut-il rappeler aussi les maux de tout genre qui accablent la pauvre humanité? — J'ai parlé plus haut des ébauches par lesquelles a passé la nature avant d'arriver aux êtres organisés qui existent aujourd'hui. Cela ne semble-t-il pas annoncer plutôt une puissance bornée, qui aurait besoin de s'essayer, qu'une puissance infinie qui produirait immédiatement ce qu'elle conçoit?

(2) Voy. p. 196-197.

vons conclure avec certitude l'unité absolue de cette cause (1).

A ces considérations qu'il avait déjà indiquées dans la *Critique de la raison pure* (2), et qu'il développe ici à plusieurs reprises (3), Kant ajoute celle-ci, que lui fournit la *Critique du Jugement téléologique*, c'est que, comme nous ne saurions nous élever à l'aide de l'expérience toute seule jusqu'au but dernier de l'existence même du monde (4), nous ne saurions non plus déterminer par là le concept de la suprême sagesse. En effet, la considération des fins de la nature ne peut rien nous apprendre de son but final, qui doit être placé en dehors de la nature même, puisque toutes les fins que peut déterminer l'expérience sont conditionnelles, tandis qu'il s'agit d'en trouver une qui soit inconditionnelle, absolue. Par conséquent, si, pour expliquer ces fins de la nature, nous sommes forcés d'avoir recours au concept d'une cause intelligente du monde, nous ne pouvons le déterminer davantage, car nous ne pouvons assigner un but suprême à l'action de cette cause.

Ainsi, selon Kant, la théologie physique n'est point, à proprement parler, une théologie, puisqu'elle est incapable d'assurer la réalité objective du concept d'une cause intelligente du monde auquel elle nous conduit, et que, outre cette première difficulté, elle ne peut en aucune manière déterminer ce concept. Elle nous fait bien concevoir une intelligence artiste (5), car cette idée nous est nécessaire pour concevoir la production des êtres organisés, mais non point un être souverainement sage, créant ce monde pour un but suprême marqué par sa sagesse infinie. Ce but final, c'est à la raison seule de le découvrir et de le déterminer; et, par conséquent, c'est à la raison seule, mais, selon Kant, à la raison pratique, ou à la téléologie morale, qu'il faut demander la détermination du concept de Dieu.

(1) P. 233. — Cf. *Critique de la raison pure*, loc. cit.
(2) Loc. cit.
(3) § xxxiv. — § lxxxix. — *Remarque finale*.
(4) Voyez plus haut, p. 261 et 262.
(5) Trad. franç. p. 151.

De la théologie physique, dont nous reconnaissons comme lui les lacunes et l'insuffisance, tout en lui accordant la valeur objective qu'il lui refuse, passons donc avec lui à la théologie morale, c'est-à-dire à celle qui se fonde sur la considération des fins que la raison pratique assigne à la volonté.

III.

DE LA PREUVE MORALE DE L'EXISTENCE DE DIEU.

Selon Kant, l'argument des causes finales ne peut prouver d'une manière absolument certaine l'existence d'une cause intelligente du monde, et il ne saurait d'ailleurs en déterminer le concept. De ces deux assertions, nous avons réfuté la première, et admis la seconde. Maintenant, si, au lieu de considérer l'ordre naturel, tel que nous le montre l'expérience, on considère l'ordre moral, tel que le conçoit la raison, on y trouvera une nouvelle preuve d'une tout autre espèce, qui suppléera à l'insuffisance de la première. Cette preuve, Kant l'avait déjà indiquée dans la *Critique de la raison pure* (1), comme pour réparer aussitôt la ruine où il venait de précipiter toutes les autres ; il l'avait de nouveau développée dans la *Critique de la raison pratique* (2), où elle a naturellement sa place, puisque le dogme de l'existence de Dieu est pour lui un des postulats de la raison pratique ; enfin elle se représente naturellement aussi dans la *Critique du Jugement téléologique* (3), puisqu'elle se fonde sur la conception d'une certaine espèce de fins ou de téléologie. Elle couronne également ces trois grands ouvrages, où Kant cherche dans la morale un refuge contre le scepticisme auquel il livre la spéculation, et elle en marque ainsi le caractère, qui est celui de toute sa philosophie. Dans l'exposition et l'examen que nous allons faire de cette nouvelle preuve, la seule qui trouve grâce aux yeux de Kant, nous suivrons particulièrement la *Critique du Jugement*, puisque c'est cet ouvrage que nous étudions, et

---

(1) *Méthodologie*, chap. II, section 2.
(2) *Dialectique*. V. l'*Existence de Dieu comme postulat de la raison pure pratique.* — Trad. franç. p. 331.
(3) S. LXXXV, et suiv. — P. 153 et suiv.

nous nous attacherons surtout aux points nouveaux qu'il nous présente.

On a vu comment Kant est conduit à considérer l'ensemble des êtres organisés et le monde où ils vivent comme un système de moyens et de fins, se rattachant lui-même à une fin dernière et suprême, qui est le but final de la création. Mais quelle peut être cette fin? Il faudrait pouvoir la déterminer, pour pouvoir déterminer le concept de la cause suprême du monde.

Si le monde, remarque Kant (1), ne renfermait que des êtres inanimés, comme les plantes, ou même que des êtres animés, mais privés de raison, comme les animaux, quelque art que montrât leur organisation, quelque harmonie, quelque unité qu'offrît leur ensemble, tous ces êtres, si artistement composés et si variés, tout cet ensemble si harmonieux et si beau, toute la création, en un mot, serait sans but final. C'est là une vérité de sens commun. Retranchez du monde les êtres raisonnables, les hommes, vous ôtez à la création son couronnement nécessaire. Mais dans quel sens l'existence des êtres raisonnables doit-elle être considérée comme le but final de la création? Est-ce parce qu'il faut à la création des êtres capables de la contempler et de l'admirer? Et Dieu n'a-t-il créé les hommes que pour donner des spectateurs au merveilleux spectacle de la nature? Mais, quelque magnifique que fût d'ailleurs la création, si elle n'avait déjà un but final, elle ne recevrait aucune valeur de ce seul fait qu'elle serait contemplée, et par conséquent l'hypothèse que nous faisons ici ne lui donne pas le but final que nous cherchons. D'un autre côté, l'homme n'a-t-il reçu la raison que pour travailler à son bonheur, en cherchant à accommoder la nature à cette fin? Mais dans ce cas la raison ne serait pour lui qu'un moyen, dont le bonheur serait le but. Or, on a déjà vu que le bonheur ne pouvait être considéré comme le but final de la création, car lui-même suppose quelque chose sans quoi

---

(1) P. 153.

il perd tout son prix. La raison, loin de se subordonner au bonheur, subordonne au contraire la recherche et la possession du bonheur à la pratique de ses lois. C'est la condition suprême sans laquelle l'homme n'a pas le droit de rechercher et d'attendre le bonheur. Ce n'est donc pas dans le bonheur, mais dans la faculté qu'il a de s'en rendre digne, en conformant sa conduite aux lois de la raison pratique, c'est-à-dire dans la liberté morale, qu'il faut placer le but suprême de son existence. Là, en effet, est sa suprême destination. En même temps c'est par là qu'il peut acquérir une valeur absolue, et que par conséquent il peut être considéré comme le but final de la création.

On va voir comment, sur cette destination de l'homme, ou sur ce qu'il appelle la téléologie morale, Kant prétend fonder la théologie, qu'il n'a pu fonder sur la téléologie physique. Mais, avant d'aller plus loin, revenons sur les idées que nous venons d'exposer, car elles soulèvent quelques difficultés.

Kant avance qu'un monde où il n'y aurait point d'êtres raisonnables n'aurait point de but final, et que, par conséquent, c'est dans l'existence des êtres raisonnables qu'il faut placer le but final de la création. Cela est vrai en un sens, mais il faut bien s'entendre. Qu'est-ce, demanderai-je à Kant, que le but final de la création? Est-ce seulement la fin la plus élevée, ou bien la cause même pour laquelle existe et par laquelle s'explique tout le reste? Or, sans doute, comme il n'y a rien de plus élevé que la raison, ceux qui, dans le système des êtres créés, sont doués de cet attribut, ceux-là occupent le premier rang, et forment le couronnement de la création. Et non-seulement ils occupent le premier rang dans le monde, mais sans eux le monde serait une œuvre inachevée; car qu'est-ce qu'un monde qui serait l'œuvre d'une cause intelligente, mais auquel manquerait ce qui en serait le premier bienfait et le plus éclatant témoignage, à savoir le don de l'intelligence ou de la raison? Je dirai même avec Kant que, s'il n'y avait point d'êtres raisonnables dans le monde, il n'y aurait nulle part une fin inconditionnelle, absolue, car seule la raison peut fournir une telle fin, tandis que toutes celles de la nature sont conditionnelles et relatives. Mais que la création tout entière et dans toutes ses parties n'ait d'autre but que l'existence des êtres raisonnables, c'est-à-dire que tous les autres êtres, je ne dis pas y soient hiérarchiquement subordonnés, mais n'existent que pour eux et qu'à cause d'eux, c'est ce qu'il serait peut-être téméraire d'affirmer. Comment expliquer par là cette infinie variété d'animaux, grands ou petits, où semble se jouer la puissance créatrice, et dont nous ne connaissons pas même toutes les espèces? Si c'est là ce que Kant a voulu dire, lui, qui d'ordinaire se montre si réservé, pourrait bien être ici taxé d'exagération.

Il y a encore une autre difficulté. Kant place dans l'homme le but final de la création. Mais qu'entend-il par homme? Homme est-il pour lui synonyme d'être raisonnable fini en général; ou bien parle-t-il seulement de l'espèce humaine qui habite cette terre? Dans le premier sens, il ne peut rien y avoir dans le monde qui soit au-dessus des hommes, c'est-à-dire au dessus des êtres raisonnables finis : car au-dessus d'eux il ne peut y avoir qu'un être raisonnable infini, c'est-à-dire Dieu, et la créature ne saurait être égale au Créateur. Dans le second sens, n'est-il pas téméraire d'affirmer qu'il n'y a rien ou qu'il ne peut rien y avoir dans la création au-dessus de nous autres hommes? Sans doute l'existence d'êtres raisonnables, différents de nous et supérieurs à nous, n'est qu'une hypothèse; sans doute encore nous avons beaucoup de peine à imaginer de tels êtres; mais qu'il en existe, il n'y a rien là d'impossible, et qu'il n'en existe pas, bien hardi celui qui l'affirmerait (1).

J'ajoute une réflexion, qu'il est impossible de chasser de notre esprit. L'histoire du globe que nous habitons a constaté que l'homme n'avait paru sur la terre qu'après plusieurs créations successives, qui semblaient être des copies de moins

(1) Voyez dans Voltaire le conte de *Micromegas*, qui, sous des formes légères, cache une très-profonde philosophie.

en moins imparfaites d'un certain type poursuivi par la nature. Il est vrai que cette même histoire n'a pas constaté que l'homme, avant d'arriver à l'état où il existe aujourd'hui, ait passé lui-même par une série d'ébauches : il semble, au contraire, que la nature ou son auteur l'ait produit d'un seul jet, au moment où la terre parut digne de le recevoir ; mais enfin ne pouvons-nous pas élever avec M. Jouffroy (1) cette question, bien propre à confondre notre orgueil : « Pourquoi le jour ne viendrait-il pas aussi où nos ossements déterrés ne sembleront aux espèces vivantes que des ébauches grossières d'une nature qui s'essaie ? » Rien ne nous prouve, en effet, que notre espèce ne disparaîtra pas un jour de la terre, pour y faire place à une espèce moins imparfaite.

D'ailleurs, qu'il puisse ou non y avoir des êtres supérieurs aux hommes qui habitent actuellement cette terre, et, quelle que soit l'excellence de notre nature, toujours est-il difficile d'admettre que nous soyons les seuls êtres raisonnables qui habitent le monde, et que celui-ci n'existe que pour nous. Quoi ! tout cet immense univers, au sein duquel le globe terrestre, si grand qu'il nous paraisse, n'est qu'un point imperceptible, n'existerait que pour cette terre et pour les êtres qui l'habitent ! Les anciens l'ont pu croire, parce qu'ils avaient du système du monde des idées très-étroites et très-fausses ; mais comment dire aujourd'hui que cette immense quantité d'étoiles qui brillent au-dessus de nos têtes a été faite tout exprès pour éclairer nos nuits, ou, de quelque manière que ce soit, n'existe que pour nous (2) ? Cette orgueilleuse prétention n'est guère justifiée par la comparaison de notre terre avec les autres globes et avec l'étendue de l'univers. Aussi pouvons-nous très-bien supposer que ce globe disparaisse de la scène du monde avec ses habitants, sans que cet univers cesse pour cela de poursuivre son cours. Si donc,

---

(1) *Mélanges philosophiques.* — *Du problème de la destinée humaine.*
(2) Dans son *Traité de l'existence de Dieu, première partie,* chap. II, Fénelon énonce cette hypothèse, sans oser la repousser.

en faisant des hommes le but final de la création, Kant entend désigner l'espèce même qui habite cette terre, il faut convenir qu'il avance ici une assertion tout au moins bien hasardée.

Quoi qu'il en soit, il y a ici une vérité, qu'il faut reconnaître avec lui, c'est que, sans des êtres raisonnables en général, quels qu'ils soient d'ailleurs, la création n'aurait pas de but final.

Pourquoi ? demande Kant (1). Est-ce parce qu'il fallait à l'univers des spectateurs capables de le contempler et de l'admirer ? Il répond très-bien que cette raison ne suffit pas ; car, si l'univers n'avait déjà un but final, le seul fait d'avoir des spectateurs ne le lui donnerait pas. Est-ce parce que, au-dessus des êtres qui poursuivent leur bien-être par instinct, il devait y en avoir qui cherchassent le leur à l'aide de la raison ? A ce compte la raison ne serait qu'un instrument au service du bonheur, qui serait l'unique but. Kant répond très-bien encore que le bonheur ne peut être considéré comme le but final de la création ; car, d'une part, le bonheur, tel qu'il nous est donné de le concevoir ou de le rêver, n'est pas de ce monde ; et, d'autre part, il y a au-dessus du bonheur quelque chose à quoi nous reconnaissons nous-mêmes qu'il en faut subordonner la recherche et la possession, c'est, à savoir, la moralité. Si bien que le but final qu'aurait en vue l'auteur du monde, en créant des êtres raisonnables, ne serait pas de produire des créatures heureuses, mais des créatures dignes de le devenir par leur propre vertu.

Il n'y a rien de plus élevé que ces considérations, rien de plus juste même en un sens. Mais il ne faut rien outrer. Sans doute, il y a au-dessus du bonheur quelque chose que nous devons rechercher pour soi-même et où réside la dignité de notre vie, quelque chose que nous ne saurions oublier sans nous rendre indignes du bonheur même ; et c'est une bien fausse doctrine que celle qui veut faire du bonheur terrestre le but suprême et unique de la vie. Mais le bonheur est

(1) Trad. franç. p. 154.

aussi une des fins de notre nature, et, si elle est subordonnée à un principe supérieur, tant qu'elle ne lui est pas contraire, cette fin n'en a pas moins sa valeur propre et n'en fait pas moins en partie le charme de la vie. A la vérité encore cette fin, l'homme ne l'atteint que bien imparfaitement, et, quoi que prétendent d'imprudents flatteurs, il n'est pas fait pour être ici-bas parfaitement heureux, pour jouir indéfiniment et sans mesure; mais le bonheur n'en est pas moins un but auquel il tend par sa nature même, puisqu'il a été créé avec des besoins et des désirs qu'il ne s'est pas donnés à lui-même et qui font essentiellement partie de son être.

Ce que je dis du bonheur s'applique également à la culture de nos facultés, dont Kant parlait plus haut, au développement de l'intelligence, du goût, etc. Sans doute cette culture est subordonnée aussi à un principe supérieur, sans lequel elle perdrait tout son prix; mais elle a sa valeur propre, comme le bonheur, puisqu'elle est un des priviléges de notre nature. Il ne faudrait donc pas tant rabaisser la science et les beaux-arts, comme l'ont fait certains moralistes trop sévères, de même qu'il ne faudrait pas trop médire du bonheur humain, à l'exemple de certains esprits chagrins; car la science et les beaux-arts ont bien leur prix, et, si le bonheur de l'homme est toujours imparfait et fragile, il n'est pas toujours sans charme. Sans doute la vertu est le premier bien de l'homme, et le seul qui ait une valeur absolue; mais ce bien n'exclut pas les autres, et ceux-ci entrent pour beaucoup dans la vie. Faire de ces derniers le but unique de notre existence, prétendre par exemple, comme on le fait beaucoup trop aujourd'hui, que l'homme n'est ici-bas que pour jouir, et combien entendent ce mot dans son sens le plus matériel? c'est une étrange et fatale erreur; mais il faut se garder aussi de l'exagération contraire, car celle-ci, pour être plus noble, n'en serait pas moins fatale à l'humanité.

Kant d'ailleurs, à vrai dire, n'est tombé ni dans l'une ni dans l'autre de ces exagérations : il n'admet pas que le bonheur soit le but unique et suprême de notre existence; mais il n'admet pas non plus que la vertu soit pour l'homme le seul bien, le bien tout entier, et que, comme l'ont prétendu les Stoïciens, le bonheur soit identique à la sagesse. Il distingue ces deux éléments, la vertu et le bonheur, que le stoïcisme avait confondus (1); mais, en les distinguant, il les unit, au nom de la raison même, par un lien nécessaire. En effet, en même temps que l'homme se voit soumis aux lois morales, il reconnaît qu'en les pratiquant fidèlement il se rend par là digne d'être heureux, ou mérite de participer au bonheur, dans la proportion même de la bonté morale de sa conduite. Le bonheur ne doit pas être sans doute le but de ses actions, s'il veut agir moralement; mais il conçoit nécessairement qu'il en doit être la conséquence. C'est là, aux yeux de la raison, une loi nécessaire de l'ordre moral dont nous faisons partie ; le contraire serait pour nous le désordre. Cette union nécessaire de la moralité comme principe et du bonheur comme conséquence constitue, selon Kant, le souverain bien (2) ; et, si l'on ne peut placer dans le bonheur des hommes ou des êtres raisonnables, le but final de la création, puisque le bonheur est subordonné lui-même à une condition suprême, la vertu, on le peut, on le doit placer dans le souverain bien, qui joint le bonheur à la vertu, comme la conséquence au principe. Ainsi les hommes et les êtres raisonnables qui existent dans le monde ne sont pas créés pour être immédiatement heureux par le seul effet d'une nature favorable, mais pour se rendre eux-mêmes dignes du bonheur, et, par conséquent, pour l'obtenir par ce moyen, si cet ordre moral, que la raison conçoit, n'est pas une vaine illusion.

C'est sur l'idée de cet ordre moral, conçu par la raison,

---

(1) Voyez, sur cette opinion des Stoïciens, la *Critique de la raison pratique*, *Dialectique*, chap. II, trad. franç. p. 314-323. — Voyez aussi le *Fragment sur le bonheur*, que j'ai inséré dans la *Liberté du penser*, tome IV, p. 315-325.

(2) Voyez la *Critique de la raison pure*, *Méthodologie*, *De l'idéal du souverain bien*, — et la *Critique de la raison pratique*, *Dialectique*, chap. II, *Du souverain bien*.

que Kant fonde une nouvelle démonstration de l'existence de Dieu, qui en détermine en même temps les attributs, et par conséquent est une véritable théologie. Venons enfin à cette démonstration.

L'harmonie de la vertu et du bonheur, que la raison regarde comme une loi nécessaire, ne saurait dériver du cours même de la nature. En effet, la nature par elle-même est aveugle ; et si, dans le cours naturel des choses, nos actions entraînent certaines conséquences heureuses ou malheureuses pour nous, ces conséquences dérivent de nos actions comme de faits naturels, et non de nos intentions comme de faits moraux. Par exemple, que je sois tempérant par intérêt personnel ou par vertu, l'intention est bien différente moralement; mais, selon l'ordre naturel, la conséquence sera toujours la même. Or, dans l'ordre moral, c'est l'intention seule qui fait la valeur et le prix de l'action, et qui nous rend véritablement dignes du bonheur. On ne peut donc chercher dans l'ordre de la nature le fondement de cet ordre moral, que nous regardons comme nécessaire, et l'on n'en peut concevoir la possibilité qu'en admettant une cause suprême de la nature, et dans cette cause suprême certains attributs déterminés, que la théologie physique ne nous autorisait pas à reconnaître, mais qu'il faut admettre maintenant comme autant de conditions de la possibilité du souverain bien : « l'*omniscience*, afin qu'elle puisse pénétrer au plus profond de nos cœurs..... ; l'*omnipotence*, afin qu'elle puisse approprier la nature entière à cette fin suprême; la *toute-bonté* et la *toute-justice*, parce que ces deux attributs (ensemble la *sagesse*) constituent les conditions de la causalité d'une cause suprême du monde, considérée comme produisant le souverain bien d'après des lois morales ; et nous concevons aussi dans cet être tous les attributs transcendentaux, comme l'éternité, la toute-présence, etc. (car la bonté et la justice sont des attributs moraux), puisque ce même but final les suppose (1). » Si donc le souve-

---

(1) P. 157. — Rapprochez de ce passage celui de la *Critique de la raison pu-*

rain bien, ou l'harmonie de la vertu et du bonheur n'est pas une pure chimère, s'il est nécessaire de l'admettre, il est nécessaire aussi de reconnaître l'existence d'une cause suprême du monde, capable de la réaliser, c'est-à-dire d'une cause morale du monde, douée des attributs que nous venons d'indiquer.

Il faut bien remarquer (1) que cette démonstration de l'existence de Dieu ne se fonde pas directement sur la conception de la loi morale, mais sur celle de la loi du mérite, comme nous disons aujourd'hui. Nous n'avons pas besoin d'avoir recours au concept d'une cause souverainement sage pour concevoir les lois morales et en reconnaître l'autorité, car ces lois émanent directement de la raison et portent leur autorité avec elles. Comme je conçois, sans avoir besoin de remonter pour cela à un entendement suprême, que la somme des trois angles d'un triangle est égale à deux droits, je conçois de la même manière que je dois rendre le dépôt qui m'a été confié, etc. Aussi un homme qui douterait de l'existence de Dieu, ou qui même serait convaincu qu'il n'y a point de Dieu, ne se croirait pas pour cela dispensé de toute obligation morale : il ne s'en reconnaîtrait pas moins soumis à certaines lois et ne s'en tiendrait pas moins pour un misérable, s'il venait à les violer (2). Mais, comme nous concevons en même temps que l'accomplissement de ces lois appelle nécessairement comme conséquence le bonheur, et, comme cette harmonie du bonheur et de la moralité n'est pas possible sans une cause souverainement sage d'une part, et de l'autre maîtresse souveraine de la nature, c'est-à-dire sans un être tel que Dieu, nous sommes ainsi conduits à admettre l'existence de Dieu, et, par suite, à regarder les lois morales comme les lois mêmes de Dieu (3), car nous ne pou-

---

re, p. 627 de l'éd. Rosenkrantz, et celui de la *Critique de la raison pratique*, p. 357-358 de ma traduction.

(1) Kant insiste sur la même idée dans ses trois *Critiques*.

(2) P. 170-172.

(3) P. 225.—*Raison pratique*, p. 340 ; *Raison pure*, éd. Rosenkrantz, p.630-631.

vons pas ne pas concevoir Dieu comme le suprême législateur du monde moral, lorsque nous l'en regardons comme le juge suprême. Kant reconnaît d'ailleurs que, si la nécessité du devoir est d'abord indépendante de la croyance à l'existence de Dieu, comme, sans Dieu, l'harmonie nécessaire que conçoit la raison entre le devoir et le bonheur devient impossible, la négation de Dieu finirait par porter un coup funeste à la moralité elle-même, en bouleversant l'idée que la raison nous donne de l'ordre moral, et en enlevant aux bonnes actions leur sanction nécessaire (1).

Telle est la preuve morale de l'existence de Dieu, telle que Kant l'expose (2). Elle détermine, selon lui, ce que les preuves physiques laissaient indéterminé, les attributs de la cause suprême du monde, et le but final pour lequel elle a créé le monde, c'est-à-dire la réalisation du souverain bien; car tel est le but final que la raison pratique veut que nous assignions à la création et à son auteur, et c'est en ce sens qu'il faut entendre ce que les théologiens appellent *la gloire de Dieu* (3). Les preuves physiques peuvent bien servir de préparation à la preuve morale, en nous apprenant à voir dans la nature autre chose qu'un pur mécanisme, et en nous faisant concevoir au-dessus de ce mécanisme quelque chose d'analogue à une cause intelligente; elles peuvent encore et par la même raison servir de confirmation à cette preuve, mais elles ne sauraient la remplacer ou la contenir. C'est qu'il y a entre elles la même différence qu'entre le concept de la nature et celui de la liberté, ou qu'entre la raison pure, ou mieux l'entendement

---

(1) P. 171-172. — 206-207. — *Raison pure*, p. 613.

(2) On désigne souvent, dans les Traités de Théodicée, sous le nom de *preuve morale* celle que l'on tire du consentement universel. Mais il est clair que ce n'est pas là une preuve directe : quand il serait établi que tous les hommes ont l'idée de Dieu, il faudrait encore prouver que cette idée est légitime. Comme Leibnitz l'a très-bien remarqué dans ses *Nouveaux Essais sur l'entendement humain* (liv. I, chap. 1), le consentement général peut bien nous fournir un indice, mais non pas une preuve exacte et décisive de la légitimité, ou, comme il dit, de l'innéité d'une idée.

(3) P. 166. — Cf. *Raison pratique*, p. 343.

pur, et la raison pratique. Aussi toute tentative pour tirer des preuves physiques ce que donne la preuve morale est elle absolument vaine. Celle-ci ne complète pas, mais elle restitue la conviction que celles-là ne sauraient produire (1).

Kant remarque (2) que, si cette démonstration n'a pas toujours reçu une forme scientifique, elle est aussi ancienne que la raison humaine, dont elle a suivi le progrès. Dès qu'il a commencé à réfléchir sur sa destinée morale, l'homme n'a pu s'arrêter au cours aveugle et fatal de la nature ; il a dû s'élever au-delà, et invoquer quelque puissance supérieure qui rendît possible cette destinée ou ce but final qu'il se voyait forcé d'admettre et de poursuivre. On a pu s'égarer, en cherchant à déterminer la nature et les attributs de cette puissance et ses rapports avec le monde ; on n'a pas pu s'empêcher de reconnaître et de proclamer la nécessité d'un certain être capable de réaliser l'harmonie de la moralité et du bonheur. — Et puis sans doute, ajoute Kant, cette manière d'envisager la nature et de la rapporter à une cause morale dut attirer l'attention et l'intérêt sur la beauté et la finalité de la nature, et celles-ci à leur tour vinrent confirmer l'idée de cette cause et d'un but final du monde.

Je n'élèverai point d'objection contre cette preuve, qui, en effet, est fort ancienne, quoiqu'on ne lui ait pas toujours donné une forme aussi précise. C'est d'ailleurs, avec l'argument des causes finales, la preuve la plus frappante et la plus vulgaire. Il y a un Dieu, s'écrient les hommes en présence des merveilles de la nature. Il y a un Dieu, s'écrient-ils encore, lorsqu'ils voient le juste souffrir et le méchant prospérer ; il y a un Dieu car il faut que ce désordre soit réparé (3). Kant a raison de s'incliner devant cette preuve, à l'exemple du sens commun. Mais on sait qu'il l'admet à l'exclusion de toutes les autres, qu'il appelle théoriques, et qui n'ont à ses yeux

(1) P. 219 et suiv.
(2) P. 182.
(3)   Abstulit hunc tandem Ruffini pœna tumultum,
    Absolvitque Deos. . . . . . (Claudien.)

aucune valeur objective. Or, d'où vient qu'il attribue à la preuve morale la valeur objective qu'il refuse aux preuves théoriques, particulièrement aux preuves physiques? N'y a-t-il pas là une contradiction flagrante? Je comprends très-bien que la preuve morale, invoquée par Kant, puisse avoir une portée que n'ont pas les autres preuves, particulièrement les preuves physiques, c'est-à-dire qu'elle puisse nous donner certains attributs de Dieu que les autres ne nous donnent pas, en nous le faisant concevoir comme la Providence du monde moral ; et que, pour ne parler que de cet ordre de preuves, elle détermine ainsi et complète ce que la théologie physique, réduite à elle-même, laisserait indéterminé et incomplet. On peut très-bien admettre cela sans contradiction, et c'est la vérité. Mais lorsque, non content de renfermer les preuves métaphysiques et physiques de l'existence de Dieu dans leurs limites naturelles, on les a déclarées radicalement impuissantes, sous prétexte qu'elles se rapportent à la raison théorique, et que la raison théorique ne peut rien établir en dehors de l'esprit qu'elle sert à diriger, est-on fondé à attribuer ensuite à la preuve morale la valeur objective qu'on dénie à toutes les autres, parce qu'elle se fonde sur la raison pratique, et que la raison pratique a une valeur objective que n'a pas la raison théorique? D'où vient ce privilége accordé à la première et refusé à la seconde? Je ne vois pas comment Kant pourrait répondre à ce dilemme : ou la raison théorique n'a qu'une valeur subjective, et alors la raison pratique ne saurait avoir une valeur absolue, car ici et là c'est toujours la raison humaine ; ou la raison pratique a une valeur absolue, et alors il ne se peut pas que la raison théorique n'ait qu'une valeur subjective. Je ne veux pas d'ailleurs entrer ici dans une aussi grave discussion; je me borne à signaler sur ce point dans la doctrine de Kant une contradiction à laquelle, quoi qu'il fasse, il ne saurait échapper (1).

(1) Voyez sur ce point les leçons de M. Cousin sur Kant, leç. 7.—Voyez aussi mon article Kant dans le *Dictionnaire des sciences philosophiques*, t. ii, p. 437.

Aussi, comme pour atténuer autant que possible cette contradiction, à peine a-t-il exposé la seule preuve de l'existence de Dieu qui trouve grâce devant lui, qu'il s'empresse de la renfermer dans les plus étroites limites (1).

On a vu tout-à-l'heure comment Kant démontre l'existence de Dieu : l'accord de la moralité et du bonheur, ou de la liberté et de la nature, que la raison pratique nous présente comme nécessaire, nous ne pouvons le concevoir comme possible qu'en supposant une cause morale du monde, douée de certains attributs déterminés ; et, comme il est nécessaire d'admettre la possibilité de ce but, puisque ce but même est nécessaire, il est également nécessaire d'admettre la seule condition sous laquelle nous le puissions concevoir, c'est-à-dire l'existence d'une cause morale du monde ou de Dieu. Mais cette conclusion, moralement nécessaire, en ce sens qu'elle se fonde sur un concept de la raison pratique, ne nous apprend absolument rien au point de vue théorique. En effet, d'abord les attributs que nous concevons dans la cause suprême du monde comme conditions de la possibilité du souverain bien, à savoir l'intelligence et la volonté, nous ne les pouvons concevoir en Dieu que par analogie ; autrement d'où en aurions-nous quelque idée? Ensuite ces attributs nous font sans doute concevoir Dieu d'une manière déterminée, mais ils ne nous le font pas connaître par là même. Ils expriment tout simplement le seul mode sous lequel la constitution de notre esprit nous permette de concevoir la cause du monde, lorsque nous y voulons rattacher la possibilité du souverain bien. Ils servent par conséquent à exprimer le rapport de cet être au souverain bien, ou à l'objet de notre raison pratique ; mais comme cet être surpasse, selon Kant, toutes nos facultés de connaître, ils ne nous apprennent rien de sa nature intime. C'est ainsi que nous concevons une cause, dans son rapport avec son effet, d'après le concept que nous avons de cet effet,

---

(1) § LXXXVII et suiv. — Cf. *Raison pure* et *Raison pratique* aux endroits déjà cités.

mais sans prétendre en déterminer la nature par les propriétés que nous atteste l'expérience et qui sont la seule chose que nous puissions connaître directement. C'est ainsi, par exemple, que nous attribuons à l'âme, dans son rapport avec le corps, une certaine force motrice, pour nous expliquer les mouvements corporels qui dérivent des idées, mais sans prétendre déterminer la nature de cette force, et sans lui attribuer le seul mode que nous connaissions dans les forces motrices, celui qui suppose des êtres étendus. Pareillement, nous ne devons pas prétendre connaître la nature intime de la cause suprême du monde, en la concevant par analogie comme douée d'intelligence et de liberté. C'est là, il est vrai, le seul genre de causalité que nous puissions lui attribuer, pour pouvoir admettre ce dont nous avons besoin ; mais, si nous allons jusqu'à prétendre connaître ainsi sa nature intime, nous oublions les bornes de l'esprit humain.

En renfermant la connaissance de Dieu dans les limites de la sphère pratique, l'argument moral a, selon Kant (1), l'avantage d'empêcher la raison humaine de s'égarer en de chimériques conceptions ou de se perdre dans le vide. Il lui rappelle incessamment les bornes qu'incessamment elle tend à dépasser. Notre raison en effet tend sans cesse à sortir de ses limites, pour se jeter dans un monde transcendant, où elle croit saisir quelque chose, mais où la réalité lui échappe. Si on ne lui ferme pas l'entrée de ce monde, il n'y a plus moyen de borner ses prétentions : elles croissent toujours davantage et ne connaissent plus de terme. Or, jusqu'ici ces prétentions si ambitieuses sont demeurées stériles. Il est vrai que le mauvais succès des tentatives faites vers un certain but ne prouve pas décidément l'impossibilité de l'atteindre, si l'on n'a pas trouvé la raison de cette impossibilité. Mais c'est pour Kant un principe assuré que toute connaissance théorique des choses supra-sensibles

---

(1) § LXXVIII. — P. 84.

est interdite à la raison humaine. La preuve morale, en remédiant, en quelque sorte, au point de vue moral, à cette insuffisance de la raison théorique, la tient sans cesse présente à l'esprit et par là nous rend un grand service (1). Kant lui en attribue encore un autre : c'est que, comme elle va de la morale à Dieu, et non pas de Dieu à la morale, elle laisse à celle-ci toute sa pureté. Concevant Dieu comme la cause morale du monde, nous donnons alors aux lois morales un caractère divin, ou nous les concevons comme des commandements de Dieu (2); mais nous ne les concevons ainsi que parce que nous les concevions déjà comme des lois morales, et nous ne les reconnaissons pas pour des lois morales, parce qu'elles nous seraient imposées comme venant de Dieu. Si c'était là le titre unique de la législation morale, nous serions comme des esclaves courbés sous les ordres d'un maître, non comme des créatures raisonnables soumises à la raison, et nos idées morales suivraient l'idée même que nous nous ferions de Dieu (3). C'est ce qui arrive en effet toutes les fois qu'on subordonne la morale à la théologie, et de là dans les diverses religions les diverses manières d'entendre les devoirs religieux, et même en général tous les autres devoirs.

Kant, qui ne croit pas pouvoir trop insister sur ce grand sujet, se demande quelle est la nature de la croyance en Dieu que détermine la preuve morale (4) ; et, afin de la mieux mettre en

---

(1) Il en est de même, selon Kant, de l'immortalité de l'âme. Nous ne saurions déterminer en aucune manière, au point de vue théorique, la nature intime de notre être pensant et la durée de son existence. Nous pouvons sans doute repousser le matérialisme; mais il ne nous reste après cela qu'un concept négatif et indéterminé. Or, la lacune que laisse ici la raison théorique, la raison pratique, c'est-à-dire la considération de notre destination morale vient la combler; mais en même temps elle nous rappelle les bornes où se doit renfermer la psychologie.

(2) Voyez plus haut, p. 284.

(3) Ce point de la philosophie morale est un de ceux auxquels Kant attribue le plus d'importance, car il en marque et en résume le caractère : aussi y revient-il et y insiste-t-il fortement dans ses trois *Critiques*, et presque dans tous ses ouvrages.

(4) § LXXXIX, et § XC.

lumière, il commence par développer de nouveau cette thèse, qui occupe déjà une si grande place dans la *Critique de la raison pure*, à savoir, qu'il n'y a pas de preuve théorique possible de l'existence de Dieu.

Les preuves de la raison spéculative sont de deux espèces : les unes sont *à priori*, les autres *à posteriori*. Celles-ci, qu'on appelle aussi les preuves physiques, ont été tout-à-l'heure l'objet d'un examen spécial : tout en les proclamant dignes de respect, Kant les déclare radicalement insuffisantes ; selon lui, elles ne sauraient nous assurer de l'existence d'une cause intelligente du monde, et nous en donner un concept déterminé, en sorte que, si nous en concluons l'existence d'un être tel que Dieu, ou bien nous suppléons à ce qui leur manque par quelque addition arbitraire, ou bien nous y introduisons à notre insu un concept puisé à une autre source. — Quant aux preuves *à priori*, ou métaphysiques, notre philosophe en distingue deux principales, qu'il a soumises à un examen approfondi dans la *Critique de la raison pure* (1), et qu'il rappelle ici en passant (2) : l'une, qui conclut du concept de l'être souverainement réel à son existence absolument nécessaire : car, dit-on, s'il n'existait pas, une réalité lui manquerait, à savoir l'existence, et c'est la preuve *ontologique*; l'autre, qui conclut de la nécessité absolue de l'existence de quelque chose aux prédicats de l'être premier : car, dit-on, puisque quelque chose existe, il faut qu'il existe un être absolument nécessaire, par qui existe ce qui n'existe pas par soi-même, et cet être absolument nécessaire ne peut être par cela même que l'être souverainement réel, et c'est la preuve *cosmologique*. De ces deux arguments, le premier conclut des prédicats de l'être premier à son absolue existence ; le second, de l'absolue nécessité de l'existence de quelque chose aux prédicats de l'être premier. Kant ne reprend pas les objections qu'il a déjà adressées à ces deux arguments ; il se borne, en les in-

---

(1) *Dialectique*, liv. II, chap. III, sect. 4 et 5.
(2) P. 214 et 215.

diquant, à remarquer que, « si on peut défendre ces sortes de preuves à force de subtilité dialectique, on ne peut jamais les faire passer de l'école dans le monde et leur donner la moindre influence sur le sens commun (1). »

Mais voici comment il présente ici la question de savoir si nous sommes capables de prouver l'existence de Dieu par quelque preuve théorique. Selon lui, toute preuve théorique, destinée à convaincre et non pas seulement à persuader, se fonde, ou sur une démonstration logique, ou sur une analogie, ou sur une vraisemblance, ou sur une hypothèse (2). Il se demande si l'on peut établir l'existence de Dieu par quelqu'un de ces moyens, et sur chacun de ces points sa réponse est négative.

1° Il est impossible de se servir ici de ce genre de preuve qui va du général au particulier ; car les concepts généraux auxquels on essaierait de ramener le concept particulier d'un être supra-sensible ne s'appliquent qu'aux choses sensibles, et par conséquent on ne peut conclure des premiers au second. Et d'un autre côté, comme il ne peut y avoir d'intuition correspondant à ce concept, il reste toujours problématique pour nous et ne peut nous fournir aucune connaissance déterminée.

2° Quand des causes spécifiquement différentes produisent des effets semblables, cette identité de rapport entre les causes et les effets constitue ce que l'on appelle une analogie ; et de cette identité de rapport, conclure à quelque chose d'analogue dans les causes mêmes, malgré leur différence spécifique, c'est conclure par analogie. Ainsi, par exemple, si je compare les nids des oiseaux ou les constructions des abeilles ou des castors aux œuvres des hommes, je trouve entre ces effets produits par des causes spécifiquement distinctes un rapport d'analogie ; et de cette analogie entre les opérations des animaux, dont je ne connais pas directement le principe, avec celles de l'homme dont j'ai immé-

(1) P. 215.
(2) P. 192.

diatement conscience, je conclus qu'il doit y avoir dans l'animal quelque chose d'analogue à la raison humaine, et c'est ce que j'appelle l'instinct. Cette conclusion est parfaitement légitime. Car si les êtres sur lesquels je raisonne sont spécifiquement différents, ils appartiennent également au monde sensible, et tombent également, quoique diversement, sous la connaissance sensible. Mais puis-je raisonner de la même manière, quand il s'agit d'un être qui échappe absolument à toutes les conditions du monde sensible? Je trouve bien dans la nature quelque chose d'analogue aux œuvres que produit l'art ou l'industrie humaine; mais pour expliquer cette analogie, ai-je le droit de transporter les attributs de l'humanité à la cause du monde, et de prétendre déterminer par ce moyen les attributs de cette cause? Nullement, car entre la nature humaine et la nature divine il n'y a plus seulement une différence spécifique, comme entre l'homme et l'animal, mais une différence absolue; et par conséquent, si j'admets dans la cause du monde quelque chose d'analogue à l'intelligence humaine, je ne puis prétendre rien déterminer par là. « Précisément, dit Kant, parce que nous ne pouvons concevoir la causalité divine que par analogie avec un entendement (faculté que nous ne connaissons que dans un être soumis à des conditions sensibles, dans l'homme), nous sommes avertis que nous ne devons pas lui attribuer cet entendement au sens propre (1). » On n'a rien à désirer d'ailleurs, ajoute-t-il, dans la représentation des rapports de cet être avec le monde, relativement aux conséquences théoriques et pratiques qui dérivent de ce concept. Vouloir rechercher ce qu'il est en soi est une curiosité aussi téméraire que vaine. »

Kant, qui a déjà développé plus haut cette idée (2), y revient encore à la fin de son ouvrage (3). Toute connaissance théorique est ici interdite à la raison, précisément parce que

---

(1) P. 495.
(2) Voyez plus haut, p. 285.
(3) *Remarque générale*, p. 228 et suiv.

Dieu est placé au-dessus de toutes les conditions sensibles, et ne peut être déterminé par aucun des concepts qui conviennent aux choses sensibles, et qui en les déterminant nous les font connaître. Quand, par exemple, j'attribue à un corps la force motrice, en lui appliquant le concept de la causalité, j'en ai une connaissance déterminée, en ce sens que j'en détermine en effet les conditions et les lois. Mais s'agit-il d'un être supra-sensible, considéré comme premier moteur : il échappe à toutes ces conditions et à toutes ces lois, et dès lors comment le déterminer, et comment le concevoir, sinon d'une façon toute négative ? De même, quand, pour expliquer l'ordre et l'harmonie que je découvre dans le monde, j'admets une cause intelligente du monde, je ne puis avoir la prétention de déterminer ainsi la nature divine, car je ne connais véritablement d'autre intelligence que celle de l'homme. Je connais celle-ci : j'en connais les conditions et les lois ; mais ces conditions et ces lois ne peuvent s'appliquer à l'intelligence divine, et par conséquent, ici encore, je n'ai qu'un concept négatif et indéterminé. Si donc, au point de vue moral, c'est-à-dire dans son rapport avec l'objet de ma raison pratique, ou avec le souverain bien, je suis forcé d'admettre une cause morale du monde, et de déterminer ainsi le concept du principe supra-sensible des choses, cette détermination n'a de valeur qu'à ce point de vue et ne nous apprend absolument rien au point de vue théorique. L'argument moral n'étend pas le moins du monde notre connaissance, mais il suffit à notre destination pratique, et nous n'en devons pas demander davantage.

3° Il ne peut être question de vraisemblance, là où il s'agit de jugements *à priori*, lesquels ou donnent directement la certitude, ou ne sont rien. Ensuite d'où vient la vraisemblance ? Elle résulte d'un ensemble de preuves, qui, complétées, donneraient la certitude. Or, vous avez beau entasser des preuves empiriques les unes sur les autres, si votre conclusion dépasse les limites de l'expérience, vous ne parviendrez jamais à la rendre vraisemblable; car, entre vos preuves, qui ont leur fondement dans l'expérience, et votre conclusion qui a son objet en dehors de l'expérience, il y aura toujours un abîme infranchissable.

4° Faire une hypothèse, c'est prendre pour principe d'explication une chose dont la réalité n'est pas prouvée, mais dont la possibilité est parfaitement établie, c'est-à-dire repose sur un fondement solide; autrement, comme dit Kant, on ne pourrait mettre un terme aux vaines fantaisies de l'esprit. Or, sur quel fondement établir la possibilité de l'existence de Dieu? Sans doute le concept de Dieu ne renferme rien de contradictoire, mais le principe de contradiction ne prouve que la possibilité de la pensée, et non pas celle de l'objet même.

Ainsi, au point de vue théorique, l'existence d'un être supra-sensible tel que Dieu ne peut être établie par aucun des moyens qu'on vient de parcourir. A quel ordre de connaissances appartient donc le concept de l'existence de Dieu? Selon Kant, il y a trois espèces d'objets de connaissance: les choses d'*opinion*, les choses de *fait* et les choses de *foi* (1). Or, l'existence de Dieu n'est, selon lui, ni une chose d'opinion, ni une chose de fait, mais seulement une chose de foi. On va comprendre sans peine ce qu'il entend par là.

Les choses d'opinion, sous peine d'être de pures et vaines fictions de l'esprit, doivent toujours être les objets d'une connaissance empirique, qui soit possible en soi, bien qu'elle puisse être impossible pour nous, dans l'état actuel de nos moyens de connaître. Ainsi, par exemple, l'existence d'habitants raisonnables dans les autres planètes est une chose d'opinion, c'est-à-dire une chose que l'expérience ne nous révélera jamais; mais cette expérience même, impossible pour nous, n'est pas en *soi* absolument impossible. Or, en

---

(1) § c. — p. 199. — Cette distinction revient à celle que Kant avait déjà indiquée dans la *Critique de la raison pure* (*Méthodologie*, chap. II, sect. 3), entre l'*opinion* (*Meinen*), la *science* (*Wissen*), et la *foi* (*Glauben*). Voyez aussi sur la *foi* philosophique, dont il est ici question, la *Critique de la raison pratique*, traduc. franç. p. 335 et p. 367.

général, là où il s'agit d'idées de la raison, il n'y a plus place pour l'opinion. Une proposition *à priori* est certaine, ou elle n'est rien. Et quant à la question qui nous occupe, comme l'existence de Dieu est une chose qui est absolument en dehors de l'expérience, il est impossible de la considérer comme une chose d'opinion.

Est-elle une chose de fait? Kant comprend sous cette dénomination tous les objets dont la réalité objective peut être prouvée, soit par la raison, théorique ou pratique, soit par l'expérience. Mais la raison ne peut prouver la réalité objective de ses concepts qu'au moyen d'une intuition qui y corresponde. Il n'y a qu'une seule idée de la raison qui échappe à cette condition, et dont la réalité puisse être prouvée sans le secours d'une intuition correspondante. C'est l'idée de la liberté, dont la réalité objective est établie par la loi morale. Transcendante aux yeux de la raison théorique, la liberté est si nécessairement liée à la loi morale que la raison pratique ne peut admettre l'une sans l'autre. La loi morale implique la liberté; et, bien qu'elle soit impénétrable à la raison théorique, celle-ci n'en est pas moins une chose de fait, c'est-à-dire une chose dont la réalité est assurée par celle même de la loi morale. Quant à l'existence de Dieu, elle peut être nécessaire, comme condition suprême de l'accomplissement de notre destination morale; mais la loi morale n'en établit pas la réalité en tant que chose de fait, comme elle établit celle de la liberté. Seulement, comme la loi morale ou la raison pratique nous assigne une certaine destination à remplir, un certain but à poursuivre, le souverain bien, et que cette destination ou ce but est impossible sans l'existence de Dieu et sans l'immortalité de l'âme, il faut admettre ces deux choses, en même temps que le souverain bien dont elles sont les conditions nécessaires. Or, le souverain bien n'est pas, comme la loi morale ou la liberté, une chose de fait, car il ne dépend pas absolument de nous de le réaliser; et, d'un autre côté, la raison théorique n'en peut démontrer la possibilité;

mais c'est une chose de *foi*, c'est-à-dire une chose dont il faut admettre, malgré cela, la possibilité et la réalité, parce qu'elles sont liées à la loi morale. Donc l'existence de Dieu et l'immortalité de l'âme, qui sont les conditions du souverain bien, sont, comme lui, des choses de foi : il faut bien les croire possibles et réelles, puisqu'elles sont les conditions de la réalisation du but même que nous propose la loi morale, et que nous ne pourrions les rejeter sans rejeter ce but, et par conséquent sans ébranler la loi même à laquelle il est nécessairement lié ; mais nous ne pouvons les démontrer comme des choses de fait, ni par la raison théorique, ni par la raison pratique (1). Tel est le sens dans lequel il faut entendre que l'existence de Dieu et l'immortalité de l'âme sont des choses de foi. On le voit donc, la foi pour Kant, c'est la croyance à la réalité de certaines choses que ni la raison théorique, ni la raison pratique ne peuvent démontrer comme des choses de fait, mais que nous devons admettre comme nécessairement liées à la loi morale. Kant se plaît à renvoyer à la religion chrétienne l'honneur d'avoir introduit ce mot dans la philosophie morale, et avec ce mot l'idée qu'il lui fait désigner. « L'introduction, dit-il (2), de cette expression et de cette idée particulière dans la philosophie morale peut paraître suspecte, parce qu'elles viennent du christianisme, et l'on pourrait ne voir dans l'emploi de ce mot qu'une flatteuse imitation de sa langue. Mais ce n'est pas le seul cas où cette religion, si admirable et si simple, a enrichi la philosophie de concepts moraux plus déterminés et plus purs que ceux que celle-ci avait pu fournir jusque là, mais qui, une fois mis dans le monde, sont librement approuvés par la raison, et acceptés comme des concepts qu'elle aurait

---

(1) « De ces trois idées de la raison pure, dit Kant plus loin (p. 212), Dieu, la liberté et l'immortalité, celle de la liberté est le seul concept du supra-sensible qui prouve sa réalité objective dans la nature par l'effet qu'il y peut avoir, et c'est précisément par là que devient possible la liaison des deux autres avec la nature, et de toutes trois ensemble avec une religion. »

(2) P. 207.

pu et dû trouver et introduire elle-même. » La foi, ou cette croyance morale que nous venons de décrire, ne peut nous être imposée par aucune autre autorité que par celle de la raison pratique : elle n'a d'autre fondement que la loi morale même. Fonder cette croyance sur une autorité extérieure, pour en dériver ensuite la loi morale, ce serait enlever à celle-ci son caractère et corrompre la source de la moralité. « Une morale théologique, dit Kant en terminant la *Critique du Jugement* (1), est impossible, parce que les lois que la raison ne donne pas originairement, et dont elle ne commande pas l'exécution, ne peuvent être morales, de même qu'une physique théologique ne serait rien, parce qu'elle ne proposerait pas des lois physiques, mais des ordonnances d'une volonté suprême. » On a vu d'ailleurs comment, en rattachant au concept de Dieu celui du souverain bien, Kant donne à la moralité un caractère religieux, qui ne lui ôte rien de son caractère propre.

Ainsi, ces objets d'une croyance toute morale, Dieu et l'immortalité de l'âme, sont des choses de foi, et ce sont les seuls qui méritent véritablement ce nom ; car les objets de la croyance qui se fonde sur l'autorité du témoignage ne sont pas, à proprement parler, des choses de foi, parce que ce sont, en définitive, des objets d'expérience, quoique cette expérience ne soit pas directe, mais transmise par le témoignage.

Telle est la conclusion à laquelle arrive la Critique du Jugement, comme celle de la raison pure et celle de la raison pratique : la raison théorique ne peut démontrer l'existence de Dieu et déterminer ses attributs, et la croyance à l'existence de Dieu n'est autre chose qu'un acte de foi, fondé sur la raison pratique, c'est-à-dire sur la loi morale.

Revenons maintenant, pour en déterminer la valeur, sur les idées que nous venons d'exposer fidèlement.

(1) P. 231.

On a vu comment, après avoir admis la preuve morale de l'existence de Dieu à l'exclusion de toutes les autres, Kant s'empresse de la renfermer elle-même dans les plus étroites limites. Selon lui, lorsque, comme conclusion de cette preuve, nous attribuons à Dieu l'intelligence et la volonté, nous ne devons pas nous flatter de pénétrer par là sa nature intime; car il ne nous est pas donné de la connaître directement. Si nous plaçons en Dieu ces attributs, c'est que nous en avons besoin pour concevoir par analogie le rapport de cet être au souverain bien ou à l'ordre moral, mais nous prétendrions vainement en acquérir ainsi une connaissance positive.

Il est très-vrai que nous ne connaissons pas directement la nature et les attributs de Dieu, particulièrement son intelligence et sa volonté ; il est très-vrai que nous ne connaissons directement d'autre volonté et d'autre intelligence que les nôtres, et que, comme il y a entre nous et Dieu la distance du fini à l'infini, en lui attribuant de telles facultés, nous ne pouvons nous vanter de pénétrer par là sa nature. Mais, quelles que soient en Dieu l'intelligence et la volonté, quelle qu'en soit la nature et de quelque manière qu'elles s'exercent, si indéterminée et insuffisante que soit la connaissance que nous en avons, il est très-certain aussi que ces attributs, il les possède réellement, actuellement, puisque autrement il ne saurait être le principe de l'ordre moral, non plus que celui de la finalité et de l'harmonie qui règnent dans la nature.

On peut donc très-bien accorder que nous ne devons pas nous flatter de pénétrer la nature intime de Dieu, et admettre en même temps que, par certains arguments, et par celui de Kant en particulier, nous sommes capables de déterminer avec certitude quelques-uns de ses attributs, quoique nous n'en puissions avoir une connaissance directe et entière.

Kant pense que la connaissance de Dieu est absolument interdite à la raison humaine : s'il admet la preuve morale, il nous avertit que c'est uniquement pour le besoin de la raison pratique ; il ne pense pas qu'elle étende le moins du monde notre connaissance. Mais d'abord de deux choses l'une : ou bien cet argument a une valeur réelle, et alors il en résulte une certaine connaissance ; ou bien il n'a aucune valeur objective, il ne nous apprend rien en réalité sur Dieu, et alors de quel secours peut-il être à la raison pratique ? Il ne fait, dites-vous, que satisfaire un besoin de la raison pratique, celui d'admettre la possibilité de l'ordre moral qu'elle conçoit comme nécessaire. Mais, répondrai-je, si nous admettons Dieu sur ce fondement, c'est que nous le regardons comme le seul être capable de réaliser cet ordre. Soit, direz-vous encore ; seulement cela ne signifie rien, sinon la seule manière possible pour vous de concevoir la possibilité du souverain bien. Je réponds encore une fois que, si vous ne m'accordez pas le droit d'attribuer à cette conception une valeur réelle, vous n'avez rien fait pour moi, pour ma raison pratique, et que votre argument n'en est pas un. En restreignant outre mesure la valeur de l'argument moral, Kant, comme nous l'avons déjà remarqué, a voulu atténuer la contradiction qui éclate dans sa doctrine entre la raison théorique et la raison pratique ; mais, pour éviter cette contradiction, n'est-il pas tombé dans un autre, en invoquant un argument qu'il destitue lui-même de toute valeur objective ? Que s'il lui accorde une valeur réelle, c'est donc que cet argument apporte avec lui quelque connaissance. Il faut bien s'entendre d'ailleurs, lorsque l'on parle de la connaissance de Dieu : s'il s'agit d'une connaissance directe, pleine et entière, je suis de l'avis de Kant. Je crois, avec lui, que nous n'avons pas de Dieu, comme de nous-mêmes, une intuition immédiate ; que nous ne faisons que le concevoir, et que nous n'en pouvons déterminer les attributs que d'une façon indirecte et plutôt négative que positive (il en a lui-même parfaitement déduit les raisons); mais de là à prétendre que nous n'en avons absolument aucune connaissance, et que nous n'en pouvons rien affirmer, il y a loin. Et non seulement l'argument moral, que Kant veut bien admettre sous certaines réserves, mais aussi ceux qu'il rejette sous le nom de preuves spéculatives, soit les arguments métaphysiques ou *à priori*, soit les arguments physiques ou *à posteriori*, sont très-propres à nous en donner une connaissance réelle.

J'ai déjà montré que les preuves qui se tirent de la finalité de la nature démontraient une cause intelligente du monde. Sans doute elles ne nous font pas connaître la nature intime de cette cause, et, réduites à elles-mêmes, elles ne suffisent pas à nous donner de ses attributs une connaissance déterminée; mais n'est-ce rien de savoir que le monde ne peut être l'effet de causes purement mécaniques, qu'il n'est pas, comme le prétendaient les Épicuriens, et comme le soutiennent les matérialistes de tous les temps, le produit du hasard ou d'une aveugle fatalité; mais, comme le reconnaissent tous les hommes que n'égare point l'esprit du système, qu'une intelligence y préside, qu'elle qu'en soit d'ailleurs la nature et de quelque façon qu'elle opère.— Quant aux arguments métaphysiques, on sait combien notre philosophe en fait bon marché. Je n'entrerai pas ici dans l'examen de ces arguments, dont il ne dit qu'un mot en passant; mais je veux examiner brièvement ce qu'il dit en général de l'impossibilité d'établir une preuve théorique de l'existence de Dieu.

La critique de Kant aboutit à ce double résultat qu'il n'y a pour nous de connaissance réelle que celle qui se fonde sur quelque intuition, et qu'il n'y a d'intuition possible que les intuitions empiriques, celles du sens intime et celles des sens extérieurs. D'où il suit que nous ne pouvons avoir aucune intuition de Dieu, qui est un être supra-sensible, et que par conséquent nous n'en pouvons avoir aucune connaissance positive, que nous ne pouvons ni en déterminer la nature, ni même en affirmer l'existence. Or, quand on admettrait ce que je suis tout prêt à accorder, que nous n'avons pas l'intuition de Dieu, comme nous avons celle de nous-mêmes, s'ensuit-il que nous n'en puissions ni affirmer l'existence ni déterminer les attributs, et que nous n'en ayons aucune espèce de connaissance?

Mais, dira Kant, si vous en avez quelque connaissance et que cette connaissance ne repose pas sur une intuition, sur quoi se fonde-t-elle? Elle ne peut être ni la conséquence d'une démonstration logique, ni celle d'un raisonnement par analogie, ni une opinion vraisemblable, ni une hypothèse.

Je réponds que nous y pouvons arriver de diverses manières, parmi lesquelles je me garde bien d'exclure tous les procédés que Kant rejette ici.

On pourrait d'abord, tout en accordant que nous n'avons pas l'intuition de Dieu, comme nous avons celle de nous-mêmes, remarquer qu'il n'y a pas besoin d'avoir recours à un raisonnement pour prouver l'existence de Dieu, si d'une part l'idée de Dieu est véritablement une idée de la raison, et si d'autre part la raison, en nous la donnant, nous force d'en admettre la réalité objective ; c'est-à-dire si elle ne nous fait pas concevoir seulement Dieu comme un idéal possible, mais comme un être nécessaire. En effet, s'il en est ainsi, la raison établit l'existence de Dieu, sans le secours d'aucun raisonnement; ou bien il faut mettre en doute l'autorité de la raison même. Toute la question est donc de savoir 1° si l'idée de Dieu ne serait point par hasard une idée négative et factice, comme le prétendaient les adversaires de Descartes, et comme le soutiennent en général tous les sensualistes, ou si c'est une idée de la raison, une idée innée, comme disait Descartes, ou une idée *à priori*, comme dit Kant ; et 2°, ce premier point une fois décidé, si cette idée nous est donnée simplement comme un idéal nécessaire, il est vrai, à l'achèvement de la connaissance, mais dont nous n'avons pas le droit d'affirmer la réalité ; ou bien si la raison, en nous faisant concevoir Dieu comme un idéal, nous le présente en même temps comme un être nécessaire, dont il serait absurde de mettre en doute l'existence. Il s'agit donc tout simplement d'interroger la raison : si elle répond affirmativement sur ces deux points, nous n'avons que faire du raisonnement.

Descartes a fort bien établi le premier de ces deux points contre ces adversaires, mais il a eu le tort de vouloir démontrer, par la voie du raisonnement, la réalité objective (1) de l'idée qu'il rétablissait contre eux. Il eut été beaucoup plus simple de montrer que la raison elle-même nous défend de considérer cette idée comme un simple idéal, puisqu'elle nous présente Dieu comme un être nécessaire, et que par conséquent il faut ou admettre l'existence de Dieu ou rejeter l'autorité de la raison. En reconnaissant la nécessité de démontrer la réalité objective de l'idée de Dieu (2), Descartes a engagé cette grande question dans des subtilités d'école dont elle peut très-bien se passer, et qui la compromettent souvent au lieu de l'éclaircir.

Mais comment répondre à Kant, qui, tout en rapportant à la raison l'idée de Dieu, n'y voit qu'un idéal, nécessaire à

---

(1) Je conserve ici à cette expression le sens que lui a donné Kant et qu'elle a conservé depuis; mais elle a dans la langue de Descartes un sens tout opposé, et, pour parler cette langue, ce serait *réalité formelle* qu'il faudrait dire ici.

(2) Il n'est pas exact, selon moi, de prétendre, comme le fait M. Cousin dans ses leçons sur Reid, que Descartes ne démontre pas l'existence de Dieu par le raisonnement. Il la démontre, au contraire, par un raisonnement explicite. Sans doute, à prendre ces mots à la lettre, il ne déduit pas, comme M. Cousin reproche à Reid de le lui avoir imputé, de sa propre existence l'existence d'un être suprême, infiniment parfait; mais, trouvant en lui-même, être imparfait, l'idée d'un être tout parfait, il entreprend de démontrer par l'existence de cette idée en nous l'existence de Dieu hors de nous, et il prétend le démontrer de trois manières différentes, qu'il a même pris soin de réduire en syllogisme. (Voyez le *Discours de la méthode*, 4me partie, où se trouvent déjà indiquées ces trois démonstrations; la 3me Méditation, où Descartes développe longuement les deux premières preuves, et la 5me, où il reprend sa troisième démonstration; les *Principes de la philosophie*, où il les résume toutes les trois; et les *Réponses aux secondes objections*, où il les présente sous une forme syllogistique). M. Cousin a supérieurement dégagé le sens philosophique (voyez particulièrement ses leçons sur Kant, Leç. 6), caché au fond de ce genre de preuves; mais, si l'on regarde la forme dont Descartes l'a revêtu, il est impossible de ne pas reconnaître qu'il procède ici par voie de démonstration. Il est même vrai de dire avec Reid (*Recherches sur l'entendement*, chap. 7, Conclusion), que le système de Descartes n'admet qu'un seul principe, d'où il déduit par le raisonnement tout le reste de la connaissance humaine. En effet, le *cogito* excepté, ce point fixe et inébranlable où s'appuie Descartes, tout le reste de son système n'est qu'une suite de démonstrations ou de déductions logiques et mathématiques.

l'achèvement de la connaissance, mais dont il est impossible à la raison humaine d'établir la réalité objective? Ne faut-il pas de toute nécessité avoir recours au raisonnement, pour démontrer contre lui la réalité objective de cette idée? Je réponds qu'il suffit de montrer qu'il a mal interrogé la raison. Si l'opinion de Kant était vraie, la raison pourrait admettre ou rejeter à son gré l'existence de cet idéal qu'on appelle Dieu. Or, en est-il ainsi? Nous l'avons déjà dit, la raison ne nous le fait pas seulement concevoir comme un idéal possible, mais elle nous force à l'admettre comme un être nécessaire. Si cela est bien établi, ou il faut rejeter l'autorité de la raison, et Kant ne pousse pas le scepticisme jusque là; ou il faut reconnaître que l'existence de Dieu se trouve par là même établie (1).

Maintenant cette idée a sans doute besoin d'être déterminée. S'il est une vérité assurée, c'est qu'il y a quelque chose qui existe par soi-même, qui par conséquent est absolu, infini, éternel, etc. J'avoue que je n'ai de ces attributs métaphysiques, ou, comme Kant les appelle, transcendentaux, qu'une connaissance très-imparfaite; mais enfin je ne puis pas ne pas les admettre. J'avoue aussi que, si ma connaissance de Dieu se bornait là, je ne serais pas fort avancé, et que ma théodicée (si l'on pouvait encore se servir de cette expression dans cette hypothèse) (2) ne vaudrait guère mieux que celle de Spinoza ou des panthéistes; mais, tout en reconnaissant que la raison me fait concevoir et admettre un être nécessaire, absolu, infini, éternel, etc., j'admets aussi que je puis arriver par certaines voies à en déterminer la connaissance. On peut s'adresser pour cela à la contemplation de la nature et de nous-mêmes. C'est d'ailleurs cette contempla-

---

(1) *Dictionnaire des sciences philosophiques*, article Kant, p. 437.
(2) La *Théodicée*, d'après l'étymologie du mot, signifie l'étude des attributs moraux de Dieu, particulièrement de sa justice; par extension, on désigne sous ce nom toute cette partie de la philosophie qui traite de l'existence et des attributs de Dieu, ou la théologie naturelle; mais il est clair qu'il n'a plus de sens dans la bouche de ceux qui ne conçoivent pas Dieu comme la **Providence du monde moral**, Spinoza, par exemple, et tous les panthéistes.

tion même qui, je ne dis pas produit, mais éveille en nous l'idée d'un être tel que Dieu ; et, après l'avoir éveillée, l'éclaire et la confirme. L'idée de Dieu est dans notre âme, selon la comparaison à la fois poétique et philosophique de Platon, comme un souvenir effacé ; ou, selon celle de Descartes, « comme la marque de l'ouvrier empreinte sur son ouvrage (1). » Le spectacle du monde et en particulier celui de l'homme, qui en est comme l'image, l'éveille d'abord, et puis, par la même raison, la détermine et la confirme. Ainsi nous allons du monde à Dieu, et, après être descendus de Dieu au monde, nous remontons encore du monde à Dieu, éclairant et confirmant la connaissance de l'un par celle de l'autre.

Mais c'est, selon Kant, une fausse analogie que de transporter à Dieu les attributs de l'homme, pour expliquer l'origine des êtres organisés et celle de l'homme même ; car entre Dieu et l'homme il n'y a pas seulement une différence de degré, mais une différence de nature. Je ne nie pas cette différence, qui est celle du fini à l'infini, et j'admets aussi, comme conséquence, que l'intelligence et la volonté, que je ne connais directement qu'en moi-même, transportées à Dieu, ne me font pas connaître d'une manière bien positive la nature de cet être ; mais s'ensuit-il que nous n'ayons pas le droit de le déclarer intelligent et libre, quoique nous n'ayons qu'une idée imparfaite de son intelligence et de sa liberté. Il y a ici un double écueil à éviter : le Dieu de l'anthropomorphisme, et la substance abstraite et indéterminée du panthéisme. Pour échapper au premier, il faut avoir sans cesse présent devant les yeux ce principe, que Dieu est un être infini, et que par cela même sa nature nous est incompréhensible, *Deus absconditus* ; mais il ne faut pas non plus abstraire cette infinitude et exagérer cette incompréhensibilité jusqu'à faire de Dieu un être si indéterminé qu'il ressemble au néant et ne serve plus à rien ; et, pour éviter ce second écueil, on ne doit pas oublier que, si

---

(1) Méditation troisième, 24.

Dieu est infini et incompréhensible en soi, il est aussi la cause de la nature et de l'humanité.

Je passe sur ce que dit Kant de la vraisemblance et de l'hypothèse en pareille matière ; car le dogme de l'existence de Dieu, fondé à la fois sur la raison et sur une légitime interprétation de l'expérience, est mieux qu'une chose vraisemblable ou qu'une simple hypothèse. Mais, n'eût-il pas toute la certitude que nous lui attribuons, il serait encore l'opinion la plus vraisemblable et l'hypothèse la plus raisonnable. Et c'est ce que pensèrent certains philosophes de l'antiquité, qui, désespérant d'arriver à la certitude et s'arrêtant à la vraisemblance, cherchaient ce qu'il y avait de plus probable en chaque chose, et particulièrement sur cette question (1).

Kant, après avoir essayé de montrer l'impossibilité d'établir théoriquement l'existence de Dieu par les moyens qu'il indique, en conclut qu'elle n'est ni une chose d'opinion, ni une chose de fait : on se rappelle le sens qu'il donne à ces expressions. J'accorde qu'en aucun sens l'existence de Dieu ne peut être considérée comme une chose d'opinion ; est-elle une chose de fait ? S'il faut entendre par là ce dont l'existence est établie soit par l'expérience, soit par la raison théorique ou pratique, en ce sens l'existence de Dieu est une chose de fait ; car elle est établie à la fois par la raison théorique et pratique comme un fait certain, et ce fait est encore prouvé ou confirmé par l'expérience. Maintenant, je l'avoue, comme cet être, que je suis forcé d'admettre, lorsque j'interroge ma raison et la nature, et dont l'existence est ainsi un fait assuré, n'est pas pour moi l'objet d'une connaissance intuitive, pareille à celle que j'ai de moi-même ; comme je ne puis pénétrer et sonder sa nature directement, en elle-même et tout

---

(1) Voici comment Cicéron termine son dialogue *Sur la nature des Dieux*, où il fait défendre par le stoïcien Balbus la Providence divine attaquée par l'épicurien Velleius et par le sceptique Cotta : « Hæc cum essent dicta, ita discessimus, ut Velleio Cottæ disputatio verior, mihi Balbi ad veritatis similitudinem videretur esse propinquior. »

entière, ou que je n'en ai point une aperception immédiate et adéquate ; quel'on appelle, si l'on veut, un *acte de foi* cette opération de l'esprit par laquelle je m'élève de la considération de la nature ou de moi-même à la conception d'un être suprême, à l'existence duquel je ne puis pas ne pas croire, je le veux bien ; mais, ce qu'il ne faut pas oublier, c'est que, puisque cette croyance est nécessaire, il y là une connaissance certaine.

J'avoue que la différence établie ici par Kant entre la liberté et l'existence de Dieu, qu'il fonde également sur la loi morale, mais en considérant la première comme une chose de fait et la seconde comme une chose de foi, me paraît plus subtile que juste. En effet, de deux choses l'une : ou la liberté est attestée par la conscience, et alors elle est un fait dans le sens ordinaire de ce mot, et par là se distingue de Dieu que nous concevons, sans en avoir l'intuition. Ou bien, comme Kant l'admet, elle ne peut être un objet d'expérience, mais elle est une conséquence, ou, comme il dit, un postulat de la raison pratique, et alors quelle différence y a-t-il entre le dogme de l'existence de Dieu et celui de la liberté, puisque ce sont également deux choses transcendantes, dont nous pouvons bien admettre la réalité en vertu d'un certain principe, mais dont nous n'avons pas une connaissance intuitive ? Tout au plus Kant pourrait-il dire que l'un est plus essentiel que l'autre à la loi morale, qu'il considère comme un fait, et par conséquent plus certain ; mais, dans son opinion, il ne peut y avoir entre eux d'autre différence, puisque la liberté, tout aussi bien que l'existence de Dieu, échappe à notre intuition.

Je reviendrai en un autre endroit (1) sur le fait de la liberté, dont Kant ne parle ici qu'en passant. Il ne touche aussi que par

---

(1) Dans une Introduction à ma traduction de la *Critique de la raison pratique*. Je travaillais à cette Introduction et j'en avais même déjà imprimé une partie, lorsque je fus interrompu par la Révolution de Février. J'espère pouvoir la publier bientôt. — Voyez, en attendant, ma thèse latine, *De libertate apud Kantium*.

occasion le dogme de l'immortalité de l'âme, qui trouve sa place ailleurs, et dont, par conséquent, je ne parlerai pas ici.

Concluons que la preuve morale est excellente, mais n'excluons pas pour cela les autres preuves. Elle y ajoute une nouvelle force et de nouvelles lumières; mais elle ne saurait en tenir lieu, et surtout il est impossible de l'admettre seule sans contradiction. Les mêmes difficultés, que soulèvent les arguments théoriques, reparaissent aussi contre elle ; et, s'il fallait admettre le scepticisme, auquel Kant les livre, il faudrait l'y sacrifier à son tour.

Malgré ces observations, nous devons louer Kant de la franchise de sa critique. La philosophie, c'est le libre examen. Il faut examiner librement les dogmes les mieux consacrés, non pas avec le parti pris de les détruire, mais avec celui d'en bien peser la valeur, car il est bon que nous sachions au juste à quoi nous en tenir sur chaque chose. Ne pas prendre des assertions pour des preuves ; ne pas se contenter de raisonnements spécieux ; ne pas confondre la conviction, qui ne s'adresse qu'à l'esprit et à la raison, avec la persuasion, qui opère par le moyen de l'imagination et du sentiment ; ne pas tant se préoccuper de l'utilité publique, car c'est là un prétexte trop souvent favorable aux préjugés et à l'hypocrisie, et l'utilité publique n'a, en définitive, rien à craindre de la lumière et de la vérité, voilà les préceptes et l'exemple que Kant ne cesse de nous donner, et que tout esprit vraiment philophique ne doit pas perdre de vue. D'ailleurs, autre chose est la philosophie, autre chose la politique. Un grand philosophe (1), qui a peut-être lui-même trop souvent sacrifié la première à la seconde, l'avait fort bien dit avant Kant : « Il est vrai que pour éviter les scandales et les désordres on peut faire des règlements, à l'égard des disputes publiques et de quelques autres conférences, en vertu desquels il soit défendu de mettre en contestation certaines vérités, mais

---

(1) Leibnitz, *Nouveaux Essais sur l'entendement humain*, liv. I, chap. III, § 14.

c'est plutôt un point de police que de philosophie. » Kant d'ailleurs n'aurait point tout-à-fait souscrit à cette phrase, car il n'admettait guère l'intervention de la police en pareille matière. Disons-le, la liberté d'esprit, qu'il réclame pour les autres et pour lui-même, a porté chez lui particulièrement les meilleurs fruits. S'il a poussé quelquefois trop loin son scepticisme métaphysique, il nous apprend à nous défier de la portée de l'intelligence humaine sur ces redoutables questions, où elle rencontre bientôt ses bornes et vient échouer contre d'impénétrables mystères; il met à nu le vice de ces systèmes ambitieux qui prétendent pénétrer à fond la nature de Dieu, comme de ceux qui le font semblable à l'homme, et laissent dégénérer la religion en un grossier anthropomorphisme, source de l'idolâtrie et du fanatisme ; et, en cherchant dans la morale un refuge contre les doutes de la spéculation, il montre que, s'il faut se défier de la portée de l'esprit humain en bien des choses, il en est une qui demeure inébranlable à tous les efforts du scepticisme, je veux dire la loi morale, et avec elle les grandes vérités qui y sont indissolublement liées, la liberté humaine et la Providence divine.

CONCLUSION.

PRÉFACE ET INTRODUCTION DE LA CRITIQUE DU JUGEMENT.

J'ai successivement examiné les deux grandes parties qui composent la *Critique du Jugement*, et, dans chacune d'elles, les idées de Kant sur les diverses questions qu'il y traite. On a vu tout ce que ces idées ont d'original et d'ingénieux, et parfois de juste et de profond, mais aussi de contestable. Il ne me reste plus, pour achever le travail que j'ai entrepris sur ce grand ouvrage, qu'à revenir, pour en donner une analyse et en examiner les principaux résultats, sur l'*Introduction*, dont j'ai à dessein renvoyé l'étude à la fin de ce travail, parce que l'intelligence et la discussion des idées générales qu'elle contient eussent été plus difficiles au début (1). Division de la philosophie et de la critique en deux parties essentiellement distinctes, réunies par le lien de la *Critique du Jugement;* objet et divisions de cette nouvelle critique; place du Jugement dans le système des facultés de l'âme : voilà les questions générales et préliminaires qu'il y traite, ou dont il y indique la solution (2). Il eût été tout d'abord très-difficile, pour ne pas dire impossible, de bien faire comprendre et de discuter convenablement tout cela; mais maintenant on trouvera en grande partie, dans l'analyse qui va suivre, le résumé d'idées avec lesquelles on est familiarisé, et la discussion que j'y joindrai ne sera guère aussi qu'un résumé du long examen auquel je me suis livré jusqu'ici.

(1) Voyez plus haut, p. 5.
(2) Voyez *Critique du Jugement*, Préface et Introduction, trad. franc. t. I, p. 1-61. — Cf. le petit écrit de Kant, *De la philosophie en général*, cité plus haut, p. 4.

On sait que, dans le but de déterminer la valeur et les limites de la connaissance humaine, Kant s'est appliqué à en analyser les conditions *à priori*. C'est là l'idée fondamentale de la Critique; c'est là sa tâche. La *Critique de la raison pure* accomplit une partie de cette tâche. Distinguant dans la connaissance trois sources : la *sensibilité*, l'*entendement* et la *raison* proprement dite; la première qui nous livre les matériaux, la seconde d'où dérivent les lois au moyen desquelles nous pouvons réunir et coordonner ces matériaux pour en constituer une véritable connaissance, la troisième enfin qui nous permet, à l'aide ses principes suprêmes, d'achever cette connaissance ou de la porter à sa plus haute unité, Kant analyse et discute les éléments *à priori* que contient chacune d'elles, les *formes* de la sensibilité, les *catégories* de l'entendement et les *idées* de la raison. L'analyse de ces éléments *à priori* et la détermination de la valeur et des limites de la connaissance qui en résulte, voilà la *Critique de la raison pure*. Mais la raison pure, telle qu'il l'envisage dans cet ouvrage, lorsqu'il étudie sous ce titre les formes de la sensibilité et les catégories de l'entendement; ou lorsque, sous ce même nom, il désigne plus particulièrement le degré le plus élevé de cette faculté, cette raison pure n'est encore que la raison théorique, c'est-à-dire la raison considérée dans son rapport avec la connaissance spéculative. Or, la raison a un autre emploi que celui de constituer ou de diriger par ses principes la connaissance spéculative; elle a aussi des principes pour la volonté. C'est ici la raison pratique. La raison pratique fonde un nouvel ordre de connaissance, bien distinct de celui qui repose sur la raison théorique, la connaissance pratique. L'analyse et l'examen des principes *à priori* que la raison fournit à la volonté, et la détermination du nouvel ordre de connaissance auquel elle conduit, voilà la *Critique de la raison pratique*. On sait aussi à quelles conclusions opposées aboutissent ces deux critiques : d'un côté, la connaissance renfermée dans les limites d'une expérience elle-même toute subjective, et puis au-delà rien que le doute ; de l'autre, la réalité objective de la loi morale, fondement inébranlable sur lequel Kant rétablit maintenant ce que tout-à-l'heure il livrait au scepticisme : la liberté humaine, l'existence de Dieu, l'immortalité de l'âme. Sans chercher en ce moment s'il n'y a point là une véritable contradiction, il faut insister avec Kant sur la distinction qu'il établit entre la raison théorique et la raison pratique, pour montrer comment il y fonde la division de la philosophie en deux parties, la partie théorique et la partie pratique, qu'il réunit ensuite par le lien du Jugement.

Kant distingue deux espèces de connaissance, la connaissance *théorique* et la connaissance *pratique*, et, selon lui, ces deux espèces de connaissance sont aussi essentiellement distinctes que les deux sortes de lois sur lesquelles elles reposent, les lois de la *nature* et celles de la *liberté*, les premières, qui dérivent de l'entendement, les secondes, de la *raison*. Expliquons tout cela.

Qu'est-ce que l'entendement ? C'est la source de toutes les lois, ou de tous les principes *à priori*, au moyen desquels nous pouvons élever au rang d'une véritable connaissance les *représentations* du *sens intime* et des *sens extérieurs*, en un mot de la *sensibilité*. Sans ces principes, cette connaissance, qui n'est autre chose que l'expérience même, serait impossible ; ils la constituent : aussi Kant les désigne-t-il sous le nom de principes *constitutifs*. Or, l'objet de cette connaissance, ou, pour employer la formule kantienne, le domaine auquel s'applique la législation fournie par l'entendement, voilà précisément ce que notre philosophe appelle la *nature*. Les lois de l'entendement, qui sont les principes constitutifs de l'expérience, sont donc aussi les lois de la nature, dont ils déterminent la connaissance.

La raison s'élève au-dessus de l'entendement ; elle nous transporte en dehors des conditions de l'expérience, au-delà du champ de la nature, en nous donnant l'idée de quelque chose qui échappe à ces conditions et sort de ce champ, par exemple, l'idée de l'âme ou celle de Dieu. Ces idées servent d'abord à achever la connaissance, déjà constituée par les lois de l'entendement, en la portant à sa plus haute unité; mais elles ne sont pour nous que des principes régulateurs : elles ne nous fournissent elles-mêmes aucune véritable connaissance, et nous ne pouvons même affirmer la réalité de leurs objets. Comment en effet, selon Kant, se flatter de connaître ce qui est placé en dehors des conditions de l'expérience? et, si nous pouvons le regarder comme possible, de quel droit, jusqu'ici du moins, l'admettre comme réel?

Cependant nous ne sommes pas condamnés absolument à ce doute où nous laisse d'abord la raison sur la valeur des idées qui servent de principes régulateurs à la connaissance, quoique nous ne puissions espérer d'obtenir jamais une vraie connaissance de leurs objets. En effet, à côté de la raison *théorique*, il y a la raison *pratique* : la première fournissait à la connaissance des principes régulateurs, mais rien de plus; la seconde impose à la volonté des principes inconditionnels ou absolus et dont la réalité objective est inaccessible au doute, les lois morales; et par là elle nous autorise à admettre ces vérités, qui étaient douteuses pour la raison théorique, mais qui sont nécessairement liées aux lois morales, la *liberté* d'abord qu'elles supposent, puis *Dieu* et l'*immortalité* de l'âme qu'elles réclament. De là un nouvel ordre de connaissance: la connaissance pratique, qui a son fondement dans la législation absolue imposée par la raison à la volonté, mais qui se borne à nous enseigner l'existence de certaines choses, sans nous en apprendre rien de plus au point de vue théorique, puisque, n'étant pas des objets d'expérience, elles échappent aux conditions mêmes de toute connaissance théorique.

La connaissance pratique, comme on le voit, dérive des lois de la raison pratique, et son domaine est celui de la *liberté*, dont ces lois assurent la réalité objective, tandis que la connaissance théorique dérive des lois de l'entendement et **a** pour domaine la *nature*. Ainsi la connaissance a deux domaines, celui de la nature et celui de la liberté ; l'entendement fournit sa législation au premier, et la raison au second, et, si elle ne l'éclaire pas davantage au point de vue théorique, elle en assure du moins, au point de vue pratique, la réalité objective. Telle est la distinction de la connaissance théorique et de la connaissance pratique.

Cette distinction est radicale, comme celle même de la nature et de la liberté. Or, là est précisément le seul fondement légitime de la division de la philosophie en théorique et pratique. S'il n'y avait entre ces deux parties de la philosophie d'autre différence que celle qu'on attache ordinairement à ces mots, théorique et pratique, quand on veut distinguer simplement les principes et l'application, la science et l'art ; et, si chacune d'elles n'avait pas un objet et des principes propres, cette division n'aurait rien de scientifique. Elle ne peut avoir ce caractère qu'à la condition de reposer sur des concepts et des principes essentiellement différents : là le concept de la nature, ici celui de la liberté ; là les principes théoriques et toutes leurs conséquences pratiques, ici les lois morales. Il suit de là que toutes les règles qui se rattachent au concept de la nature ou à la raison théorique, comme par exemple les règles de l'hygiène et en général celles qui ont pour but d'assurer notre bonheur, doivent être exclues de la philosophie pratique et rattachées comme corollaires à la philosophie théorique. Celles-là seulement mériteront de fonder, sous le nom de philosophie pratique, une partie distincte de la philosophie, qui, indépendantes de toutes conditions sensibles, arracheront absolument la volonté à l'empire de la nature, pour la transporter dans un autre monde, dans celui où règne seule la liberté. Or, tel est le caractère des lois morales.

Ainsi se trouve justifiée la division de la philosophie en théorique et pratique (1). Chacune de ces deux parties essen-

(1) Introd. I- II.

tiellement distinctes donne lieu à une critique : d'un côté, la *Critique de la raison pure*; de l'autre, celle de la *raison pratique*. La première, se bornant à la connaissance théorique, en a trouvé dans l'entendement les principes constitutifs, et n'a vu dans la raison que des principes régulateurs ; la seconde, considérant la connaissance au point de vue pratique, y a trouvé des principes absolus qui impliquent la liberté et déterminent un nouvel ordre de connaissance. Quel sera maintenant l'objet de la *Critique du Jugement?* Qu'est-ce que le Jugement? « C'est, dit Kant (1), la faculté de concevoir le particulier comme contenu dans le général. » Or, en cherchant à déterminer les concepts généraux de l'entendement, ou les catégories, n'a-t-il pas déjà étudié le Jugement, puisque c'est dans les diverses espèces de jugements que se révèlent ces catégories ? Et quelle critique reste-t-il à faire du Jugement ?

Le Jugement, tel que Kant l'a considéré dans la *Critique de la raison pure*, a pour caractère de ramener, ou, selon son expression, de subsumer les éléments fournis par la sensibilité, le particulier, sous les lois fournies par l'entendement, le général, afin de déterminer par cette subsomption la connaissance de la nature, qui sans cela serait impossible. C'est pourquoi Kant donne au Jugement ainsi considéré l'épithète de *déterminant*.

Mais tous les actes de la faculté de juger ont-ils ce caractère, ou les catégories de l'entendement suffisent-elles à expliquer tous les jugements que nous portons sur la nature ? Les catégories de l'entendement rendent, il est vrai, possible la connaissance des objets, en tant qu'objets d'expérience, ou en tant que phénomènes ; mais elles laissent indéterminées les formes particulières que peut prendre la nature et les lois auxquelles elle est soumise dans la production de ces formes. Or, il nous faut un principe qui nous dirige et nous permette de nous orienter dans la considération de ces formes et de ces

(1) Introd. IV. — P. 26.

lois, en nous faisant concevoir dans la nature un certain ordre, une certaine unité. C'est sur ce principe que se fondent, par exemple, ces sentences que la sagesse métaphysique impose *à priori* à notre investigation de la nature : la nature suit le plus court chemin, *lex parcimoniæ;* — elle ne fait point de saut, ni dans la série de ses changements, ni dans la coexistence de ses formes spécifiquement différentes, *lex continui in natura;* — dans la grande variété de ses lois empiriques il y a une unité formée par un petit nombre de principes, *principia præter necessitatem non sunt multiplicanda.* C'est ainsi que nous concevons *à priori* dans la nature une ordonnance, où les genres et les espèces viennent se ranger, en se rapprochant toujours davantage d'un principe commun. Autrement, nous nous perdrions dans l'infinie variété des lois particulières que peut constater l'expérience, et nous n'aurions point de fil qui pût nous guider dans l'étude de ces lois. Mais quel est le principe sur lequel nous nous appuyons, et quelle en est l'origine? Il est *à priori*, mais d'où vient-il? Nous découvrirons son origine dans son caractère même. Il a pour caractère de nous faire envisager la nature, comme si un entendement suprême avait voulu former, de toutes les lois empiriques auxquelles elle est soumise, un système qui permît à notre faculté de connaître de ramener à l'unité la variété de ces lois; comme si cet entendement avait approprié la nature à notre faculté de connaître, c'est-à-dire comme si, dans la diversité de ses lois empiriques, elle se conformait à un dessein, à un but, à une fin, ou, selon l'expression de Kant, comme si elle renfermait quelque *finalité*. En effet, si c'est une nécessité pour notre esprit d'admettre une certaine unité dans la variété des lois de la nature, cette unité reste contingente pour lui, car il n'en aperçoit pas la nécessité objective. Il l'admet pour son usage, et c'est ainsi qu'il suppose entre la nature et ce besoin d'unité qui lui est inhérent une certaine concordance qu'il doit nécessairement admettre, mais qui en soi est toute contingente. Cette concordance n'est donc autre chose que l'idée d'une certaine finalité que nous admettons dans la nature pour notre propre usage en la concevant comme si un entendement l'avait en effet appropriée à cet usage, mais que nous ne lui attribuons pas, et qui, par conséquent, est purement formelle. On le voit, c'est là un concept tout-à-fait nouveau que nous introduisons dans celui de la nature, que nous avait d'abord fourni l'entendement, et qui nous sert à réfléchir sur la nature considérée dans ses lois particulières. On ne peut donc le rattacher à l'entendement, puisque le concept d'une finalité de la nature ne rentre point dans celui que cette faculté nous donne de la nature, et que le principe dont il est ici question n'est point un principe constitutif de la connaissance de la nature, en tant que telle, mais un principe de réflexion. En effet, dit Kant (1), « il n'attribue rien à l'objet (à la nature); il ne fait que représenter la seule manière dont nous devons procéder dans notre réflexion sur la nature, pour arriver à une expérience bien liée dans toutes ses parties. » Il reste donc que ce soit une maxime, un principe subjectif du Jugement, en tant qu'il réfléchit sur la nature, c'est-à-dire, pour employer maintenant cette expression de Kant, du Jugement *réfléchissant*.

On comprend à présent le sens de ces formules par lesquelles Kant distingue le Jugement déterminant et le Jugement réfléchissant : « Si le général (la règle, le principe, la loi) est donné, le Jugement qui y subsume le particulier est *déterminant*. Mais, si le particulier seul est donné, et que le Jugement y doive trouver le général, il est simplement *réfléchissant* (2). » Lorsque le Jugement détermine la connaissance des objets sensibles en général, il ne fait que subsumer les éléments particuliers fournis par l'intuition sensible sous les lois de l'entendement : le principe lui est ici donné par l'entendement ; mais, lorsqu'il cherche à ramener à l'unité les formes et les lois empiriques de la nature, il ne trouve plus

(1) P. 35.
(2) P. 26.

le principe de cette unité dans l'entendement, et il est forcé de le tirer, en quelque sorte, de lui-même, comme une maxime de réflexion. En ce sens, le Jugement peut être considéré, suivant le langage de Kant, comme étant par lui-même une faculté législative *à priori* (1).

Or, la *Critique de la raison pure*, en s'occupant du Jugement, ne s'est occupée que du Jugement déterminant. Si donc le Jugement réfléchissant est essentiellement distinct du Jugement déterminant, ou, s'il suppose quelque principe *à priori*, que ne donne pas l'entendement, il faut poursuivre la tâche commencée, c'est-à-dire entreprendre une nouvelle critique, qui en examinant cette nouvelle sorte de jugements mette en lumière le principe sur lequel elle repose, et en détermine les applications et la valeur. Telles sont précisément l'objet et le but de la *Critique du Jugement*.

La critique du Jugement suppose donc l'existence de quelque principe *à priori*, que la faculté de juger n'emprunte pas à l'entendement, mais qu'elle tire d'elle-même. Nous avons indiqué, d'après Kant, la nature et l'origine de ce principe; en indiquer les applications, ce sera indiquer les divisions de la *Critique du Jugement*.

On vient de voir comment c'est un principe nécessaire à la contemplation et à l'investigation des formes et des lois particulières de la nature, de concevoir dans la variété de ces formes et de ces lois de l'ordre, de l'unité; et comment cette unité est pour nous contingente, puisque nous n'en apercevons pas la nécessité objective, et ne l'admettons que pour le besoin de notre esprit. La conception de cette unité n'est donc autre chose que celle d'une concordance entre la nature et notre faculté de connaître, qui semble avoir été établie tout exprès pour que la seconde puisse s'appliquer heureusement à la contemplation et à l'investigation de la première, considérée dans ses formes et ses lois particulières. Or, pré-

(1) IV. — P. 26.

cisément parce que cette unité, que nous concevons *à priori* et cherchons *à posteriori* dans la variété des formes et des lois de la nature, ou, ce qui revient au même, cette concordance que nous supposons entre la nature et notre faculté de connaître, est contingente, nous ne pouvons la rencontrer dans la nature sans une certaine satisfaction (1). La concordance des perceptions avec des lois fondées sur les concepts généraux de la nature, sur les catégories, ne produit et ne peut produire en nous le moindre effet sur le sentiment du plaisir, puisque l'entendement agit ici nécessairement, suivant sa nature; mais il y a plaisir à voir des lois empiriques hétérogènes s'unir en une loi supérieure, et à saisir l'unité dans la variété des genres et des espèces, bien que l'habitude nous empêche de le remarquer, et ce plaisir est sans doute un mobile qui nous pousse à rechercher et à découvrir dans la nature cette unité dont nous avons besoin. Il y a donc une satisfaction attachée à l'exercice du Jugement réfléchissant; et, comme elle repose sur un principe *à priori* de l'esprit, elle a une valeur universelle.

Mais cette satisfaction peut être produite de deux manières différentes; ou, ce qui est la même chose, la concordance de la nature et de nos facultés de connaître, qui la détermine, peut être entendue de deux façons; ou, ce qui revient encore au même, le Jugement qui se fonde sur cette concordance peut s'y fonder de deux différentes manières, c'est-à-dire qu'il y a deux espèces de jugements réfléchissants. De là la division même de la critique du Jugement.

D'abord (2) cette satisfaction peut être immédiatement liée à la contemplation de la nature ou de ses objets, considérés indépendamment de tout concept, et alors elle n'exprime autre chose que le rapport de ces objets au libre exercice de nos facultés de connaître. Par conséquent, la concordance de ces objets et de ces facultés, qui détermine cette satisfaction,

(1) VI. — P. 39.
(2) VIII. — P. 43.

est ici représentée d'une manière esthétique, en ce sens que nous en jugeons uniquement par l'effet qu'elle produit en nous sur l'état de nos facultés de connaître ; et, dans le même sens, le jugement que nous portons alors sur la nature est un jugement esthétique. Voilà donc une première sorte de jugements réfléchissants; ce sont ceux qui se fondent sur une concordance de la nature et de nos facultés de connaître, dont nous jugeons par l'effet même qu'elle produit sur l'état de ces facultés librement mises en jeu. Nous jugeons de cette concordance, ou, selon l'expression de Kant, de cette finalité d'une manière subjective, ou esthétiquement. Ces jugements sont donc esthétiques.

Tels sont, selon Kant, les jugements de goût, ou ceux que nous portons sur les beautés de la nature ou de l'art. Ils expriment simplement la concordance d'un objet avec le libre jeu de ces deux facultés de connaître, l'imagination et l'entendement, ou l'harmonie de ces deux facultés se jouant librement sur la contemplation de cet objet. Les jugements de goût sont donc des jugements esthétiques.

Mais bien qu'esthétiques, ces jugements prétendent à l'universalité et à la nécessité, absolument comme si c'étaient des jugements logiques ou de connaissance. Comment des jugements esthétiques peuvent-ils prétendre à ces caractères, auxquels les jugements logiques semblent seuls avoir droit, et que ne peuvent réclamer les jugements esthétiques ordinaires, ceux qui ont simplement pour objet l'agréable? C'est qu'ils reposent en définitive sur un principe *à priori*, quoique ce principe ne soit ni un principe de connaissance, ni un principe pratique. C'est pour cela aussi qu'ils appartiennent à la Critique, et donnent lieu à une critique particulière ; autrement il faudrait les renvoyer avec les autres jugements esthétiques, à la psychologie empirique.

Nous n'avons parlé que des jugements de goût ou des jugements sur le beau ; mais aux jugements esthétiques, qui ont une valeur universelle et nécessaire, et par conséquent appartiennent aussi à la Critique, il faut rattacher encore nos jugements sur le sublime. Ceux-ci, comme ceux-là, sont esthétiques : ils sont déterminés par l'effet que produit sur nos facultés de connaître, librement mises en jeu, la contemplation de la nature ; seulement, au lieu de l'imagination et de l'entendement, les facultés en jeu sont ici l'imagination et la raison ; et, tandis que l'effet qui détermine les jugements de goût est l'accord de l'imagination avec l'entendement, celui qui détermine nos jugements sur le sublime est le désaccord de cette même faculté avec la raison. Je me borne à indiquer ici tous ces résultats, qui ont été longuement développés et expliqués plus haut.

La critique du Jugement renfermera donc celle des jugements esthétiques dont nous venons de parler. Voilà déjà une première partie de cette critique, la critique du Jugement esthétique, avec ses deux subdivisions, le beau et le sublime.

Maintenant (1) la satisfaction, au lieu de s'attacher à la contemplation d'un objet, considéré indépendamment de tout concept, peut être liée à quelque concept, avec lequel nous trouvons l'objet parfaitement d'accord, et alors elle exprimera autre chose que cette concordance esthétique dont nous parlions tout-à-l'heure, ou la concordance qu'elle exprimera ne sera plus représentée, comme tout-à-l'heure, d'une manière esthétique, mais d'une manière logique, et par conséquent le jugement qui l'appréciera ne sera plus esthétique, mais logique. Ici, en effet, nous ne jugeons plus de la concordance de la nature avec nos facultés par l'effet qu'elle produit sur ces facultés, indépendamment de tout concept, mais nous jugeons de la concordance de certains objets de la nature avec certains concepts. Cette concordance ou cette finalité n'est donc plus simplement esthétique, en ce sens que nous n'en jugeons plus par l'effet qu'elle produit sur le libre jeu de nos facultés de connaître, et par là sur le sentiment du plaisir ; elle est

---

(1) VIII. — P. 20.

objective, en ce sens que nous en jugeons logiquement, en rapportant les objets à des concepts. Sans doute nous ne pouvons attribuer véritablement à la nature quelque chose comme un rapport de moyen à fin, parce que le concept de la finalité n'est toujours qu'un principe de réflexion, c'est-à-dire un principe que nous n'invoquons et n'employons que pour pouvoir réfléchir sur la nature, considérée dans ses formes particulières ; mais ici nous concevons la finalité dans les objets mêmes, puisque nous les jugeons suivant des concepts, tandis que, dans l'autre cas, le jugement étant esthétique, il n'y a d'autre finalité que cette concordance de la nature avec nos facultés de connaître, dont nous jugeons par l'effet même qu'elle produit sur ces facultés. Il faut donc, dans la classe des jugements réfléchissants, distinguer des jugements esthétiques les jugements logiques. Ce sont les jugements *téléologiques*, ou les jugements par lesquels nous concevons dans la nature quelque chose comme un rapport de moyen à fin, une finalité objective. Ils ont ce caractère commun avec les jugements esthétiques de n'être pas déterminants, mais réfléchissants, puisque le principe de la finalité objective, ou le principe téléologique, n'est qu'un principe de réflexion ; mais ce sont des jugements logiques, puisqu'ils ramènent les objets à des concepts, ou des jugements de connaissance, puisqu'ils ont pour but la connaissance de ces objets. Les uns et les autres se rapportent à un même principe, celui d'une finalité de la nature ; mais dans le premier cas, nous en jugeons esthétiquement ; dans le second, logiquement ou par des concepts. De là donc une seconde partie de la Critique du Jugement : la critique du Jugement téléologique.

Telle est la division de cette critique : elle embrasse la critique du Jugement esthétique et celle du Jugement téléologique, deux espèces de jugements essentiellement distincts, bien qu'elles se rattachent à un même principe. On voit, avec les différences qui les séparent, le lien qui les unit, et pourquoi Kant les fait rentrer toutes deux dans une même critique, la critique du Jugement.

Il ne nous reste plus qu'à expliquer comment cette nouvelle critique sert de lien entre les deux autres, ou entre les deux parties de la philosophie, la théorique et la pratique (1).

On a vu qu'il y a entre la philosophie théorique et la philosophie pratique la même différence qu'entre le concept de la nature et celui de la liberté. L'entendement fournit ses lois à la première, c'est-à-dire qu'il en détermine la connaissance; et la raison, à la seconde, dont elle assure ainsi la réalité objective, mais sans nous en donner aucune connaissance théorique. La raison nous transporte du monde sensible ou du domaine de la nature, qui est l'objet de l'entendement, dans un monde supra-sensible, dans le domaine de la liberté ; et, si elle ne nous en donne aucune connaissance au point de vue théorique, elle en assure du moins par ses lois la réalité objective au point de vue pratique. Or le Jugement, par le principe de la finalité de la nature, nous a déjà fait dépasser le concept de la nature, tel que le fournit l'entendement, et par là nous a rapprochés du concept de la finalité pratique, ou du but final de la liberté, c'est-à-dire de l'harmonie de la moralité et du bonheur, ou du souverain bien, dont il nous a déjà fait concevoir la possibilité. En effet, il nous fait concevoir un rapport de la nature à quelque chose de supra-sensible, un rapport à des *fins*, et par là il nous prépare à concevoir comme possible l'accord de la liberté et de la nature. On peut donc considérer le principe du Jugement comme une transition entre le concept de la nature et celui de la liberté, c'est-à-dire entre la philosophie théorique et la philosophie pratique, et par conséquent la critique du Jugement comme une transition entre la critique de la raison pure et celle de la raison pratique.

(1) III et IX. — P. 24 et p. 55.

Ce que nous venons de dire s'applique particulièrement au jugement téléologique, mais on peut l'appliquer aussi à nos jugements esthétiques sur le beau et le sublime. En effet, ces jugements expriment aussi un rapport à quelque chose d'intelligible ; le concept du beau et celui du sublime nous élèvent au-dessus du simple concept de la nature, et par là nous conduisent à celui de la liberté et de son accord avec la nature, de même que les sentiments du beau et du sublime nous disposent au sentiment moral.

Si maintenant on considère l'ensemble des facultés de l'âme, la faculté de connaître proprement dite, la faculté de sentir du plaisir ou de la peine, et la faculté de désirer, on trouvera que chacune d'elles a son principe *à priori*, la première dans l'entendement, la seconde dans le Jugement, la troisième dans la raison ; et que, considérée ainsi dans son principe *à priori*, la faculté de sentir sert d'intermédiaire entre la faculté de connaître et celle de désirer, comme le principe *à priori* de la première entre ceux des deux autres, c'est-à-dire le principe d'une conformité à des fins ou de la finalité entre celui de la conformité aux lois de l'entendement et celui d'un but final inconditionnel ; ou, si l'on considère les sources de ces principes, comme le Jugement entre l'entendement et la raison, ou enfin, si l'on en considère les applications, comme l'art entre la nature et la liberté (1).

Telle est, fidèlement analysée, l'Introduction que Kant a placée en tête de la *Critique du Jugement*, et qui peut être aussi considérée comme le résumé de tout l'ouvrage. Je ne ferai souvent aussi que résumer les observations que j'ai déjà eu occasion de présenter, en la soumettant à un examen spécial, ou en examinant les trois points suivants : 1º comment Kant réunit le Jugement esthétique et le Jugement téléologique au sein d'une même faculté, à laquelle il donne le nom de Jugement réfléchissant; 2º quelle différence il établit entre cette

(1) Voyez le tableau qui couronne l'introduction de Kant, trad. franç. p. 60.

espèce de Jugement et le Jugement qu'il appelle déterminant, ou le Jugement tel qu'il le considère dans la *Critique de la raison pure*, et 3º enfin comment il se sert de la critique du jugement comme d'un lien entre celle de la raison pure (spéculative) et celle de la raison pratique. Disons-le tout de suite, ici comme presque partout, la doctrine de Kant est souvent plus artificielle que réelle, plus ingénieuse que solide.

I. D'abord, quoiqu'il y ait sans doute certains rapports entre les jugements esthétiques et les jugements téléologiques, la réunion de ces deux espèces de jugements en une même classe paraît un peu forcée. En effet les jugements esthétiques, comme leur nom l'indique et comme nous l'avons expliqué nous même, ne sont pas des jugements de la même nature que les jugements téléologiques : on peut dire en un sens qu'ils ne sont pas comme ceux-ci, exclusivement du moins, des jugements de connaissance. Kant a bien reconnu cette différence ; il l'a même exagérée, en séparant tellement le jugement esthétique de tout autre jugement, qu'il en a fait quelque chose d'abstrait et d'insaisissable. Mais d'où vient qu'il a cru devoir réunir les jugements esthétiques et les jugements téléologiques sous une même classe et dans une même critique? C'est que, si le jugement téléologique est en un sens un jugement de connaissance et par là se distingue du jugement esthétique, il n'a pas pour caractère, selon Kant, de déterminer une véritable connaissance de la nature, mais seulement de l'envisager sous un certain point de vue qui nous est propre et qui nous est indispensable, mais qui n'est autre chose qu'une maxime de réflexion ou un principe régulateur, et par là il se rapproche du jugement esthétique, lequel n'exprime aussi qu'une manière, qui nous est propre, d'envisager la nature. Ces deux espèces de jugements reposent donc également sur une certaine réflexion que nous faisons sur la nature ; seulement, dans un cas, cette réflexion est toute subjective, c'est-à-dire elle n'est qu'un jeu de nos facultés de connaître, qui n'a aucun rapport à la connaissance, et c'est alors le jugement esthétique ; dans l'autre cas, elle regarde l'objet, quoiqu'elle n'en puisse déterminer une véritable connaissance : ce n'est plus un pur jeu de nos facultés de connaître, et le jugement auquel elle donne lieu est un jugement logique, c'est le jugement téléologique. L'une et l'autre espèce de jugements supposent une certaine concordance entre la nature et nos facultés ; seulement, dans l'une, cette concordance est déterminée par l'effet subjectif qui résulte du libre jeu de nos facultés de connaître, ou, comme dit Kant, nous en jugeons esthétiquement ; dans l'autre, nous la déterminons par des concepts, ou nous en jugeons logiquement. Mais, dans l'un et l'autre cas, cette connaissance, ou, comme il l'appelle, cette finalité, c'est nous qui l'établissons comme un principe de réflexion qui nous sert à envisager la nature dans la variété de ses formes et de ses lois particulières. Or, j'ai essayé d'établir contre Kant que le jugement téléologique a une valeur objective, et que le concept de la finalité n'exprime pas seulement une manière pour nous commode ou même nécessaire d'envisager la nature, mais une idée qui représente quelque chose de réel. Sans doute il ne nous est pas donné de pénétrer dans le fin fond des choses ; nous ne savons pas ce que sont en soi et comment procèdent les causes qui agissent dans la nature, et même cette cause à laquelle nous sommes forcés de rattacher toutes les autres, car nous ne faisons que les concevoir, sans en avoir l'intuition, et nous ne pouvons les déterminer que par leurs effets ; mais, pour être impénétrable en soi, l'existence des causes finales dans la nature, et par suite celle d'une cause intelligente de la nature même, en est-elle moins assurée ? Est-ce que l'expérience et la raison ne nous apprennent rien à ce sujet, absolument rien ? Si donc le concept de la finalité de la nature a, quoi qu'en dise Kant, une valeur objective, et exprime, non pas seulement une maxime de réflexion, mais une connaissance réelle, quelques difficultés que cette connaissance apporte avec elle, comment rattacher le jugement téléologique à cette même classe de jugements qui contient le jugement esthétique, lequel, comme nous l'avons admis nous-mêmes, n'est pas un simple jugement de connaissance, quoiqu'il suppose aussi certaines connaissances, même dans certains cas des connaissances déterminées?

Mais, en séparant ces deux espèces de jugements, que Kant a eu, selon nous, le tort de réunir en une même classe, n'oublions pas les rapports qui les unissent. D'abord, si nos jugements sur le beau et le sublime sont, dans certains cas, indépendants de toute idée de fin et de destination, dans beaucoup de cas aussi, ils supposent des idées de ce genre, et je ne crois pas qu'il y ait entre ceux-ci et les autres une différence aussi tranchée que Kant l'a prétendu. Ensuite, et voilà ce qu'il y a de profond et de solide dans sa doctrine, les jugements esthétiques que nous portons sur le beau et le sublime ont, comme les jugements téléologiques, ce caractère qu'ils nous élèvent au-dessus de la nature matérielle, et nous font remonter à quelque chose d'intelligible, exprimé ici par les belles formes, là par les causes finales et l'harmonie des lois de la nature. Et il est vrai aussi que l'idée de la beauté nous prépare et nous conduit à celle de la finalité, quand déjà elle ne la suppose pas. L'une et l'autre nous signifient autre chose qu'une réunion fortuite de molécules matérielles; l'ordre, l'harmonie, l'unité, la convenance, ces qualités que notre esprit conçoit comme les lois mêmes de la raison, nous les retrouvons avec bonheur dans la nature, qui se transfigure ainsi à nos yeux, et tout ce qui éveille en nous ces idées nous est par là même un objet d'admiration et d'amour. Mais laissons ces hautes considérations que Kant n'a certes pas méconnues, mais que, il faut bien le dire, il a un peu étranglées dans le cercle étroit d'une philosophie abstraite et technique à l'excès.

II. Je viens de rappeler le caractère commun attribué par Kant aux jugements esthétiques et aux jugements téléologiques: ce sont, pour rappeler son langage, des jugement réfléchissants, et les jugements réfléchissants sont essentiellement distincts des jugements déterminants. Ceux-ci déterminent la connaissance de la nature au moyen des principes constitutifs que leur fournit l'entendement; ceux-là ne font que l'envisager suivant un certain principe de réflexion, que le Jugement se donne, en quelque sorte, à lui-même, pour ramener à l'unité la variété des formes contingentes que nous montre l'expérience. Ces deux espèces de jugements s'appliquent également à la nature; mais il y a entre eux cette différence que les uns se fondent sur les principes constitutifs de l'expérience, tandis que les autres se fondent uniquement sur une maxime de réflexion ou sur un principe régulateur. Ainsi, que tout changement soit produit par une cause, voilà un principe constitutif de l'expérience, c'est-à-dire un principe sans lequel il n'y a pas d'expérience possible, c'est-à-dire encore un principe sans lequel nous ne saurions nous faire aucune connaissance de la nature; et le jugement, par lequel je déclare que tel changement a une cause, est ainsi un jugement déterminant; mais que tout organe existe pour une fin, ce n'est plus là un principe constitutif, mais une maxime de réflexion, un principe purement régulateur, et le jugement que nous portons en conséquence de ce principe ou de cette maxime est appelé à cause de cela un jugement réfléchissant. Sans la notion de la causalité, il n'y a absolument aucune expérience possible, c'est-à-dire aucune connaissance possible de la nature; l'idée des causes finales, au contraire, ne constitue pas la connaissance de la nature : elle sert seulement à nous guider dans la considération de ses formes et de ses lois particulières, en nous la faisant envisager d'un certain point de vue. Les jugements déterminants tirent leurs principes de l'entendement, source des lois de l'expérience ou de la nature; les jugements réfléchissants tirent le leur, en quelque sorte, d'eux-mêmes, car, encore une fois, ce principe n'est qu'une maxime de réflexion.

D'abord, pour simplifier la question, il faut mettre de côté les jugements esthétiques, qui forment une classe tout-à-fait à part, ou qui sont des jugements mixtes. Il est bien évident que ces jugements sont distincts de tous les autres. Seulement je ne crois pas, comme Kant, qu'ils supposent quelque principe à *priori*, essentiellement distinct de ceux de la raison spéculative ou pratique. On peut sans doute et l'on doit même étudier à part cette espèce de jugements, à cause de leur nature spéciale et de leur complexité; mais en faire comme un organe du système critique, dans le sens où l'entend Kant, n'est-ce pas une erreur? Quoi qu'il en soit, je reconnais qu'elle doit être l'objet d'un chapitre spécial dans l'étude de nos facultés, bien que je ne l'entende pas tout-à-fait de la même manière que Kant. Mais, laissant de côté, parmi les jugements réfléchissants, les jugements esthétiques, considérons seulement les jugements téléologiques, et demandons-nous si la différence qui existe entre ces derniers et les jugements déterminants est aussi profonde que Kant le prétend. Or, j'ai déjà montré que ces jugements ont incontestablement une valeur objective, fondés qu'ils sont à la fois sur l'expérience et sur la raison. Kant prétend que le concept de la finalité de la nature n'est qu'une maxime de réflexion, et que les jugements qui s'y rapportent ne nous apprennent absolument rien relativement aux choses mêmes; cela est-il vrai? Je crois avoir établi le contraire. D'ailleurs, en admettant l'opinion de Kant, ne serait-on pas fondé à lui dire : En définitive, vos catégories de l'entendement, que vous regardez comme les principes constitutifs de l'expérience ou de la connaissance de la nature, et sur lesquelles vous fondez vos jugements déterminants, n'ont pas non plus pour vous une valeur objective; car que sont-elles autre chose sinon les conditions à *priori* que notre constitution intellectuelle impose à notre connaissance de la nature, sans que nous en puissions rien inférer relativement aux choses considérées en elles-mêmes? Et dès lors sur quoi repose votre distinction? Sur ce que, répondrez-vous, ces principes sont constitutifs, tandis que celui de la finalité de la nature n'est qu'un principe régulateur. Mais qu'est-ce qu'un principe constitutif, qui ne constitue pas une connaissance réelle, et comment diffère-t-il de ceux qui sont simplement régulateurs? Si donc les principes de l'entendement et les jugements qui en dérivent n'ont aucune valeur objective, quelle différence y a-t-il au fond entre ces principes ou ces jugements et ceux que vous considérez comme purement réfléchissants? Pour nous qui attribuons aux jugements téléologiques la même valeur objective qu'aux autres jugements, la différence que Kant veut établir ici disparaît. La réalité objective du concept des causes finales de la nature est tout aussi certaine que celle des causes efficientes, et nous ne pouvons pas plus rejeter la première que la seconde. Que ces deux concepts expriment deux points de vue divers dans notre manière d'envisager la nature et dans les jugements que nous en portons, je ne le nie pas; mais entre ces points de vue la différence est-elle celle que Kant y a vue? Je ne le pense pas. Par conséquent, pour conclure sur ce second point, la critique du jugement téléologique me paraît plutôt une partie de celle de la raison spéculative qu'un organe spécial du système critique.

III. Ce qui précède me conduit au troisième et dernier point qui me reste à examiner, à savoir, comment la critique du Jugement sert de lien entre celle de la raison spéculative et celle de la raison pratique. Pour le bien comprendre, il faut se rappeler que Kant réduit la raison spéculative à l'entendement, c'est-à-dire aux conditions *à priori* de l'expérience ou de la connaissance de la nature, et qu'il réserve à la raison pratique le droit de s'élever au-dessus de la nature, pour admettre quelque chose que supposent ou exigent les lois morales, dont elle est la source, je veux dire la liberté humaine, l'existence de Dieu, l'immortalité de l'âme. Que si, dans la *Critique de la raison pure*, il a élevé au-dessus de l'entendement une faculté, qu'il désigne sous le nom de raison, en prenant ce mot dans un sens particulier, les idées qu'il rapportait à cette faculté n'étaient autre chose pour lui que des principes régulateurs, destinés à nous diriger dans la considération de la nature et à en porter la connaissance à la plus haute unité, mais incapables de nous fournir une connaissance certaine et déterminée de ce qui dépasse les limites de l'expérience.

Avant d'aller plus loin, on pourrait remarquer que ces idées forment déjà un intermédiaire entre la raison théorique, ou l'entendement, et la raison pratique ; par elles en effet, au-dessus de la nature, nous concevons quelque chose, dont il reste seulement à établir l'existence et à déterminer les caractères, ce qui sera l'objet de la raison pratique. Or, dans la nouvelle et dernière division du système critique de Kant : raison théorique ou entendement, — Jugement, — raison pratique, — que deviennent les idées régulatrices de la raison spéculative ? où les faut-il placer ? D'ailleurs Kant n'avait-il pas déjà rangé au nombre de ces idées le principe des causes finales ou celui d'une cause intelligente du monde, dont il a fait ensuite l'objet de la critique du jugement téléologique, et par conséquent n'y a-t-il pas là un double emploi ? Il a cru plus tard devoir détacher ce principe et les jugements auxquels il donne lieu, pour les adjoindre aux jugements esthétiques, et faire de ces deux espèces de jugements, ainsi réunis, l'objet d'une critique spéciale, servant d'intermédiaire entre la raison théorique, ou l'entendement, et la raison pratique (1); mais, outre que, comme on l'a vu, ce rapprochement est forcé, l'idée d'une finalité de la nature et d'une cause intelligente du monde, dont s'occupe cette nouvelle critique, n'est pas la seule que Kant plaçait entre l'entendement et la raison pratique; que deviennent donc les autres, celle de l'âme par exemple ? On le voit, malgré la puissance systématique dont Kant était doué à un si haut degré, et que jamais peut-être philo-

---

(1) La nouvelle critique, destinée à servir d'intermédiaire entre les deux autres, devait d'abord, comme on le voit par une lettre de Kant à Reinhold (1787), porter le titre de *Critique du goût*. Voyez l'*Histoire de la philosophie allemande*, par M. Willm, tome I, p. 73, et tome II, p. 74.

sophe n'égala depuis Aristote, non-seulement le système critique est souvent plus artificiel que vrai, mais il n'est pas toujours un monument parfaitement harmonieux. Il est certain que cette nouvelle critique dérange un peu l'édifice dont elle est destinée à relier les deux ailes.

Quoi qu'il en soit, puisque c'est là la dernière forme du système critique de Kant, il faut réduire avec lui la raison théorique à l'entendement, sans tenir compte des idées de la raison spéculative, et examiner comment la critique du jugement sert de lien entre la critique de la raison théorique ainsi entendue et celle de la raison pratique.

Une première observation se présente à l'appui du reproche d'artifice que nous avons souvent adressé à Kant. Dans le système des facultés et des principes sur lesquels il fonde les divisions de la philosophie critique, la critique du Jugement répond à la faculté de sentir du plaisir ou de la peine, comme celle de la raison pure à la faculté de connaître, et celle de la raison pratique à la faculté de désirer ou de vouloir; et de la sorte la première critique se place entre les deux autres, comme le sentiment du plaisir ou de la peine entre la faculté de connaître et la faculté de vouloir. Or, si en effet les jugements esthétiques et leur principe peuvent être rattachés au sentiment du plaisir, il n'en est plus de même des jugements téléologiques, qui, de l'aveu de Kant, sont des jugements logiques ou de connaissance, quelque restriction qu'il apporte d'ailleurs à leur valeur objective. Le principe de ces derniers n'est plus, comme celui des premiers, esthétique, mais il est logique; et, quoique l'application de ce principe puisse sans doute déterminer en nous une certaine satisfaction, ce n'est pas comme principe *à priori* d'un certain sentiment de plaisir que nous l'étudions et que Kant lui-même l'étudie, mais comme principe de connaissance ou de jugements logiques. Lors donc que Kant fait correspondre la critique du Jugement, parmi nos facultés, à celle du plaisir ou de la peine, cela ne peut s'entendre du Jugement téléologique, mais seulement du Jugement esthétique (1); et, par conséquent, de ce côté encore l'apparente rigueur de son système critique se trouve en défaut. Mais laissons aussi cette difficulté. En voici une autre qui est capitale.

La différence entre la raison spéculative et la raison pratique est-elle aussi radicale et aussi profonde que Kant le prétend? Sans traiter ici cette question que nous retrouverons ailleurs (2) et qui nous entraînerait beaucoup trop loin, il est permis de dire que cette différence est plus artificielle que vraie. Or, si la différence établie par Kant entre ces deux espèces de raison ou ces deux emplois de la raison n'est pas telle que la première ne puisse légitimement dépasser le monde sensible, tandis que la seconde seule aurait le privilége de nous en faire sortir; si la raison théorique a une autre portée que celle que Kant lui attribue, et si la raison pratique ne fait que continuer et compléter la première, il n'y a plus lieu de chercher un lien qui les unisse ou une transition qui nous fasse passer de l'une à l'autre.

Je ne prétends pas nier d'ailleurs ce qu'il y a, non-seulement d'ingénieux, mais de vrai au fond dans ce système, qui fait de l'idée du beau et du sublime et de celle de la finalité comme un passage entre le règne de la nature proprement dite et celui de la liberté ou de la raison, entre le monde sensible et le monde intelligible. Mais à force de systématiser et d'abstraire, Kant en vient à convertir des différences et des rapports réels en un système puissamment organisé sans doute, mais souvent artificiel et logique. Et, il faut le dire, si c'est là l'un des grands côtés, c'est aussi l'un des vices de sa philosophie. Nul n'a poussé plus loin la rigueur; nul n'a montré une plus grande force systématique ; nul n'a mieux compris que la science humaine, et chaque science en particu-

---

(1) Aussi Kant s'était-il d'abord montré plus logique en voulant restreindre à cette espèce de jugements sa nouvelle critique.

(2) Voyez mon introduction à la *Critique de la raison pratique*, et l'article Kant du *Dictionnaire des sciences philosophiques*.

lier, devait former, à l'image d'un organisme, un tout bien lié, un véritable système : mais s'il a bien vu que c'est là la loi de l'esprit et la condition de la science, il n'a pas toujours su éviter l'écueil qu'elle fait naître.

Telle est la *Critique du Jugement*. Je l'ai consciencieusement exposée et examinée. Quelle que soit la valeur des observations que j'ai cru devoir présenter, je serai trop heureux si j'ai réussi à rendre plus facile l'étude de ce grand ouvrage. Tout en respectant les formes que Kant s'est plu à donner à sa pensée et en cherchant même à y familiariser le lecteur, je me suis surtout appliqué à chercher l'esprit derrière la lettre : car c'est ainsi qu'il faut étudier les ouvrages de Kant pour en bien comprendre toute la grandeur. On a pu apprécier, par ce que j'en ai dit, celle de la *Critique du Jugement* : je n'y reviens pas, je me bornerai à dire, en terminant, que je ne sache pas d'étude plus propre à exercer et à développer l'esprit philosophique.

Vu et lu,
A Paris, en Sorbonne, le 16 août 1849,
Par le doyen de la Faculté des Lettres de Paris,
J. Vict. LECLERC.

Permis d'imprimer.
L'Inspecteur général, vice-recteur de l'Académie de Paris,
ROUSSELLE.

TABLE DES MATIÈRES.

	Pages.
Objet et plan de ce travail.	1

PREMIÈRE PARTIE. — Critique du Jugement esthétique.

I. Du Beau.	7
II. Du Sublime.	85
III. Des Beaux-Arts.	122

DEUXIÈME PARTIE. — Critique du Jugement téléologique.

I. De la finalité de la nature.	165
II. Des preuves de l'existence de Dieu, tirées de la finalité de la nature.	257
III. De la preuve morale de l'existence de Dieu.	272

CONCLUSION. — Préface et introduction de la Critique du Jugement. 307

ERRATA.

Pages.
27. Il faut intervertir l'ordre des deux notes placées au bas de la page.
50. Note 1, ligne 6, au lieu de : *On voit que Kant...* lisez : *On voit que Herder.*
150. Ligne 16, après ces mots : *les règles de la convenance*, supprimez la virgule, et lisez : *les règles de la convenance de l'expression et de l'harmonie du langage.*
169. Lignes 3 et 4, au lieu de : *une causalité agissant pour un but déterminé par une fin*, lisez : *une causalité agissant pour un but, déterminée par une fin.*
215. A la fin du second vers, lisez *viai*, au lieu de *vidi* ; et, à la fin du huitième, *pretantur*, au lieu de *petantur.*

www.ingramcontent.com/pod-product-compliance
Lightning Source LLC
Chambersburg PA
CBHW062008180426
43199CB00033B/1524